KB041333

홉스의 『리바이어던』으로의 초대

Hobbes's 'Leviathan'
by
Laurie M. Johnson Bagby

홉스의 『리바이어던』으로의 초대

L. M. 존슨 백비 지음 | 김용환 옮김

서광사

이 책은 Laurie M. Johnson Bagby의 *Hobbes's 'Leviathan'* (Bloomsbury Publishing Plc., 2007)을 완역한 것이다.

홉스의 『리바이어던』으로의 초대

L. M. 존슨 백비 지음
김용환 옮김

펴낸이 | 김신혁, 이숙
펴낸곳 | 도서출판 서광사
출판등록일 | 1977. 6. 30.
출판등록번호 | 제 406-2006-000010호

(413-756) 경기도 파주시 교하읍 문발리 534-1
Tel: (031) 955-4331 | Fax: (031) 955-4336
E-mail: phil6161@chol.com
http://www.seokwangsa.co.kr | http://www.seokwangsa.kr

제1판 제1쇄 펴낸날 · 2013년 6월 20일

ISBN 978-89-306-2209-7 93160

옮긴이의 말

"*salus populi, suprema lex*"

국민의 안전이 최고의 법이다.

홉스는 공포와 쌍둥이로 태어났다고 스스로 말하고 있다. 그런데 공포는 그가 때어날 때만의 문제는 아니었다. 그의 생애 대부분은 여러 종류의 공포로부터 자유로울 수 없었다. 7년간의 영국 시민전쟁, 찰스 1세의 처형, 10년간의 프랑스 망명생활, 크롬웰의 섭정 그리고 왕정복고 등 근대 영국사에서 가장 격동적인 시기를 살았던 홉스는 안전과 평화 그리고 법적 질서를 최고의 가치로 삼았다. 그래서 키케로(Cicero)가 한, *salus populi, suprema lex*(국민의 안전이 최고의 법이다)라는 말을 그도 여러 번 했던 것이다.

『리바이어던』의 서론에서 그는 '국민의 안전이 국가의 목적'이라 말하고 있는데, 안전과 대비되는 말이 아마 공포의 감정일 것이다. 안전은 단순히 생명의 보존에만 그치는 것이 아니라 합법적 노동을 통해 스스로 얻을 수 있는 삶의 만족을 의미하며 공포는 이를 불가능하게 만드는 총체적인 환경으로부터 나오는 두려움이다. 그중에서 시민전쟁과 같은 내란의 과정에서 누구나 직면할 수 있는 폭력적인 죽음에 대한 공포는 가장 피하고 싶은 환경일 것이다. "여가(leisure)는 철학의 어머니요, 국가는 평화와 여가의 어머니"이기에 철학도, 여가도 그리고 안전과 평화도 국가 없이는 보장될 수 없다. 그렇다고 해서 홉스가 국가주의자는 물론 아니다. 그와는 반대로 그는 추상적 개인주의 신봉자이자, 자유주의자이자, '평화를 추구하라' 는 명령을 제1자연법으로 보는 평화애호주의자였다.

근대에 걸맞는 국가와 개인의 새로운 관계를 설정하려는 것이 홉스의 시대적 사명 가운데 하나였다. 다른 말로 하면 보호와 복종의 관계를 재정립하는 일이다. 홉스의 사회계약론은 합법적 정부의 도덕적 정당성을 보장해주는 이론이기도 하지만, 동시에 개인과 국가의 관계를 상하 종속관계에서 상호 호혜적인 권리관계로 전환해주는 이론이기도 하다. 국가는 국민의 안전을 보장해주어야 하는 의무가 있으며, 그 대가로 국민은 국가의 명령인 법에 복종할 의무가 있다. 한편 국가는 계약을 통해 개인들이 양도한 권리를 대리인으로 집행할 권리를 갖게 되며, 국민 개개인은 국가의 보호를 받을 권리를 갖게 된다.

국가와 국민 상호 간의 권리와 의무를 다루고 있다는 점에서 홉스의 『리바이어던』은 마키아벨리의 『군주론』과 비교될 수 있다. 『군주론』이 주로 통치자들에게 조언하는 통치 전략의 지침서라고 평가할 수 있다면, 『리바이어던』은 통치자들만을 위한 정치 교과서가 아니다. 홉스 스스로 이 책을 저술하고 있는 이유와 목적을 밝히면서, 소박하지만 진심이 담긴 자신의 희망을 솔직하게 말하고 있다. 그는 이 책이 현명한 통치자의 손에 들어가 읽히고 백성들에게 교육되기를 바라고 있으며, 그래서 통치자나 백성 모두가 각자의 권리와 의무를 제대로 알기를 기대하고 있다.

이미 『리바이어던』은 고전이 된 작품이다. 고전 작품들이 고전이 될 수 있는 것은 그것이 오래되었기 때문이 아니다. 오래된 것들 중에서도 시간과 공간을 뛰어넘어 보편적 진리와 가치가 있는 것들만이 고전으로 살아남는다. 오래되었다는 점에서는 역사성을, 그리고 보편적 진리와 가치를 유지하고 있다는 점에서는 탈역사적인 보편성을 갖고 있다. 이 역사성과 보편성은 홉스의 사상을 해석하는 서로 다른 두 관점을 대표하기도 한다. 이 책의 저자가 4장 "수용과 영향"(현대적 해석들)에서 언급하고 있듯이 홉스 철학은 역사성의 관점에서 접근하는 것과 보편성의 관점에서 접근하는 두 가지 방식이 있다. 역사적 접근은 홉스를 17세기라는 시대적 배경을 염두에 두고 이해하는 길이다. 왜 그가 절대 왕권론을 주장할 수밖에 없었으며, 가톨릭교회와 장로교회에 날선 비판의 칼을 겨누었는지를 가장 정확하게 이해하기 위해서는 이와 같은 방식의 역사적 접근이 적절하다. 그러나 이를 통해 시대적 한계를 벗어날 수 없다. 따라서 우리는 『리바이어던』이 정치사상서의 고전으로 여전히 21세기를 살아가는 우리들에게 전해주는 보편적 가치가 무엇인지 찾아내야만 한다. 인간이 자기 이익(자기 보존)을 최상의 가치로 삼는다고 보는 심리적 이기주의, 근대 과학의 정신을 경험론의 시각에서 유물론, 사회계약론, 그리고 정치에 오염된 교회와 성직자들을 자신의 독특한 성서 해석에 근거해 신랄하게 비판하는 그의 태도는 21세기 문맥에 놓고 보아도 아무런 어색함이 없다.

이 책의 저자는 아주 겸손하고 가이드 정신에 충실한 사람이다. 『리바이어던』을 섣불리 해석하거나 평가하려고 하지 않고 원전 인용을 통해 독자들을 홉스의 작품 세계로 안내하고 있다. 그래서 부제목도 '독자들을 위한 안내서' (Reader' s Guide)라고 했을 것이다. 대학 학부생들을 위한 최적의 안내서이지만 누구라도 쉽게 이해할 수 있는 수준으로 쓰여졌다. 원래 『리바이어던』에는 워낙 많은 내용들이 담겨 있어 정글 같은 느낌이 들기도 하지만 이 책처럼 누군가의 도움이 있다면 길을 잃는 일은 없을 것이다. 그런 점에서 이 책은 일반 독자들에게 친절한 가

이드의 역할을 충분히 해내리라 믿는다. 전공자로서 홉스 철학에 관한 연구서를 내놓은 경험이 있는 나는 번역하는 과정에서 독자들의 이해를 '더' 돕기 위해 옮긴이의 각주를 덧붙이고 싶은 유혹을 적지 않게 받았다. 그럼에도 주관적 해석은 최대한 절제하며, 홉스를 객관적으로 전달하려는 필자의 의도를 존중하는 의미에서 그 욕심을 버릴 수 있었다. 대신 문맥의 흐름을 자연스럽게 만들어 독자들의 가독성을 높이기 위해 [ ] 안에 우리말을 삽입했는데, 이 정도의 만용은 독자들이 용납해주리라 믿는다.

지은이와 옮긴이 사이에는 오역의 가능성이 항상 있으며, 옮긴이와 독자들 사이에는 가독성에서 높낮이 차이가 존재한다. 이것이 번역서의 일반적인 한계일 것이다. 이 문제를 해결하는 데 읽기 쉬운 편집과 꼼꼼한 교정을 해준 서광사 편집부 한소영 씨의 도움이 컸다. 이에 특별히 감사드린다. 내가 세상에 처음 내놓은 출판물은 D.D. 라파엘의 『정치철학의 문제들』(1987)이라는 책이었는데, 서광사에서 출판되었다. 그리고 아마도 대학 강단에서 은퇴하기 전 마지막이 될 번역 작품은 이 『홉스의 『리바이어던』으로의 초대』가 될 것이다. 이 두 권의 번역서로 맺게 된 서광사와의 인연은 참으로 소중하다. 서광사가 출판이라는 방식으로 한국 철학계에 끼친 영향은 이루 말할 수 없다. 이 출판사를 이끌고 계신 김신혁, 이숙 두 분 선생님께 감사드린다.

2013년 4월

김용환

차례

❖ 일러두기 ❖

1. 이 책은 Laurie M. Johnson Bagby, *Hobbes's Leviathan: Reader's Guide*(Bloomsbury Publishing Plc., 2007)를 번역한 것이다.

2. 필자가 본문에서 인용한 『리바이어던』 원문은 Michael Oakeshott가 편집한 Thomas Hobbes, *Leviathan*(New York: Simon & Schuster, Touchstone edition, 1997)을 사용하였다. 인용문의 쪽수는 본문에서 두 가지로 표시되어 있는데, 앞의 숫자는 필자가 사용한 Oakeshott(1997)의 것이고 뒤의 숫자는 C. B. Macpherson이 편집한 Thomas Hobbes, *Leviathan*(Penguin Books, 1981)의 쪽수이다. Oakeshott의 판본보다는 Macpherson의 판본을 한국의 독자들이 더 쉽게 구입할 수 있다는 편리성 때문에 옮긴이가 첨가했다.

3. 본문에서 ( )는 필자의 것이며, [ ]는 옮긴이가 첨가한 것이다.

4. 본문에 나오는 성경 구절의 우리말 번역은 한국교회 공동번역본(2005년 한국천주교 주교회의 편)을 사용하였다.

5. 오역의 책임은 옮긴이에게 있으며, 추후 보다 나은 번역을 위해 독자들로부터 오역의 지적이나 제안을 기대한다.(e-mail: gunza52@gmail.com)

감사의 글

나는 먼저 나의 대학원 연구조교인 캐시 맥켄지(Kathy MacKenzie) 양에게 감사를 드린다. 그녀는 저서와 논문들을 찾는 데 도움을 주었을 뿐만 아니라 참고 문헌을 만들고 여러 가지 편집하는 일에 많은 도움을 주었다. 그녀는 예외적으로 열심히 일했고, 그 도움은 이루 말할 수 없이 컸다.

나는 캔사스(Kansas) 주립대학 역사학자이신 마샤 프레이(Marsha Frey) 교수에게도 감사를 드린다. 프레이 교수님은 이 책을 읽어주시고 이 책의 내용 중 역사 부분에 관해 유익한 비평과 제안을 해주셨다.

나의 남편 팀(Tim)과 아들 헌터(Hunter) 그리고 부모님인 켄과 니나 존슨(Ken & Nina Johnson)에게, 이들이 보인 인내와 이해 그리고 지지에 대해 감사드린다.

『리바이어던』의 모든 원문 인용은 Michael Oakeshott(1997)가 편집한 책을 사용하였다.(이에 대해서는 보충자료 안내를 참고할 것)

1장 맥락과 서론

토마스 홉스의 인생은 어떻게 보면 그렇게 행복하게 시작하지 않았다. 그러나 다른 시각에서 보면, 소년 시절 그의 불행은 미래의 성공에 도움이 되었다고 할 수 있다. 홉스는 자신의 정치이론에서 공포심이 중요하다는 것을 강조하면서, 자서전을 통해 자신은 1588년 4월 5일에 공포와 쌍둥이로 태어났다고 말하고 있다. 그 이유는 스페인의 무적함대 아마다(Armada)가 영국 해협을 향해 침공해 온다는 소문을 들은 홉스의 어머니가 그를 조산했기 때문이다. 그러나 그의 불행의 실질적인 근원은 (뒤에 물리친) 스페인의 아마다도 아니고 어머니도 아닌 아버지였다.

이름이 똑같이 토마스였던 홉스의 아버지는 (웨스트포트(Westport) 마을이 있는) 맘스베리(Malmesbury) 출신 성공회 목사였다. 그는 가난했고 교육받지 못했으며, 아마도 알코올 중독자였을 것이다. 그는 무책임한 사람이라는 평판을 얻고 있었다. 한번은 설교를 4분의 1이나 빼먹고 하지 않았으며, 어린이 교리 문답을 하지 않았다는 이유로 교회 법정에 서기도 했다.[1] 그다음 해에는 이웃 교구의 목사인 리처드 진(Richard Jeane) 목사를 비방했다는 이유로 고소당했으며, 진 목사의 교회에서 참회하도록 판결받았다. 그러나 그는 참회하지 않았고, 부과된 벌금도 내지 않아 파문당했다. 홉스의 아버지는 홉스가 16살 되는 해에

---

1 Malcolm(2004)을 참고할 것.

자신의 교회 앞에서 진 목사와 다툼을 벌인 후 가족을 버렸다.[2] 그는 진 목사를 물리적으로 공격했으며, 그 때문에 경찰을 피해 도망가지 않을 수 없었고, 명확하지는 않지만 런던에서 죽었다.(Aubrey 1950: 148) 런던으로 도망간 이후, 아무도 그에 대해서 어떤 소식도 듣지 못했다.

홉스와 여동생 그리고 형 등 삼남매를 돌보는 일을 맡게 된 홉스의 어머니는 [아이들의] 부유한 삼촌인 프랜시스 홉스에게 도움을 청하게 되었다. 홉스의 삼촌 역시 맘스베리에 살았으며 자기 소생의 자식은 없었다. 그는 장갑 장사로 부자가 된 사람이었으며, 선출된 시의원이자 시장 다음가는 직책(제1행정관)을 맡고 있었다.(Martinich 1999: 5) 그는 홉스 가족의 생활비를 댔고, 홉스를 초등학교에 보냈다. 홉스는 [삼촌의 도움으로] 맘스베리에 있는 학교를 다니다가 웨스트포트(Westport)로 옮겨 그곳에서 졸업을 했다. 거기서 그는 가장 좋아하는 선생님 로버트 라티머(Robert Latimer)로부터 고대 그리스어와 라틴어를 어떻게 읽고 번역하는지에 대해 배웠다. 홉스가 어른이 되고 난 후 쓴 작품에서는 [고대 그리스의 시, 희곡 같은] 인문학으로부터 벗어나려고 했지만 학창 시절 라티머 선생님으로부터 받은 영향이 계속 남아 있었다.(Martinich 1999: 7)

삼촌의 재정적 도움으로 홉스는 옥스퍼드 막달렌 대학(Magdalen Hall)에 다닐 수 있었다. 1608년에 그는 대학을 졸업했고, 그의 미래는 무리 없이 꽤 안정적이었다. 아마 홉스의 삼촌은 홉스의 아버지가 가족을 버리지 않았더라도 홉스를 위해 그와 같은 교육을 제공했을 것이다. 우리는 최소한 이렇게는 말할 수 있을 것이다. 홉스 아버지의 행동이 분명히 홉스 자신이나 형제자매들, 어머니에게 고통을 안겨주었지만 아

---

2 같은 책.

버지를 대신해서 삼촌 프랜시스와 같은 사람들로부터 홉스가 개인적인 혜택을 받았다는 것은 의심의 여지가 없다.

옥스퍼드 대학(Oxford University)에 다니는 동안 홉스는 문법, 수사학, 논리학 그리고 물리학과 같은 분야에 대해 공부했다.(Martinich 1999: 8-18) 그는 또한 젊은 윌리암 카벤디쉬(William Cavendish, 후에 제1대 디본셔 백작이 됨) 가문에 고용되기도 했다. 그는 윌리암의 가정교사가 되었으며, 유럽으로 수학여행을 같이 가기도 했다. 1629년 윌리암이 죽고 난 후에도 카벤디쉬 가문의 가족, 친척 그리고 친구들을 섬기는 일을 일생 동안 지속했다. 그 대신 그들은 홉스의 후견인 역할을 했으며, 홉스에게 많은 명상과 저술활동을 할 수 있는 충분한 기회를 허용했다. 홉스는 윌리암 그리고 다른 젊은 귀족들의 가정교사로 일을 했을 뿐만 아니라 그 가문의 비서이자 재정적 조언자의 역할도 했다. 이런 유형의 고용은 그만 한 정도의 경력이나 출신 집안의 사람들이 걸어가는 전형적인 길을 따르기보다 학자로서 살기를 원했던 홉스 같은 지식인들에게 결코 특별하지 않았다. 물론 홉스는 결혼하지 않았으며, 우리가 아는 한 자식도 없었다.

홉스는 자기 공부를 결코 중단하지 않았는데 다른 사람의 경우에도 종종 그러했듯이 실제로 홉스한테 가장 의미 있는 공부는 대학을 졸업한 이후에 가능했다. 홉스는 윌리암이나 자기가 책임을 맡고 있는 다른 젊은 귀족들과 함께 유럽의 여러 나라들을 여행하며 안내하는 일을 했다. 그는 1610년에서 1615년 사이에 베네치아, 파리 그 밖의 유럽 대도시들을 여행했으며, 거기서 갈릴레이, 베이컨, 가상디(Gassendi) 그리고 데카르트 같은 사람들과 만나 대화를 나눌 수 있었다. 홉스는 당시에 유행하던 사상 학파인 인본주의(humanism) 사상이나 그것의 중요성에 대해 어느 정도 관심을 갖고 있었다. 그러나 홉스는 [기존의] 도덕적 가치의 효력에 대해 점증(漸增)하는 회의주의와 인간의 본성 안에는 자기 이익이 지배적이라는 사실에 대해 매력을 느끼기 시작했다. 홉스는 자신의 첫 번째 책인 투키디데스의 『펠로폰네소스 전쟁사』를 번역 출판함으로써 동료 지식인들의 호감을 샀다. 홉스는 투키디데스로부터 권력의 뒷받침이 없는 도덕적 가치는 아무런 결과도 낳을 수 없다는 결론을 얻어냈으며, 또, 그는 이 책이나 그의 일생의 경험을 통해서 민주주의는 존립이 가능한 대안이 아니라는 생각을 도출해냈다. 절대주의를 선호하는 홉스의 결론은 공화주의 정부를 더 선호하는 동료 지식인들의 생각과 그의 생각을 구별 짓게 만들었다.

1636년에 갈릴레오를 만났던 경험을 통해 특별히 영향을 받은 홉스는 도덕이론이나 형이상학보다 자연학과 유클리드 기하학으로부터 더 강한 인상을 받았다. 그는 자연학과 유클리드 기하학이 확실성을 보장해주기 때문에, 사회적 세계를 어떻게 생각할 것인가 하는 모델로서 적합하다고 생각해서 이들 영역으로 관심의 방향을 돌렸다. 기하학에 대한 홉스의 깊은 존경심과 관련해서 전기 작가 존 오브리는 다음과 같이 기록하고 있다:

> 기하학을 접하기 전 그는 40세였었는데, 그는 아주 우연히 기하학을 접하게 되었다. 어느 신사의 서재에서 그는 유클리드의 『기하학의 원론』이라는 책 I권 정리 47이 펼쳐져 있는 것을 보았다. 그는 명제를 읽었는데, 그는 말하기를 '**G에 의하면 이것은 불가능한 일이야!**' (홉스는 이 강조를 통해 강한 확신을 그때나 지금이나 장담했을 것이다.) 그래서 그는 그 명제의 논증을 읽었는데, 그 논증은 다시 그가 읽은 명제로 되돌아가게 했다. 그리고 그것은 그가 읽은 또 다른 명제로 돌아가게 했다. 이렇게 계속해서 하다보니 마침내 그는 그것이 진리라는 것을 논증적으로 확신할 수 있었다. 이것이 그가 기하학에

빠지게 된 사연이다.(Aubrey: 150)

어떤 사람에 따르면, 홉스가 비록 기하학의 대가가 되지는 않았지만 그는 강한 인상을 남겼고 기하학을 추론의 좋은 모델로 활용했다.(Grant 1990) 홉스는 또한 사람이 자신의 세계에 대해 알고 있는 것은, 신뢰할 수 없는 감각적 경험으로부터 나온 것이라는 새로운 이론의 영향을 받았다. 그의 견해에 따르면, 이와 같은 불행한 사실이 사람들의 논의를 지식의 영역이 아니라 서로 격렬하게 다투는 의견의 영역 안에 갇히도록 했다는 것이다. 그러나 서로 격렬하게 다투는 지각이나 의견의 혼란에서 벗어날 수 있는 길이 있었다. [홉스는 정치적으로 관련이 있는 이념, 즉 당시의 사회 정치적인 문제에 대해 동의하는 데 토대가 될 수 있는 기본적인 정의(定義)에 도달하고자 과학과 수학적 방법론을 활용하고자 했다.(Grant 1990)] 정치적인 문제를 보다 더 과학처럼 다루고자 했고, 견고한 과학적 토대 위에 평화를 가져오는 효과적이고 지속적인 정치질서를 세우고자 했던 것이 그의 평생의 과제가 되었다.

홉스한테 이 과제는 보다 더 중요하고 결정적인 것이었는데, 그 이유는 그의 생애 동안 겪었던 어떤 사건들 때문이었다. 그 사건들이란 홉스가 볼 때 영국을 파멸로 이끌었던 사건이며, 왕(찰스 1세)을 처형하여 영국 군주제를 일시적으로 마비시킨 사건들이었다. 1640년경 영국 의회의 세력은 왕의 권위에 도전을 할 수 있을 정도로 커졌고, 의회 내부에는 새로운 이익 집단이 출현했다. 이제는 영국 국교에 동의하지 않는 의원들도 생겼는데 이들은 왕권의 버팀목이 되었던 주교들의 권위를 제거하고 독자적으로 권력을 더 많이 갖기를 원했다. 다른 한편 왕권주의자들은 일반적으로 전통적인 왕권신수사상(王權神授思想: 신이 왕에게 통치권을 부여했다는 사상)에 더 우호적이었으며, 국교와 왕을 지지

했다.

종교적인 논쟁들은 홉스가 태어나기 훨씬 전부터 영국 내에서 싹트기 시작했다. 영국 왕 헨리 8세는 가톨릭교회의 권위로부터 자신의 왕국을 분리시키면서 1533년에 영국 국교회[성공회]를 세웠다. 그 국교회는 헨리 8세가 아라곤의 캐서린 왕비와 이혼하고 자신의 정치적 야망을 위해 세운 것이다. 따라서 헨리 8세의 관점에서 보면 그에게 예외적인 반응을 불러일으킨 것은 곧 교회였다. 이전에 헨리는 교황과 가톨릭교회에 대해서는 절대적 충성을, 개신교 사상에 대해서는 혐오감을 표명한 바 있었다. 그러나 헨리는 자신의 이기적인 이유 때문에 국교회(Church of England)를 설립했고, 개신교인들은 결과적으로 강해지게 되었다. 따라서 이들은 이전에 가톨릭교회의 우선권에 대해 문제 제기를 했던 것과 마찬가지로 자신들에게 영국 국교를 [믿으라고] 요구하는 정부의 권리에 대해서도 곧바로 문제 제기를 했는데, 이는 이해할만하다. 동시에 아주 자연스럽게 이들은 자신들의 정치적 또는 경제적인 관심사를 두고 왕의 권위와 다투었다.

홉스의 청 · 장년기 동안 영국을 통치했던 제임스 1세(1603-1625)는 영국 국교를 지지했으며, 그 역시 왕권신수설을 주장했다. 그러나 의회 안에 있는 개신교인들은 국교회가 갖고 있는 영적인 권위뿐만 아니라 왕권신수설의 정당성에 대해서도 의문을 제기했다. 이들은 또한 의회의 승인 없이는 군주가 백성들에게 세금을 부과할 수 있는 권한이 없다고 주장하면서 독단적인 세금 부과 같은 중요한 문제들에 대해서도 불평을 갖기 시작했다. 점차적으로 비협조적인 의회를 물려받은 제임스 1세의 아들, 찰스 1세(1625-1649)는 의회를 해산했으며, 1629년부터 1640년까지 의회가 소집되는 것을 전혀 허락하지 않았다. 찰스 1세의 장래를 생각했을 때에는 불행한 일이었지만 그는 스코틀랜드 장로교 교인들에게 잉글랜드의 공동 기도문(Book of Common Prayer) 사용을 강하게 요구하겠다고 결정했다. 스코틀랜드 사람들은 그와 같은 강제적인 요구를 수용할 수 없다는 점을 분명하게 말하면서 잉글랜드에 대항해서 무장 반기를 들었다. 찰스는 저항하는 스코틀랜드 사람들 때문에, 전쟁에 필요한 세금을 올리기 위해 의회에 도움을 요청하는 일이 필요하다는 것을 알았다. 그러나 결과적으로 그의 통치는 재앙이었다. 영국 의회 내에서 장로교 교인들이 더 중요한 지위를 차지하고 있었으며, 많은 의원들이 왕을 지지하기보다는 스코틀랜드인들의 대의명분 쪽에 편을 들어주었다. 이들은 왕의 권력을 제한하고 싶어했으며, 특히 왕이 가톨릭교도들에게 관용을 베풀지 못하도록 하고자 했고, 자신들의 권력을 더 확장하고자 했다. 1640년 의회가 소집되자마자 첫 번째로 다룬 의제는 왕의 권위를 약화시킬 목적으로 만들어진 요구안을 제출하는 것이었다. 홉스는 『비히모스』(*Behemoth*)에서 이 시기에 대해 논평하면서 이 사건을 다음과 같이 언급하고 있다:

> 따라서 왕은 이 의회로부터 더 많은 도움을 얻기는커녕 아무런 도움도 얻지 못했다. 의회의 의원들 대부분은 그들의 일상적인 논의 과정에서 왜 왕이 스코틀랜드를 상대로 전쟁을 수행해야만 하는지에 대해 의아해하는 것처럼 보였다. 의회 안에서 종종 스코틀랜드 사람들을 우리들의 형제라고 부르기도 했다. 의원들은 세금을 올리는 일과 같은 왕의 관심사는 다루지 않고, 자신들의 불평거리들을 수정하는 일, 특히 의회가 휴회(休會)를 예정보다 늦게 했을 때 왕에게 벌금을 물리는 일과 같은 일에 더 몰두해 있었다.(Hobbes 1990: 32)

의회는 스코틀랜드와 싸우기 위해 왕에게 충성하는 귀족이나 신사 계급의 사람들로 군대를 소집했다. 그러나 이런 조치는 왕과 의회 사이에 불신과 적대감만 더 키웠다. 왕이 비국교도들의 요구에 주의를 기울이지 않았을 때 의회는 왕의 각료 몇 명을 투옥했고, 다른 사람들에게는 망명가도록 압력을 가했다. 또 비국교도들은 가톨릭 신자였던 왕비가 자신의 종교를 다시 우호적인 지위로 부활시키려 한다는 의문을 제기했다. 나라는 시민전쟁을 향해 내리막길로 치닫고 있었다.

왕과 의회 사이의 싸움은 시간을 오래 끌었는데, 처음에는 법률적 논쟁, 청원, 그리고 왕권보다 의회가 더 독립적이며 최고 권력 기관이라고 주장하는 선언 등에서 시작되었다. 그러나 찰스는 시기를 놓쳤고 다시 한번 자신의 입장에서 법률적 논쟁으로 응수함으로써 이런 청원들을 허락하지 않았다. 이 시기에 대해 홉스는 말하기를, "지금까지는 비록 [시민]전쟁 전이었고 피 흘리는 일도 없었지만, 오직 종이를 가지고 서로를 향해 총을 쏘는 듯했다."(Hobbes 1990: 109) 그러나 왕과 마찬가지로 의회의 지도자들도 자신들의 군대를 모병하기 시작했는데, 처음에는 에섹스 백작(Earl of Essex)이 이끌었고 다음에는 토마스 페어팩스(Thomas Fairfax) 경이 주도했다.

시민전쟁은 1642년에 본격적으로 시작되었으며, 결국 비국교도들이 우세했다. 홉스는 (이 싸움을 피해 도망온) 프랑스에서 반대편 군대가 1648년에 찰스를 체포하고 1649년에 그를 처형했다는 소식을 들었을 때 공포에 떨었다. 파리에 머무는 동안 홉스는 왕의 아들인 젊은 왕자(후에 찰스 2세가 됨)에게 수학을 가르칠 수 있는 특권을 누렸다. 이 왕자 역시 아버지를 죽게 만든 폭력을 피해 망명해온 처지였다.[3] 왕이 체포된 후 올리버 크롬웰(그는 한때 페어팩스의 수하 장군이었으며, 이때

3 이 망명 시기에 대한 상세한 설명은 Martinich(1999), 6, 7장을 참고할 것.

는 이미 일종의 전쟁 영웅이 되어 있었다)은 비록 의회 내에서는 소수였지만 군대 내에서는 꽤 많은 수를 대변하고 있던 더 급진적인 개신교 교파 사람들의 마음을 특히 사로잡으면서 정치 지도자로서 선두에 나서게 되었다. 홉스는 이들 교파를 열거하고 있는데, 이들은 '브라운주의자들(Brownists), 재침례교파(Anabaptist), 분리독립파(Independent), 제5왕국파(Fifth monarchy men), 퀘이커교(Quakers)이다. 그 밖에도 다양한 교파들이 있었는데, [사람들은] 이들을 모두 똑같이 광신자라 불렀다. 모두 한 배(腹)에서 태어난 [동복형제들] 같아서 장로교 교인들에게는 더 이상 위협적인 군대가 없을 정도였다.' (Hobbes 1990: 136)

1649년에서 1653년까지 영국은 연합왕국(Commonwealth) 국가였으며, 그 이후 1653년부터 1660년까지 영국 정부는 크롬웰의 직접 통치 아래 '섭정(the Protectorate)' 체제였다. 크롬웰이 사망한 이후 영국 정부는 잠시 그의 아들인 리처드 크롬웰의 수중에 있었는데, 그는 통치 역량이 아주 부족했으며, 결국 1659년에 통치자의 지위를 포기했다. 오만함과 '헛된 영예'를 추구하는 마음이 의회 의원들이나 그 뒤 크롬웰과 그의 추종자들이 스스로 왕이나 백성들보다 더 높은 최고 권력기관이라는 주장을 하도록 부추겼다는 것이 연합왕국과 섭정 시기에 대한 홉스의 해석이었다.[4] 백성들에게 질서와 복종을 가르칠 자신들의 의무를 방기했다는 이유로 홉스는 정치적 선동가인 장로교 교인들과 다른 비국교도 성직자들 그리고 이들을 지지하는 교육받은 신사 계급의 사람들을 특별히 비판의 대상으로 지목했다.

4 이 주제에 관해서는 Shulman(1988), 426-43쪽을 참고할 것.

> 이들 성직자들이 설교단에서 자신들의 견해를 따라오거나 교회의 통치 기구, 성경, 공동 기도서 같은 것을 싫어하도록 사람들을 설득했던 것처럼, 다른 신사 계급의 사람들은 의회에서 열변을 토하며 국민들과 토론하고 의사소통을 하며, 계속해서 자유를 찬양하고 전제정치를 통렬히 비난하여 현 정부가 바로 이런 전제정치를 [시행]하고 있다는 것을 국민들이 스스로 알도록 함으로써 국민들이 민주주의를 좋아하도록 만들었다.(Hobbes 1990 : 23)

홉스는 이들 반대파의 이념을 믿지 않았으며, **반대파들** 역시 자신들의 이념을 진정으로 믿었을 것이라고 그는 생각지 않았다. 홉스는 그들이 자신들의 허영심과 권력에 대한 욕망(홉스는 이것을 종종 헛된 영광이라 불렀다) 때문에 내몰린 것이라고 기록하고 있다. 이들은 어떻게 예배드릴 것인가를 지시하는 왕의 명령에 불복종하는 것이 그리스도인의 의무라고 가르쳤다. 이후 전개 과정에 대해 홉스는 약간 뒤틀린 심사를 가지고, '사람들은 대부분 성서의 참된 의미를 따르기보다는 자기 생각대로 성서를 끌어다 쓴다.'(Hobbes 1990 : 51)고 기록하고 있다. 홉스가 볼 때, 이런 오만함의 중심부에는 대학이 자리잡고 있는데, 아주 드러나게 교육해오고 학문의 최고봉으로 간주되어온 고대 그리스와 로마의 철학과 역사를 통해 영감을 받은 이들 대학은 비판[하는 자들]과 국교 반대파의 온상이 되어왔다. 대학이나 많은 교회의 설교단에서 홉스가 본 사람들은, 진리를 위해 스스로 위험을 기꺼이 감수할 줄 아는 원칙이 있는 사람들이 아니라 자기 미화에나 열중하고 있는 오만한 사람들이었다.(Shulman 1988) 성직자들은 모든 교설 중에서 가장 위험한 교설을 보통 사람들에게 퍼뜨렸는데, 그것은 합법적 군주에 대항해서 공개적으로 반란을 일으키는 일은 성서나 종교적 신념에 의해 정당화될 수 있다는 교설이었으며, 이 모든 것은 [성직자들이] 자기 스스로 권력을 부여 하기 위한 것들이었다.

(홉스의 견해에 따르면) 그 연합왕국(The Commonwealth)은 그 회원 국가들의 무능력과 경쟁 때문에 실패했으며, 그 실패의 자리에는 피로에 지쳐 있는 백성들에게 아주 엄격한 종교와 도덕률을 강요하려고 시도한 크롬웰의 뻔뻔스러운 독재정치가 세워졌다. 홉스는 말하기를, 이 모든 분쟁 후에야 영국 국민들은 대중의 선택에 의해 [통치자를 세움으로써] 발생한 재앙보다는 세습 군주제가 더 낫다는 것을 깨달았다. 백성들은 크롬웰의 통치에 실망한 나머지 대부분의 의회 의원들을 왕당파와 영국 국교 신자들로 선출했다. 이 의회는 찰스 2세가 모든 비국교회 신자들을 사면하는 등 어떤 조건하에서 왕좌에 복귀할 것을 요청했다[왕정복고]. 그러나 찰스의 통치는 비국교회의 개신교 신자들에게 우호적이지 않았으며, 아마도 그 자신은 비밀리에 가톨릭 신앙을 고수하면서도 우호적인 가톨릭 교인들을 비난하기까지 했다.

대의제 정부 체제를 더 갈망하는 사람들의 관점에서 보면, 비록 연합왕국에 관한 실험이 결국에는 실패로 끝났지만 일종의 진보처럼 보였을 수 있다. 비록 지금은 의회가 대체로 자신을 지지하고 있지만, 찰스 2세는 보다 강하고 단호한 의회에 만족해야만 했다. 이런 진보는 1688년 '명예혁명(Glorious Revolution)' 때 더욱더 안정적으로 이루어졌는데, 1689년 '권리장전(Bill of Rights)'과 비국교회 개신교 교인들에게 예배의 자유를 허용하는 '관용령(Act of Toleration, 1689)'에 의해 군주의 권력이 더욱 제한되었을 때 그러했다. 그러나 홉스가 『리바이어던』을 위한 자신의 논의를 전개하고 있을 때 그는 미래의 영국이 혼란이나 시민전쟁의 위험 없이도 강력한 의회를 유지할 수 있을 것이라고 생각하지는 못했을 것이다. 실제로 홉스는 명예혁명이라는 사건이 일어나기 전에 죽었다. 『리바이어던』을 저술하고 1651년에 출판하기 위한 [역사의] 배경이 된 것은 영국 시민전쟁에 대한 경험과 그 전쟁에 대한 그의 반응이었다.

홉스는 모든 충돌이 일어나는 관점들, 특히 자신의 시대에 일어난 거의 모든 무질서의 원인이 된 종교적, 정치적 견해들의 배후에는 허영심과 오만함이 있다고 확신했다. 홉스는 자신의 경험에 비추어볼 때, 다른 종교적 견해들에 대해 관용하도록 사람들을 가르칠 수 있다고 믿지 않았다. 그는 동시에 사람들이 논증하고자 하는 많은 종교적 신념과 전례의식(典禮儀式)이 참인지 거짓인지 증명될 수 있다거나 그와 같은 논증들이 실제로 중요한 문제가 된다고 생각하지 않았다.[5] 이런 생각은 홉스가 다음과 같은 결론을 내리게 했다. 하나의 교회와 한 가지 틀의 종교적 전례의식을 요구하는 것이 수용 가능할 뿐만 아니라 실제적이며 정치적인 이유(영적인 이유는 아니다)에서도 바람직하다는 것이었다. 그는 그리스도인들은 왕권에 의해 그들에게 부여된 어떤 교설이나 예배 양식도 선한 양심에 따라 수용할 수 있어야 한다고 주장했다. 사실상 그는 다음과 같은 결론을 내린다. 오만함과 다양한 견해들 때문에 생긴 갈등에서 벗어나는 유일하고 효과적인 방법은, 한 통치자의 절대적 의지를 모든 백성들에게 [따르도록] 요구하고, 논란이 되고 있는 모든 문제들에 관해 [그 의지를] 관철시키는 데 있다. 홉스가 볼 때, 많은 사람들이 전제정치라고 부르는 그것이 시민전쟁의 불확실성과 폭력성보다 오히려 나을 수 있다는 점은 분명했다.

---

5 홉스의 정치철학은 바로 이들과 같은 개신교 사상, 특히 하느님 앞에서 모두가 평등하다는 생각으로부터 나온 것이며, 변화하는 세계를 위한 근대 정치철학을 창출하기 위해 세속화되었다고 Joshua Mitchell은 주장하고 있다. Mitchell(1993), 특히 86-8쪽을 참고할 것.

2장 주제들의 개관

괴물 '리바이어던' 은 구약성서 **욥기**에 나오는데 거기서 이 괴물은 하느님의 무한한 힘을 나타내는 증거로서 하느님이 만들고 또 이용하는 짐승으로 묘사되고 있다. 이 괴물은 욥이 자신의 불행에 대해 설명해달라는 간청을 하며 하느님이 이에 응답하는 내용이 담긴 **욥기** 40장에 등장한다. 하느님은 먼저 피조물 '비히모스' (이는 영국 시민전쟁에 대해서 쓴 홉스의 또 다른 작품 이름이기도 하다)에 대해 언급하고 있다. 하느님은 욥에게 "보아라. 내가 너를 만들 때 함께 만든 브헤못(비히모스)을"이라 말하며, 계속해서 [브헤못을] 거대한 황소 같은 짐승으로 묘사하고 있다. 하느님은 그것을 믿을 수 없을 만큼 강한 짐승으로 그리고 있다. 욥은 이 짐승을 결코 통제할 수 없으며, 오직 하느님만이 통제할 수 있다. 그런 다음 하느님은 말씀하시길, "너는 갈고리로 레비아탄(리바이어던)을 낚을 수 있느냐? 아니면 줄로 그 혀를 내리누를 수 있느냐? 너는 골풀로 그 코를 꿸 수 있으며, 고리로 턱을 꿰뚫을 수 있느냐?"(욥기 40, 25-6)[1] 하느님은 자신의 무한한 힘에 대해 욥이 깊은 감명을 받게 만들 의도로 다음과 같은 아주 의미심장한 말로 '리바이어던' 에 대한 묘사를 마친다. "땅 위에 그와 같은 것은 없으니 그것은 무서움을 모르는 존재로 만들어졌다. 높은 자들을 모두 내려다보니 그것

---

1 저자가 인용하고 있는 성경 구절들은 Douay-Rheims 판에서 가져온 것이다.

은 모든 오만한 자들 위에 군림하는 임금이다."(욥기 41, 24-5)

그 '리바이어던'이 무엇이든 간에 (어떤 사람들은 그것을 거대한 악어처럼 생겼다고 상상하기도 하지만) 그것은 극도로 힘이 세며, 하느님이 만들었고 그분만이 오직 통제할 수 있는 어떤 것이다. 그런데 이상한 것은 홉스의 대표작에서 '리바이어던'은 하느님이 만든 괴물이 아니라 오히려 인간적인 목적에 기여하기 위해 인간이 만든 '인공적인 인격체'이다. 그것은 극도로 힘이 세며 그것의 주된 목적 중의 하나는 '모든 오만한 자들 위에 군림하는 임금'이 되는 데 있다. 그러나 그것은 인간의 창조물이지 신적인 기원을 갖고 있는 것은 아니다. 『리바이어던』 초판 표지에는 한 통치자의 모습이 특징적으로 그려져 있는데, 머리에는 왕관을 쓰고 있고 그의 몸 안에는 무수히 많은 작은 사람들이 들어 있는 거인의 모습을 하고 있다. 따라서 통치자의 '몸'은 셀 수 없이 많은 다른 사람들로 만들어져 있는 것처럼 묘사되고 있다.[2]

그 유명한 초판의 삽화는 홉스가 선호했던 정부에 관한 생각을 아주 간결하게 그린 것이다. 정부는 사람에 의해 그리고 사람을 위해 만들어진 것이며, 사람들로 구성되어 있다. 그러나 사람들은 스스로를 지배하는 통치자가 될 수 없다. 사람들이 성공적이고 행복한 삶을 살기 위해서는 그들을 관리 감독해야만 하는 더 큰 권력자에게 종속되어야 한다. 홉스는 서론으로부터 자신의 책을 시작하고 있는데, 곧 이어서 사람은 자신의 기술과 기예(art)를 통해 '인공적인 동물'을 만듦으로써 신의 본성을 모방할 수 있다고 주장하고 있다. 그는 계속해서 인간의 최고의 기예는 "코먼웰스(Commonwealth) 또는 국가 그리고 라틴어로 키비따스

---

2 이 이미지에 대한 통찰력 있는 언급에 대해 더 알려면 Strong(1993)과 Springborg(1995)를 참고할 것.

(Civitas)라고 불리는 저 위대한 리바이어던"(19, 81)과 같은 가장 힘이 센 동물, 즉 통치자라고 알려진 '인공적인 인간'을 만들어낸다고 말하고 있다.

홉스는 그런 다음 국가의 여러 분야들과 사람 몸의 여러 부분들을 비교하고 있는데, 통치권 그 자체는 국가의 인공적인 영혼에 해당되며, 치안판사와 관리들은 관절과 같고, 보상과 처벌은 신경과 같다. 자신의 요점을 분명히 하기 위해 홉스는 이와 같은 서술의 끝 부분에서 사람이 인공적인 인간을 만드는 방법과 하느님이 만물을 만드는 방법을 비교하고 있다. "끝으로 이런 정치 공동체의 부분들이 처음 만들어지고, 한데 모아지고 결속시키는 계약(pact)과 신약(covenant)은 하느님이 천지를 창조할 때 선언하신 명령 또는 우리 사람을 만들자고 말하는 것과 유사하다."(19, 82)

홉스는 하느님이 아니라 아주 예외적인 힘을 가진 사람에 대해 언급하고 있는 것이다. 계약과 신약을 맺을 줄 아는 인간의 역량은 어떻게 보면 자의(自意)적인데, 이는 마치 하느님의 창조 행위가 자의적인 것과 같은 방식이다. 즉 이와 같은 계약과 신약들은 더 이상의 어떤 설명이나 정당화가 요구되지 않는다. 인간의 힘은 지구상에서 절대적이거나 절대적인 것이 될 수 있다. 홉스의 견해에 따르면, 하느님의 힘은 적어도 지금 하늘에서처럼 땅에서도 그렇게 위대한 것은 아니라는 것이 분명하다. 사람은 자신의 상황을 지배하는 신과 같은 힘을 가질 수 있고 또 가져야만 한다. 특히 신과 같은 절대적 통치자를 세움으로써 인류는 인간의 진보와 행복을 멈추게 하는 폭력으로부터 벗어날 수 있다.

홉스는 백성들이 스스로 통치권자의 의지에 거의 전적으로 복종할 것을 권고하고 있는데, 그 의지란 [복종] 이후에는 백성들의 의지를 대표하는 것이다. 통치자의 권력에 제한을 가하려는 후대의 자유주의 사상가들과 달리, 그리고 심지어 백성들은 전제적인 정부에 대항해서 정부를 해산하거나 반란을 일으킬 수 있어야 한다고 주장하는 로크와 달리, 홉스는 거의 무제한적인 힘을 가진 통치자에게 복종해야만 한다는 논리를 사람들이 이해하기를 원하고 있다. 홉스는 통치자의 권위가 항상 기분 좋게 행사되는 것은 아닐지라도 그 권위를 사람들이 기꺼이 받아들일 것을 원하고 있다.

한번 사회계약에 동의했으면, 사람들은 자신들의 정부에 대항해서 반란을 일으키거나 심지어 불평을 말할 권리조차 갖지 않아야 할 것이다. 사람들이 보유하고 있는 유일한 권리는 그들이 생명의 위협을 느꼈을 때 자기 생명을 보호할 수 있는 권리뿐이다. 홉스의 견해에 따르면, 어느 누구도, 어떤 경우에도 자기 보호에 관한 이 권리를 포기할 수 없다. 이는 생존본능을 상징하며, 사람들이 일차적으로 사회계약을 맺는 온전한 이유도 여기에 있다. 그러나 [생명의 위협에] 맞서서 싸울 수 있는 개인적인 권리가 곧 혁명을 일으킬 수 있는 권리와 같은 것은 아니다. 간단히 말해 이 말의 의미는, 정부를 포함해서 어느 누가 당신의 생명을 빼앗으려고 한다면, 당신은 저항할 수 있는 권리를 갖고 있다는 것이다. 왜냐하면 본능적으로 당신의 가장 중요한 관심사는 생존하는 데 있기 때문이다. [생명의 위협으로부터] 벗어날 수 있다면 그것은 당신에게 잘된 일이다. 그러나 벗어날 수 없다면, 통치 권력을 가진 자는 당신을 붙잡아 죽일 수 있고 또 죽일 것이다. 그렇게 할 수 있는 것은 그것이 통치 권력자의 권리 안에 완전히 속해 있기 때문이다.

홉스는 만약 백성들 스스로 정부가 정당한지 그렇지 않은지를 판단할 수 있는 권리, 그리고 그 정부의 전부 또는 일부에 대해 거부할 수 있는 권리를 갖고 있다고 생각한다면, 결과적으로 사회 · 정치적 혼란이 뒤따라올 것이라고 믿었다. 앞으로 살펴보겠지만, 이런 이유로 홉스는 정의롭지 못한 정부가 존재할 수 있다는 생각을 부추기는 아리스토텔레스의 정치철학에 대해 상당히 많은 불만을 말하고 있다. 또, 그는 같은 이유로 가톨릭교회를 좋아하지 않았으며, 정부를 판단하고 법률이 정당한지 부당한지 말하는 것을 당연하다고 생각하는 어떠한 종교적 견해도 좋아하지 않았다. 그런 판단을 할 수 있는 권한을 개인에게 양도하는 일은 정부와의 갈등 또는 국가 내에 있는 여러 정파들 사이에 갈등을 초래하는 일이었다. 그런 무모한 주장이 초래할 수 있는 최악의 결과, 그래서 어떤 대가를 치루더라도 피해야만 하는 것은 시민전쟁[내란]이었다. 왜냐하면 그런 갈등은 분명히 홉스에게 최고의 악으로 간주되었던 폭력적인 죽음의 가능성을 초래하기 때문이다. 홉스는 '공산주의자가 되기보다는 죽음이 낫다'는 미국 애국주의자들이 내건 냉전 슬로건에 단호히 동의하지 않을 것이다.

홉스는 서론에서 자신의 논의 주제에 대해 대략적인 개요를 말하고 있다. 그것은 "인공적인 인간, 즉 통치자의 본질에 대해 기술"하는 것이다.(19, 82) 이 목적을 위해 그는 자신의 책을 4부로 구성하고 있는데, "1부, 인공적인 인간을 구성하는 **재료**(matter)와 그것의 **제조자** (이 둘 모두 **인간**이다)에 대해 기술하고 있다.

2부, 인공적 인간이 어떤 **신약**에 의해, **어떻게** 만들어졌는지, **통치자**의 **권리** 및 정당한 **권력** 또는 **권위**란 무엇이며, 이를 **유지**하거나 **해체**시키는 것은 무엇인지 등에 대해 기술하고 있다.

3부, **그리스도교 왕국**이란 무엇인가.

마지막 4부, **어둠의 왕국**이란 무엇인가."(19, 82)

서론에서 홉스는 자신의 첫 번째 논증에 대해서만 간략하게 언급하고 있다. 참으로 기억할만한 한 문장을 통해, '인간(의 본성)을 이해하기 위해서 우리가 해야만 하는 모든 일은 우리 자신을 솔직하게 검토하는 일'이라고 그는 주장하고 있다. 외면하지 않고 우리 자신을 검토할 때, 우리가 알게 되는 것이 유쾌하지 않은 것일 수는 있지만 그것이 진실일 것이다. 각 개인의 정념들이 각자 개인적으로 가치를 두는 대상들을 지향하고 있음에도 불구하고, 다른 모든 사람들이 경험하는 것과 똑같은 정념들을 우리 자신 안에서 발견하게 될 것이다. 우리의 이기적인 선택으로부터 우리를 벗어나게 해줄 수 있는 [보편적] 선에 대한 공통의 정의(definition)란 존재하지 않는다.

위 문단의 후반부의 내용은 왜 홉스가 우리에게는 어떤 종류의 민주주의 체제 대신에 절대적 통치자가 필요하다고 생각했는지를 이해하는 데 아주 중요하다. 우리 모두는 정념을 소유한 피조물들이지만 모두 다른 사물들에 대해 정념을 갖고 있다. 개별자로서 우리는 독특한 목적과 욕망을 갖고 있으며, 우리의 모든 느낌들은 이와 같은 욕망에 휘둘리는 우리 자신의 개인적인 관점들로 되돌아간다. 만약 인간이 본질적으로 보다 개인적이라는 것이 사실이라면, 누군가가 우리에게 동의하도록 강요하지 않는 한, 정의를 세우는 것과 같이 중요한 무엇인가에 대해 우리는 결코 동의할 수 없을 것이다. 이것이 바로 정확하게 홉스가 생각한 제대로 된 정부의 역할, 즉 외형적으로 동의하고 순응하도록 강제함으로써 평화가 유지될 수 있도록 하는 역할일 것이다.

『리바이어던』의 제1부, "인간에 관하여"는 인간의 본성에 대한 논의이다. 홉스는 상식적인 경험뿐만 아니라 우리의 물리적 신체, 그리고 우리를 서로 구별 짓게 만드는 그 특성들에 관한 과학적 설명이라 생각되는 것에 대해서도 논의할 것이다. 여기서 홉스는 코먼웰스가 전체적으로 합의하는 것은 고사하고 두 사람이 서로 충분하게 합의하는 일조차 불가능하기에 절대적 통치자가 필요하다는 것을 입증하려고 시도할 것이다. 또한 여기 1부에서 그는 통제되지 않는 인간의 본성은 혼란과 극단적인 불안감을 일으키는 자연상태(state of nature)에 대해 우리에게 소개할 것이다. 끝으로 홉스는 사람들이 어디에 진정한 관심이 있는지 — 복종과 평화에 있다 — 를 알 수 있는 역량이 있는데, 이 역량을 정념과 미신이 어떻게 가로막고 있는지를 보여주려고 한다.

『리바이어던』의 2부, "국가에 관하여"는 자연권과 자연법 그리고 이것들과 시민 사회와의 관계에 대한 홉스의 생각을 설명하고 있다. 홉스는 그의 유명한 사회계약론을 전개시키고 있는데, 그 이론에 의하면, 개인은 자연 안에서 자기 보호에 대한 자신의 권리를 포기하고 모든 권위를 통치권자에게 양도하는 데 동의하며, 그것은 철회할 수 없다. 만일 독자들이 1부에서 전개된 인간 본성에 관한 홉스의 견해를 수용하지 않는다면, 2부는 뜻이 잘 통하지 않을 수도 있다. 만약 사람들이 보다 합리적인 합의에 따라 이끌어질 수 있고 우리에게 선의(goodwill)라는 것이 있다는 것을 일반적으로 가정할 수 있다면, 안정적인 민주주의나 혼합된 형태의 정부를 생각해보는 일은 가능하다. 그러나 홉스는 그런 민주주의적인 생각을 '불합리' 하다고 했으며, 만약 우리가 원하는 것이 평화라고 한다면 오직 절대 군주제만이 적합하다는 것을 주장하기 위해 이 2부에서 꽤 많은 시간을 소비하고 있다. 홉스의 견해에 따르면, 평화는 최상의 선이며, 그것으로부터 다른 모든 선이 나온다.

『리바이어던』의 3부, "그리스도교 왕국에 관하여"는 어떻게 그리스도교가 절대 군주제와 양립할 수 있는가를 다루고 있다. 이 물음에 대해 충분히 답하기 위해, 홉스는 자신만의 그리스도교 신학을 구축하고, 성경을 자신만의 눈으로 읽으며 교회와 국가와의 적절한 관계에 대해 자신만의 결론을 내리고 있다. 그의 목적은, 국가가 무슨 일을 하든지 또는 시민들에게 무엇을 하도록 명령을 내리든지 상관없이 그리스도교는 국가를 판단하거나 비판할 필요가 없다는 것을 분명하게 하는 데 있다.

달리 말해, 홉스는 정부의 법률과 명령이 그리스도교의 신앙과 도덕률에 따르지 않는 것처럼 보이지만, 우리가 정부의 법률과 명령에 반대하지 않으면서도 신실한 그리스도인이 될 수 있다는 것을 입증하고자 한다. 그 대신 홉스는 국가와 관련해서 그리스도인의 유일한 의무는 복종에 있다는 것을 주장하고 있다. 만약 국가가 잘못을 범하면 그것은 통치자의 책임이지 시민의 책임은 아니다. 또한 권력과 권위는 분리될 수 없으며, 만약 분리되면 홉스가 그렇게 피하고자 하는 폭력으로 치닫는 사회적 붕괴가 일어나게 될 것이다. 이와 같은 이유로 홉스는, 교회 자체도 통치자에게 종속되어야만 한다는 뜻을 분명히 하고자 했다. 그는 성경도 국가에 대한 교회의 종속을 지지하고 있다는 점을 보여주고자 했다.

『리바이어던』의 마지막 4부, "어둠의 왕국에 관하여"에서 홉스는 자신의 정치적 논제를 다루는 과정에 개입하는 사상들, 특히 교회를 국가 위에 두고 다른 세계[내세]의 일들에 대한 신앙을 부추기는 가톨릭 사상의 문제를 해결하고자 했다. 홉스는 물리적이지 않거나 증명될 수 없는 사물들에 대한 믿음을 싫어했으며, 그것들이 불가사의하면 할수록 더 싫어했다. 홉스는 어떤 사람의 관심을 이 세속적인 것들에서 꾀어내어 그가 통제할 수 있는 것보다 더 많은 것을 가치 초월적인 것으로 만드는 것을 미신이라 부르고자 했다. 미신적인 신앙들은 세속적인 권력자들에게 불복종하도록 부추긴다. 당시에 [교회가] 군주를 능가하는 세속적인 권위를 공공연하게 요구했을 뿐만 아니라, [교황]제도가 있고 정부와 유사한 구조를 갖고 있는 가톨릭교회의 세속적인 제도 때문에 특히 가톨릭 신앙은 불복종을 더 부추기고 있었다. 홉스가 그의 책 다른 부분에서 이와 같은 신앙들에 대해 아주 강력하게 도전하고 있지만, 그는 여기서 더 완벽하게 그 도전을 전개하고 있다. 『리바이어던』의 4부에서만큼 홉스의 풍자적인 측면이 강하게 드러난 곳은 없기에 이 4부는 홉스가 생각했던 길로 들어가는 데 특별한 통찰력을 우리에게 제공하고 있다. 마지막으로 그는 우리에게 아주 유용한 "재검토와 결론"이라는 것을 제공하고 있는데, 여기서 그는 [본문에 대한] 요약 · 보충 그리고 자신의 가장 중요한 핵심을 옹호하고 있다.

3장 본문 읽기

1부 인간에 관하여

홉스의 『리바이어던』 제1부는 "인간에 관하여"인데, 여기에는 16개의 장이 들어 있다. 어떤 사람은 (2부 "국가에 관하여"가 가장 중요한 부분이라고 말하면서) 1부가 이 책에서 두 번째로 중요한 부분이라고 말한다. 그러나 어떻게 보면 1부가 홉스의 가설들을 제공하고 있기 때문에 가장 중요하다. 홉스는 많은 사람들이 과학으로는 다루기 힘들다고 생각하는 주제에 접근하면서 그것을 과학적인 것으로 만들기 위해 최선의 노력을 기울이고 있기 때문에, 우리는 이 장에서 홉스가 세웠던 가설들과 정의들에 대해 아주 세심하게 주목해보아야 한다. "인간에 관하여"는 모두 인간의 본성에 대한, 특히 인간이 어떻게 지각하고 사유하고 반응하는지에 대한 논의이다. 홉스는 인간의 감각에 대한 논의부터 시작하고 있다. 감각이란 물론 물리적인 것이며, 홉스가 볼 때 우리의 모든 지각과 사유의 출발점이 된다. 이 1장에서 홉스는 우리의 지각과 사유가 단순히 감각 작용의 물리적인 과정에서 나오는 부산물이라고 주장하고 있다.(Peters 1967 : 6장)

> 감각의 원인은 외부의 물체 또는 대상에 있다. 이 대상이 각각의 고유한 감각 기관을 압박한다. 이 압박은 미각이나 촉각처럼 직접적인 경우도 있고,

> 시각, 청각, 후각처럼 간접적인 경우도 있다. 이 압박이 몸에 있는 신경이나 힘줄이나 박막 조직 등을 거쳐 안으로 들어와 두뇌와 심장에 전달되면, 이에 대한 저항 또는 반대 압박, 즉 이로부터 벗어나려는 마음의 시도(endeavor)가 생긴다. 이 시도는 '외부로 향한' 것이기 때문에 외부에 있는 어떤 물질인 것처럼 보인다…… 압박을 받은 우리 내부에서 일어나는 일들도 결국 다른 것이 아니라 다양한 운동일 뿐이다. 왜냐하면 운동은 오직 운동만을 낳기 때문이다. 그런데 그것이 우리들 앞에 나타날 때 그것은 환각처럼 보이지만 깨어 있을 때나 꿈꾸고 있을 때나 같다. 또한 눈을 누르거나 문지르거나 때리거나 했을 때 그것은 빛이라는 환각을 보게 하고, 귀를 누르면 소음이 생기는 것과 마찬가지로 보이거나 들리는 것들도 우리 눈에 보이지 않는 격렬한 작용에 의해 생겨난다. 만일 그 빛깔이나 소리가 이것을 일으키는 물체 또는 대상 속에 있다면 빛깔이나 소리를 그 대상으로부터 분리할 수 없을 것이다. 그러나 거울이나 메아리를 생각해보면 우리는 그것들이…… 알 수 있다. (21-2, 85-6)

인간의 본성에 대한 논의를 이런 방식으로 시작하는 것은 난해하게 보일지 모르나 실제로는 요점의 정곡을 찌르는 아주 주목할만한 것이다. 홉스가 1장의 마지막 문단에서 분명하게 밝히고 있듯이, 그는 '모든 그리스도교 국가의 대학들'을 문제 삼고 있는데, 우리가 사물을 어떻게 아는가에 대한 이들의 논증이 아리스토텔레스의 저술에 상당히 의존하려는 경향을 가지고 있기 때문이다. 홉스는 우리가 감각 기관들을 통해 지각하는 것과 우리의 감각 작용을 일으키는 것은 동일하지 않다고 보는 보다 근대과학적인 견해를 지적하고 있다. 예를 들면, 한 특정한 색깔을 우리가 보게 되는데, 그것은 우리의 눈이 그렇게 만들어졌기 때문이다. 가령, 빛의 스펙트럼의 어떤 부분이 우리의 눈을 '압박 자극' 할 때 우리의 눈은 푸른색을 보는 것으로 반응하는 것이다. 따라서 우리가 보는 색깔은 보여지는 대상에 달려 있는 것이 아니라 우리 눈이 어떻게 만들어졌는가에 달려 있다. 우리가 알듯이, 동물들은 색깔을 [실제와] 다르게 보거나 전혀 볼 수 없기도 하다. 또, 많은 사람들이 '색맹'이며, 보통 사람과는 다른 색깔을 보기도 한다. 당신이 초록색을 볼 때 그들은 갈색으로 볼 수 있다.

여기서 홉스가 말하고자 하는 요점은, 우리를 둘러싼 외부 세계에 대해 우리가 갖고 있는 정보는 불가피하게 우리의 감각 기관을 통해 걸러진 것이라는 점이다. 우리가 감각으로 느끼는 것을 알 수는 있으나, 외부 세계에 대해서는 완전하게 알 수 없다. 바깥 세계가 외부 사물들에 대한 진실을 우리에게 전달해준다는 것이 아리스토텔레스의 견해였다. 이런 견해를 고집하는 대학의 교수들은 다음과 같은 것을 가르쳤다. "**시각**의 원인은 보이는 물체가 모든 방향으로 **가시적 입자**(visible species), 달리 말하면 **가시적 자극**, **허깨비**, **상** 또는 **보이는 것**을 내보내는 것이기 때문이다. 그리고 그것들을 눈으로 받아들이는 것이 곧 **보는 것**이라는 것이다."(22, 86)

홉스와 아리스토텔레스 사이에 있는 실질적인 견해 차이는 무엇인가? 결국 홉스는 사물들이 어떻게 해서든지 우리의 감각 기관에 인상을 만든다고 믿었고, 아리스토텔레스는 사물들이 우리에게 중간에서 포착하도록 일종의 메시지를 내보낸다고 믿었다. 사물들이 어떻게 해서든지 우리에게 신호를 보낸다는 생각에 둘의 차이가 있는 것이 아니라, 그 신호의 내용에 대한 가설에 차이가 있다. 홉스에게 그 신호란 순수하게 물리적인 것이며 그래서 그것들은 우리의 눈, 귀, 혀 등에 있는 것들이다. 사물들이 보내는 신호에는 고유한 의미가 존재하지 않으며, 우리가 그 신호들을 지각하는 방식에도 아무런 선천적인 의미가 들어 있지 않다. 한 사람은 그의 수호천사 덕분에 그리고 자신의 신체적인 특수성 덕분에 아름다운 음악을 들을 것이며, 다른 사람은 음정이 고르지 못한 소리를 듣게 될 것이다. 아리스토텔레스의 관점에서 보면, 자연 안에는 선천적인 어떤 기준들이 있다. 예를 들면, 절대적인 의미에서 아름다움[절대미] 같은 것이 존재한다. 만약 누가 봐도 객관적으로 아름다운 음악인데 어떤 사람이 그것을 소음으로 듣는다면, 그의 판단에는 무엇인가 잘못이 있는 것이고, 그에 대해 수정할 필요가 있다. 아리스토텔레스의 방식을 추종했던 스콜라 철학자들은 '아름다움이란 무엇인가?' 와 같은 문제를 다룰 수 있다고 생각했으며, 종국에는 그 문제에 대한 진리에 도달할 수 있다고 생각했다. 사람들이 '정의란 무엇인가?' '도덕이란 무엇인가?' 또는 '선한 정부는 무엇으로 구성되어 있는가?' 와 같이 절대적인 물음에 대해 논의할 때, 홉스는 그런 논의가 무익하고 악하며 심지어 위험하다고 믿었다.

홉스가 인간의 지각을 순수하게 하나의 물리적인 행위로, 그리고 자연 역시 순수하게 물리적인 것으로 보고 있다는 사실은 그의 작품 나머지 부분을 위해서도 상당한 중요성을 가진다. 자연은 인간이 이해할 수 있는 합리적인 질서를 갖고 있지 않으며, 자연의 질서는 궁극적으로 자연법이나 하느님이 가장 높은 곳에서 지배하는 질서이다. 이는 인간이 합리적으로 복종할 수 있는 그런 질서이다. 이것이 자연에 대한 아리스토텔레스와 그리스도인들의 견해였으며, 이에 대해 홉스는 처음부터 동의하지 않았다. 우리가 알 수 있는 모든 것은 우리의 감각 기관들이 알려주는 것뿐이며, 우리의 감각들이 일치하지 않기 때문에 개인들도 항상 일치하지 않을 것이다. 홉스가 이 장에서 언급하고 있고, 이 책 전체를 통해 폄하하고 있는 '철학 학파' [스콜라 철학]들의 계획, 즉 진리를 발견하고 그것에 복종하려는 계획은 시간 낭비이며, 일치와 평화에 이르기보다는 지속적인 갈등으로 이끌 수 있는 시도일 뿐이다.

이 지점에서 대학들을 향한 홉스의 태도에 대해 무엇인가 좀 더 언급할 필요가 있다. 알다시피, 홉스는 카벤디쉬(Cavendish) 가문을 위해 가정교사와 조언자로 일했다. 그는 대학교수가 아니었기에 '국외자(局外者)로서' 대학교수들을 확실하게 비판했다. 영국 시민전쟁과 정권 교체 이전 시기에 옥스퍼드와 케임브리지 같은 대학들은 영국 국교의 신학자들(성직자들)과 평신도 교수들이 지배적이었다.(Shapiro 1971: 72) 시민전쟁의 여파로 국교 반대자들은 국교도 행정가들을 쫓아내고 그 자리에 신학적으로 결점이 없는 자기네[비국교도] 사람으로 대체함으로써 대학을 접수하려고 시도했다. 왕정복고 이후 국교도의 지도력은 제자리로 돌아왔다. 홉스가 대학에서 교육되었던 경계가 모호한 신학에 대해 불평을 말할 때, 일차적으로 언급하고 있는 것은 정부 교체 이전에 자리를 차지하고 있었던 국교회의 주도권이었다.

대학의 일차적인 임무가 '성직자를 훈련시키고 신사 계급의 사람들을 교육'하는 데 있었다는 것은 사실이다.(Shapiro 1971: 72) 지도자의 위치에 있는 대부분의 사람들은 국교회 성직자들(후에는 비국교도 성직자들)이었으며, 따라서 그들이 고전 교육이라고 생각한 것은 과학이 아니라 신학이나 철학이었다. 홉스는 이런 경향을 대학에 대한 전체적인 평가의 토대로 삼았으며, 철학자인 척하는 국교회 학자들의 방식과 불합리성과 미신적 요소를 갖고 있는 가톨릭주의와 가톨릭 철학을 서로 혼합해서 보고 있다.(어쨌거나 당시 대학에서 아리스토텔레스가 철학 분야, 심지어 과학 분야에서도 지배력을 갖게 된 것은 가톨릭 신학을 통해서 이루어진 일이다.)

'대학이 과학을 모른다'는 홉스의 말이 어쩌면 불공정하게 보일 수 있다. 사피로(Shapiro)가 지적하고 있듯이, 대학에서 교육되어진 '새로운 과학' 은 많이 있었으며, 국교회 지도자들이나 후에 비국교도 지도자들 누구도 과학에 대해 특별히 적대적이지 않았다. 최신의 수학, 천문학, 생물학 그리고 다른 과학을 가르쳤던 교수들이 여럿 있었고, 이에 더하여, 개인 가정 교사들을 통해서도 많은 교육이 이루어졌기에, 최신의 과학 교육을 받기 원하는 사람은 누구나 그런 기회를 가질 수 있었다. 또, 대학 도서관은 기피하는 과학 교과서를 수집하기보다는 이들 교사들을 모으고, 누구라도 이들로부터 도움받기를 원하는 사람들이 이용할 수 있도록 했다. 홉스도 틀림없이 이런 사정을 알고 있었지만, 그럼에도 불구하고 대학에 대한 정면 공격을 계속했다. 그의 비판은 의심할 바 없이 의도적으로 독자들이 전통적인 학계를 경멸하도록 호소하는 일과 아무런 의미의 차이가 없었다. 당시에는 윌리암 델(Willam Dell)과 존 웹스터(John Webster)를 포함해서 거의 동일한 방식으로 대학을 비난했던 사람들도 있었다. 존 웹스터는 대학을 신랄하게 비판하기 위해 위대한 과학자 프란시스 베이컨의 명성을 활용했다. 그러나 홉스와 달리 청교도 교인이었던 델과 웹스터는 그들 스스로 그렇게 과학적 정보에 밝은 사람들이 아니었으며, 주로 [대학을 비판한] 이들의 동기는 대학에서 미신을 제거하고 청교도 성직자들을 신학적 타락으로부터 자유롭게 하려는 것이었다. 사피로(Shapiro)는 다음과 같이 지적하고 있다: '델과 웹스터 그리고 1653년과 1659년에 다시 절정에 이르렀던 다른 종교적 급진주의자들의 공격은 청교도들과 국교도 대학인들 모두에게 충격을 주었다.' (Shapiro 1971 : 65)

홉스는 자기의 목적 — 일차적으로 대학이 자신의 과학적인 정치 이론을 수용하도록 만들려는 욕심 — 을 위해 이러한 여러 비판의 목소리에 자신의 목소리를 보태기로 결심했던 것 같다. 이런 일들이 일어나게 하기 위해서는 아리스토텔레스가 대학의 교육 환경에서 추방되어야만 했다. 그렇지 않으면 정부와 지도자에 대해 정의롭다거나 불의하다는 논란, 그리고 정부를 백성들이 통제해야 한다는 사상 등에 관한 논란이 계속될 것이기 때문이다.

홉스는 2장("상상력에 관하여")에서 자신의 유물론적 주제를 인간 정신[의 문제]에도 계속 적용하고 있다. 그는 기억과 상상력을 모두 감각 기관, 즉 두뇌에 대략 지속적으로 자국을 남기는 원초적인 감각 활동의 산물이라고 주장하고 있다. 때때로 두뇌는 복합적인 상상력을 만들어내기 위해 다양한 기억들을 결합시킨다. 우리가 조심하지 않고 이성적이지 못하면, 상상력을 이용해서 전혀 새로운 무엇인가를 찾아낼 수 있을지라도 그것은 사실 이미 우리가 보았거나 알고 있는 것을 이상한 방식으로 결합한 것에 불과하다. 마찬가지로 홉스는 우리가 우리에게 예언적이거나 완전히 새로운 아이디어를 주는 그 무엇을 꿈에서 보았다거나 경험했다고 생각할지 모르나, 그 꿈들은 실제로는 단지 현재나 과거에 있었던 물리적인 자극의 산물에 불과하다고 주장하고 있다.

> 그리고 잠자는 동안에는 감각에 필수적인 기관인 두뇌와 신경이 무감각한 상태로, 외부 대상의 작용에 쉽게 반응하지 않기 때문에 인체 내부에 있는 감각 기관들의 자극에 의해 생기는 것 이외에는 어떠한 상상도 생길 수 없으며, 따라서 꿈도 생길 수 없다. 이러한 인체 내부의 감각 기관들은 두뇌 및 기타 기관과 관계가 있기 때문에 두뇌가 흥분상태가 될 경우, 기타 기관들도 같은 운동을 하게 만든다. 그 결과 두뇌에 이미 만들어졌던 심상은 마치 생시처럼 나타난다. 다만 생시와 다른 점은 이때 감각 기관이 잠자고 있는 상태이므로 더욱 강렬한 인상으로 꿈속의 심상을 지배하거나 약하게 할 수 있는 새로운 대상이 없다는 것뿐이다. 감각이 정지되어 있을 때 일어나는 꿈은 우리가 생시에 하는 생각보다 더 선명하게 나타날 수 있다. 따라서 감각과 꿈을 엄밀하게

구별하기가 어려우며 실제로 많은 사람들은 불가능하다고 생각했다.(25, 90)

여기서 홉스가 말하고자 하는 것은 무엇인가? 우리가 알다시피, 기억, 상상 그리고 꿈은 모두 기본적으로 동일한 유형의 일이며, 이것들은 모두 쇠퇴해가는 감각의 산물들이고, 외부 대상이 아니라 우리의 감각 기관이 만들어낸 것이라고 그는 생각하고 있다. 우리가 꿈을 꾸거나 상상할 때 그것은 실재하는 것처럼 보일 수 있다. 그것이 너무도 선명해서 우리의 외부로부터 일종의 계시를 받은 것으로 생각되기도 한다. 그러나 홉스는 인간이 비전, 꿈 또는 다른 어떤 수단을 통해 어쨌든 외부의 진리에 직접 접근할 수 있다는 생각에 반대를 하고 있다. 1장에서 객관적이고 외부적인 진리에 대해 반대했던 것처럼 그는 영감이나 꿈에서 어떤 계시나 진리를 '받았다고' 주장하는 사람들을 표적으로 삼아 특유의 힘을 가지고 반대 주장을 계속하고 있다. 만약 우리가 상상이나 꿈이 생기는 물리적인 원인들을 다루고 있는 2장의 전체 내용을 읽는다면 홉스의 전체 의도를 아주 분명하게 알 수 있을 것이다.

홉스는 초자연적인 것을 믿는 사람들, 특히 당시 영국에서 쉽게 표적이 되었던 가톨릭 교인들을 향해 화살을 겨냥하고 있다. 예를 들면, 그는 요정 이야기에 대한 신앙과 성수(聖水)를 사용하는 것을 서로 결합시키고 있다: "내 생각에 요정이나 걸어다니는 귀신 이야기는 귀신 쫓아내기, 십자가, 성수 그리고 그 밖에 성직자들이 고안해낸 주술들의 효능을 [사람들이] 믿도록 하기 위해 [그들이] 의도적으로 가르치거나 반박하지 못하게 한 것들이다."(27, 92) 그리고 그는 왜 이런 신앙이 자신의 정치적 계획에 그렇게 위험한지에 대해서도 아주 명백하게 밝히고 있다. "정령들에 대한 이런 미신적인 공포가 사라지고 나면, 그리고 이와 함께 교활한 야심가들이 순박한 사람들을 악용하려고 할 때 사용하는 해몽이나 거짓 예언 등 많은 술수들이 사라지고 나면, 사람들은 지금보다 훨씬 더 정치적 복종을 잘하게 될 것이다."(27, 93) 홉스는 대학이 그런 미신들을 뿌리 뽑아야만 하는 때에 오히려 미신들을 가르치고 있다고 불만을 말하고 있다.

또한 상상력을 다루고 있는 3장에서 홉스는, 인간은 참으로 '무한자'를 진실로 이해할 수 없다는 특별히 핵심적인 말을 하고 있다. 홉스는 이 말이, 어떤 것이 너무 커서 단순히 우리가 이해할 수 없을 때 사용하는 그런 말이라고 주장하고 있다. 그가 말하고 있는 또 하나의 핵심 주장은, 인간에겐 말할 수 있고 동물들보다 훨씬 위대한 정도까지 지능을 개발시킬 수 있는 능력이 있기 때문에 인간이 다른 모든 동물들과 구별되어야만 한다는 것이다. 이런 관심의 초점은 4장, "언어에 관하여"에서도 계속되고 있다. 4장에서 홉스가, 언어 없이는 곧 지능이 없이는 국가나 어떤 인간 사회도 있을 수 없다고 말할 때만 해도 그는 아리스토텔레스에 동의하고 있는 것처럼 보인다. 그러나 그는 계속해서 독특한 화법으로 주장하기를, 언어는 (이를테면 인간의) '발명품'이라는 것이다. 하느님은 '최초로 **언어**를 만든 분'이었다고 주장하면서, 곁길로 빠져서 주장하기를, 하느님은 오직 아담에게만 동물들의 이름을 지으라고 지시했다는 것이다. [이렇게] 계발된 개념들과 하느님은 직접적으로 어떤 관계도 없으며, 그 개념들은 순전히 사람의 발명품이라는 것이다. 이 개념들 중에 어떤 것은 유용하고 어떤 것은 그렇지 못하다. "왜냐하면 아담이 형태, 숫자, 수량, 색깔, 소리, 환상, 관계 등을 나타내는 이름은 물론 **일반**, **특수**, **긍정**, **부정**(否定), **의문**, **소망**, **부정**(不定) 등과 같은 유용한 말, 그리고 **실체**, **지향성**, **본질** 등 스콜라 철학자들이 사용하는 무의미한 말들을 배웠다는 이야기를 나는 성경 어디에서도 직접적으로나

추론에 의해서 찾을 수 없기 때문이다."(33, 100-01)

여기서 홉스는 대학이 고안해냈다는 말들이 '의미 없는' 것들, 즉 아무런 뜻이 통하지 않는 것임을 지적함으로써 다시 한 번 대학을 폄하하고 있다. 그는 되풀이해서 이들의 언어를 '불합리한' 것들이라 불렀고, 이것이 모든 사람이 동의할 수 있는 엄밀하고 구체적인 언어의 필요성에 대해 홉스가 충분하게 전개한 주제의 출발점이었다. 만약 언어가 인간의 발명품이라면 그것들은 하나의 구체적인 목적에 기여해야만 하는데, 홉스가 말하고 있듯이, 하느님이 바벨탑을 무너뜨리고 인간들이 여러 가지 언어를 말하게 된 후에 그렇게 했다는 것이다. 언어는 '모든 발명의 어머니인 필요성' 때문에 점점 더 많은 말들을 계발했다.(34, 101) 이 말의 의미는, 지식인들이 사용하는 말들은 발명된 것도, 필요성에서 시작된 것도 아닌 오만함과 모호하게 만들려는 욕심에서 비롯된 것이라는 뜻이다. 말들은 그저 유용한 도구여야만 한다. 말을 둘러싸고 어떤 불가사의한 일이 있을 필요는 없다. 홉스가 이름과 이름 붙이는 일에 관해 긴 논의를 진행한 것은, 말이 곧 엄밀함을 추구하는 데 있고, 무슨 말이 유용하고 말들이 어떻게 계발되어야 하는지를 발견하는 데 있기 때문이다. 그는 요점을 완전하게 드러내기 위해 4장 끝부분에서 '의미가 일정하지 않은 이름들'이란 주제로 돌아가고 있다. "우리들 마음에 영향을 주어 유쾌하거나 불쾌하게 만들기도 하는 그런 사물들의 이름에 대해 생각해보자. 동일한 것이라 하더라도 모든 사람이 똑같은 영향을 받는 것도 아니요, 또한 같은 사람이라 하더라도 동일한 것으로부터 항상 똑같은 영향을 받는 것이 아니기 때문에, 이런 말들은 사람들의 일상적인 대화에서는 의미가 일정하지 않다. 이름이란 우리의 생각을 나타내기 위해 부여된 것이고, 우리의 감정도 결국은 생각이기 때문에 우리가 동일한 사물을 놓고 서로 다르게 생각할 경우 서로 다른 이름

으로 부를 수밖에 없다."(39-40, 109)

달리 말해, 가치[가 담긴] 언어는 본래 주관적이기에 그렇게 효용성이 많은 것은 아닌데, "왜냐하면 한 사람이 지혜라 부르는 것을 다른 사람은 공포라 하고, 정의라 부르는 것을 다른 사람은 잔인함이라 부르기 때문이다."(40, 109) 이같은 가치 언어들에 대해서는 결코 일치를 이룰 수 없다는 것이 홉스의 주장이다. 대학에 있는 학자들은 이런 말들을 정의하려고 하고, 이런 저런 제도가 정의로운지 부정의한지 논쟁하느라 제 시간을 많이 낭비하면서, 보편적 가치를 표현하는 것이 아니라 실제로는 단지 자신들의 개인적인 입장만을 표현하고 있을 뿐이다. 이들의 주장은 더 이상 갈 곳이 없으며, 좀 더 정확하게 말하면 이들은 단지 사람들을 선동하여 더욱더 불일치와 논쟁에 빠져들게 만들고 있다. 홉스는 (5장의 제목이기도 한) '추리와 학문'이 국가의 질서와 같은 가장 중요한 분야에 너무도 자주 응용되고 있는 경계가 모호한 강단 철학에 대해 반대 입장에 서 있다는 것을 보여주고자 한다.

5장에서 홉스는 정치철학을 세우기 위한 이상적인 방법을 밝히고 있다. 그는 추리를 '수학적' 활동으로 규정하고 있는데, 개념이나 이름들을 더하거나 빼는 그런 과정을 '계산하기'라고 부른다. 그는 우리가 지식을 얻기 위해 오래되어 존경받기만 하는 권위자들을 단순히 신뢰해서는 안 된다는 점을 말하고 있다. 논리적 출발점에서 시작하여 앞으로 나아가는 추론을 우리 스스로 해야만 한다. 만약 우리가 이런 방식으로 추론할 수 없다면, 사물들에 관해 입증된 진리만을 알고 있다고 주장해야만 한다. 위에서 말한 대학교수들은 적합한 정의로부터 시작하지 않았고 그래서 자기들이 하는 말을 입증할 수 없었기 때문에 터무니없는 말과 논증을 만들어냈다. 홉스는 엄밀하게 정의로부터 시작하는 논증 방식은 논증하는 사람의 편의대로 바꾸거나 변하는 것이 아니며, 이 방법만이 기하학에서 실행되고 있는 것이라고 지적하고 있다. 언어의 기하학적 방법과 이를 통해 정치적인 일들을 추론함으로써 유일하게 진정한 정치학을 세우겠다는 것이 그의 의도였다. 위의 대학교수들이 하는 것처럼 의미가 일정하지 않고 터무니없는 이름을 사용하고 추론하는 것과는 달리 유용하고 분명한 정의를 토대로 그 위에 세워진 교설들을 누구나 이해할 수 있다는 점이 기하학적 방법의 멋이다. 홉스는 계몽사상의 선구자로 세상에 등장하면서, 다음과 같이 선포하고 있다: "인간 정신의 빛은 명료한 말에 있는데 정확한 정의를 통해서 우선 모호함이 사라지고 깨끗해진다. 추론은 그 발걸음이며, 학문의 증진은 그 길이며, 인류의 복지가 그 목적이다. 이와 반대로 은유나 무의미하고 애매한 말은 사람들을 **현혹시키는 도깨비 불**과 같다. 그런 말에 기초한 추론은 무수히 많은 불합리한 것들 속을 헤매고 다니는 것이며, 논쟁과 선동과 모욕이 그들의 목적이다."(45-6, 116-7)

홉스는 언어적인 정확성과 엄밀성을 추구하면서 이 장에서 그 스콜라 철학자들이 사용하는 여러 가지 말들, 즉 "**실재**, **성체변화**(聖體變化), **성체공존**, **영원한 현재** 등등"(44, 113) 같이 그가 생각하기에 무의미한 말들을 잘라내는 일에 아주 많은 시간을 소모하고 있다.[1]

성체변화라는 말은 성찬식을 할 때 빵과 포도주가 그리스도의 몸과 피로 변한다는 것을 기술하기 위해 가톨릭에서 사용하는 말이다. 유사하게 성체공존이란 말은 빵과 포도주 안에 그리스도의 현존이 하나로 합쳐 있다는 루터교의 교리에 나오는 말이다. 만약 당신이 [성체변화나 성체공존을 눈으로] 볼 수 없다면 그것이[그리스도의 몸과 피가] 거기에

---

1 5장에서 다루고 있는 언어의 정확성 문제에 관해서는 Peter(1967)의 책 5장, '언어' 112-28쪽을 참고할 것.

있다는 것을 믿을만한 이유도 없으며, 만약 [성체변화나 성체공존] 같은 말들이 문자적으로 아무런 의미가 없다면 그런 말을 사용해서는 안 된다는 것이 홉스의 일반적인 기준이었다.

다음으로 홉스는 인간 본성에 있어서 스스로 아주 중요하다고 생각하는 정념의 문제로 논의의 주제를 돌리고 있다. 6장의 제목은 "보통 정념이라 불리는 자발적 운동의 내적인 발단과 그것이 표현되는 화법에 관하여"이다. 모든 정념들은 '욕구'(appetite, 욕망 또는 끌림) 또는 '혐오'(aversion, 무엇에 의해 거부됨)로부터 발생한다고 선언함으로써 논의를 시작하고 있다. 그는 다시 주장하기를, 사람들이 욕망하는 것은 무엇이든 좋은 것이라 부르고, 거부하는 것은 나쁜 것이라 부르며, 끌리는 것과 배척하는 것, 좋은 것과 나쁜 것에 공통의 일치점이란 없다. 확실하게 사물 자체의 본질로부터 취할 수 있는 절대적 또는 공통의 기준이란 없으며, 가치 판단은 사실 주관적이다. 홉스는 정념들을 나타내는 여러 가지 말들, 예를 들면 희망, 절망, 공포와 용기 등에 대해 정의를 내리려는 시도를 계속하고 있다. 그렇게 한다고 해서 이것이 이야기의 끝은 아니다. 왜냐하면 그가 지적하고 있듯이 각 개인은 이런 말을 다른 사물에 적용하고 있기 때문이다.

홉스에 따르면, 숙고란 정념들이 앞뒤로 하는 운동의 과정이다:

> 사람의 마음속에 한 가지 동일한 일에 대한 욕구, 혐오, 희망, 공포가 번갈아 일어나고, 그리고 그 일을 하거나 또는 하지 않았을 경우에 생기는 여러 가지 선과 악의 결과가 마음속에 번갈아 떠오른다고 생각해보자. 이런 경우 우리는 그 일에 대해 욕구를 느끼기도 하고, 혐오를 느끼기도 하며, 그 일을 할 수 있다는 희망을 갖기도 하고, 할 수 없을 것 같은 절망이나 공포를 느끼기도 한다. 이런 욕구와 혐오, 희망과 공포 등이 그 일을 실행에 옮기거나 혹은 포

기할 때까지 계속될 경우 그 정념을 통틀어 **숙고**(deliberation)라고 한다. (53, 127)

사람이 생각하고 느끼는 모든 것은 원래 신체적인 원인들로부터, 사람들 주위에 있는 세상의 사물에 대한 감각 기관의 반응으로부터 온다는 것을 기억하자. 따라서 정념들의 경우도 마찬가지인데, 정념들도 우리 몸 안의 내부 구조에 의해 영향을 받는 것들이다. 홉스는 주장하기를, 우리가 숙고할 때, 그리고 하고자 원하는 것을 생각할 때 이 일에 거의 대부분 관여하는 것은 이성이 아니라 정념이다. 그는 의지란 '**숙고에 있어서 마지막 욕구**' (54, 127)라고 말하고 있다: 우리가 의지를 갖는다는 것은 우리의 마지막 욕구를 표현하는 것 그 이상이 아니다. 그것[의지를 갖는다는 것]은 물리[신체]적인 여러 원인들의 연쇄 고리가 만들어낸 산물이기 때문에, 홉스는 인간이 실재로 자유 의지를 갖고 있는지 아닌지에 대해 호기심을 갖도록 우리에게 말하고 있지만, 사실 인간은 자유 의지를 갖고 있지 않다고 『리바이어던』과 그 밖의 다른 곳에서 자주 주장하고 있다: 그러나 다른 그의 논증의 전제들이나 구조를 통해서 보면 그는 자유 의지를 가정하는 것처럼 보인다. 만약 사람들이 자유로운 선택[능력]을 갖고 있지 못하다면, 그는 왜 독자들이 다르게 생각하고 행동하도록 설득하려고까지 하는 것일까?

다음 7장에서 홉스는 학문 영역에서조차 절대적 지식이 있을 수 없다는 것을 주장하고 있다. 왜냐하면 최초의 감각을 일으키는 사물들은 우리의 기억을 사용하는 것으로 생각되기 때문이다. 만약 그렇다면, 모든 지식은 조건[상대]적이다. 학문의 산물인 지식을 만들어내는 일이란 일종의 과정인데, 그 과정을 통해 지식이 얻어진다. 만약 담론이 정의로부터 시작해서 논리적으로 일반화, 삼단논법 그리고 결론을 향해 나아간다면, 그것은 학문이 된다. 만약 이런 과정을 거치지 않는다면, 그것은 [학문이 아니라] 의견에 불과하다. 홉스는 '양심(conscience)' 이란 개념에 대해 애써서 분석하고 있는데, 이 양심이란 것을 사람들은 종종 고집스럽게 자기 의견을 고수하는 데 사용하며, 또 더 큰 권력에 복종하는 것을 거부케 하는 데 사용하고 있다. 둘 이상의 사람이 한 가지 일에 동의할 때, 우리는 이들이 그 사실을 '의식(conscious)하고' 있다고 말한다. 어떤 사람에게 그런 사실을 부인하도록 요구하는 일은 "아주 큰 죄악으로 간주된다." 홉스는 말하기를, 이는 '**양심**에 반하는 말을 하도록' 요구하는 것과 같다.(57, 132) 어떻게 홉스가 양심에 대해 통상적인 정의가 아니라 다른 사람들과 같이 동일한 사실에 대해 의식하는 것으로 정의하고 있는지 주목해보자. 홉스는 자신의 핵심 요점을 다음과 같이 말하고 있다:

> 후에 사람들은 양심이란 말을 자신의 비밀스런 일이나 비밀스런 생각에 관한 지식을 비유적으로 가리키는 말로 사용하게 되었으며, '양심은 천 명의 증인' 이라는 수사학적 표현까지 생겼다. 심지어 자기 나름의 새로운 의견에 완고하게 집착할 경우, 혹은 그렇게 불합리한 것은 아닐지라도 그런 의견을 집요하게 주장하는 경우에도 자신의 의견에 양심이라는 거룩한 이름을 붙이기까지 하였다. 이것은 그 의견을 바꾸려 하거나 혹은 그 의견에 반대하면 불법이라도 저지르는 것처럼 느껴지도록 하기 위한 것이었다. 이런 식으로 기껏해야 생각하고 있는 정도에 불과한 것을 마치 진리를 알고 있다는 듯이 주장한다.(57, 132)

홉스는 양심을 이렇게 새로 정의했는데, 그렇게 함으로써 자신들의 도덕적 양심을 이유로 법에 불복종할 것을 요구하는 사람들의 [태도는] 잘못된 것이며, 이들은 단지 무지하고 이기적인 의견을 주장한 것이 된다. 정의가 정말로 중요하다!

8장은 지적인 덕을 정의하는 것처럼 보여질 수 있으나 그렇게 보면 독자들은 더 중요한 핵심을 놓칠 수 있다. 홉스가 말하고 싶은 것은, 왜 사람들이 좀 더 합리적이지 못할까? 왜 그들은 자주 오류를 범하며, 다른 무엇보다도 광기와 미신으로 이끄는 지적인 '결함'을 갖고 있는 것일까? 하는 것들이다. 우리가 이미 보았듯이, 인간은 이성적 동물이기보다는 감정적 동물이다. 정념들은 우리의 신체적 상태와 우리의 경험과 교육에 의해 발생한다. 정념들이 대부분 우리의 생각, 결단 그리고 행위를 지시[결정]한다는 사실은 간단히 말해 우리 삶에 있어서 하나의 진실인데, 이것은 어느 정도 보편적 진리에 이르게 한다. 이 진리는 홉스 정치철학의 중심축이 된다. 모든 사람은 궁극적으로 권력을 추구한다. "정념들 중에서 지력(wit)의 차이를 만들어내는 것은 주로 권력, 부, 지식, 명예에 대한 크고 작은 욕망들이다. 이 모든 욕망은 첫 번째 욕망, 즉 권력에 대한 욕망으로 환원될 수 있다. 왜냐하면 부, 지식, 명예도 결국 권력의 한 종류에 불과하기 때문이다."(62, 139)

홉스는 이 권력에 대한 욕망이 자연상태에서 사람들의 행위에 영향을 미칠 것이라고 가정하고 있다. 만약 모든 인간이 본성상 정념의 소유자들이고 이 정념들이 서로 충돌을 일으킨다면, 그리고 만약 사물들에 대한 모든 정념이나 욕망들이 그것을 쟁취하기 위해 권력에 대한 강한 욕망으로 표현된다면, 일종의 지배적인 정부의 통제 아래에 있지 않은 사람들은 지속적으로 돌발적 재앙에 놓이게 될 것이다. 이것이 홉스가 『리바이어던』 2부에서 논의하고 있는 바로 그 상황이다. 그렇지만 8장의 나머지 부분에서 홉스는 과도한 정념들인 광기와 '경박함(giddiness)'에 대해 다루고 있다. 이것은 (모든 사람이 미치지 않는 한) 적어도 정념들은 일종의 자기 통제 아래 있을 수 있다는 것을 가리킨다. 홉스는 '유도되지 않은(unguided)' 정념들을 광기라고 말하고 있는데, 이는 결국 우리가 어느 정도 정념들을 유도[통제]할 수 있다는 것을 의미한다. 만약 이것이 사실이라면, 상황이 완전히 절망적이지는 않다. 만약 우리가 단순히 감정의 동물이라면, 어떤 논리적 이론을 통해서도 정념들로부터 벗어날 수는 없다. 비록 홉스라 하더라도 그렇다.

더 나아가 홉스는 성경에 나오는 귀신들린 사람의 이야기와 연관해 광기의 문제에 대해 의견을 말하고 있다. 그는 악령 같은 것이 존재하지 않는다는 것을 공개적으로 말하고 있지는 않지만, 악령의 문제를 제기할 때 성경을 근대 과학의 관점에서 재해석할 수 있는 자기 능력을 잘 보여주고 있다. "그렇다면 왜 우리의 구세주[예수]는 그들을 치유하면서 미친 사람으로 다루지 않고 귀신 들린 사람으로 취급했을까?"(66-7, 145) 홉스는 이처럼 귀신 들린 사람이 실제로 있다고 주장하는 사람과 성경이 우리에게 천동설을 말해주고 있다고 주장하는 사람을 비교하고 있다. 홉스는 천동설 같은 유형의 정보를 제공하는 것이 성경의 주된 목적이 아니라고 주장하고 있으며, 성경을 읽는 자신만의 방법을 보다 선명하게 만들기 위해 다음과 같이 설명하고 있다: "우리의 구세주는 사람에게 말하듯이 병에게 말했는데, 이것은 그리스도처럼 말로만 병을 치유하는 사람은 누구나 쓰는 어법이다. 주술사들도 그들이 악마에게 말하든 아니든 상관없이 그렇게 한다고 위장한다. 그리스도는 바람을 꾸짖으신 일이 있지 않은가?(마태복음 8장 26절) 열병을 꾸짖으신 일도 있지 않은가?(누가복음 4장 39절) 그랬다고 해서 열병이 곧 귀신이라고 주장하는 것은 아니다. 또한 여러 곳에서 귀신들이 그리스도에게 고백한 것으로 되어 있는데, 이런 것들은 모두 미친 사람들이 그에게 고백했다고 해석하면 되는 것이지 달리 할 필요는 없다."(67, 145)

홉스는 확실히 성경을 합리적인 것으로 만들려 하고 있다. 독자들은 홉스가 해석하는 성경 구절을 읽다보면, 그의 방법과 의도를 알아차릴 수 있다. 첫째, 그는 [성경을] 문자 그대로 해석하는 사람은 아니다. 위의 인용구절을 보면 확실히 알 수 있다. 성경은 문자 그대로 귀신을 지칭하고 있지만, 홉스는 여기서 말하는 귀신을 정신병에 대한 **비유적** 표현으로 간주해야 한다고 주장하고 있다. 둘째, 그의 목적은 성경을 항상 비신화화(非神話化) 하려는 데 있다. 즉 성경의 내용을 어떻게 해서든지 과학적 사실과 일치되게, 자연스럽게 발생하는 현상으로, 최후에는 심리적 환상으로 만들려 하고 있다. 마지막으로 홉스는 인간 본성에 대한 자신의 견해와 더 중요하게는 절대적인 세속적 통치가 바람직하다는 자신의 주장이 성경과 모순 관계가 아니라는 것을 확실하게 하기 위해 항상 노력하고 있다.

9장에서 홉스는 학문을 아주 간결하게 정의하고 있다. 학문은 조건적인 지식, 즉 "**한 긍정에서 다른 긍정으로의 논리적 귀결에 관한 지식**"(69, 147)이다. 즉 학문이란 사실들의 집합체가 아니라 앞서 확정된 정의로부터 논리적 추론을 거쳐 나오는 그런 유형의 지식이다. 그것은 절대적 지식이 아니다. 왜냐하면 앞서서 우리가 찾아냈듯이, 절대적 지식이란 있을 수 없으며, 단지 오류를 범할 수 있는 감각 기관들의 인상만 갖고 있기 때문이다. 만일 새로운 사실과 정보가 우리에게 제공된다면, 우리는 다른 정의를 가지고 기꺼이 새로 출발해야만 한다. 홉스는 유용한 학문의 분류표를 우리에게 제공하고 있는데, 자연철학과 시민철학을 구분하고 있다. 자연철학은 자연의 물체를 다루며, 시민철학은 그가 앞에서는 '인공적 물체(artificial bodies)' 라 불렀고 여기서는 '정치체(politic bodies)' 라 부르는 것을 다룬다. 시민철학이라는 후자의 범주로부터 갈라져 나온 분과 학문에는 오직 두 가지만 있을 뿐인데, 통치자의 권리들과 의무들에 관한 학문 그리고 백성들의 의무와 권리에 관한 학문이 그것이다.(70, 149) (여기서 그 순서와 단, 복수의 차이에 대해 주목할 것)

홉스 시대에 모든 것들이 어떻게 문제가 되었는지를 잘 보여주고 있다는 점에서 10장은 흥미로운 장이다. 신사가 된다는 것이 무엇을 의미하는지, 명예로운 것과 기사(騎士)다운 것이 무엇인지 등등의 낡은 생각들이 [당시에는] 사라져가고 있었다. 홉스가 이 장에서 명예를 재해석한 것보다 더 분명하게 한 곳은 없다. 그는 힘(power)에 관해 정의하면서 10장을 시작하고 있다: "**힘**: 인간의 힘이란 보편적으로 말해서 미래에 분명히 선이 될 것으로 보이는 것을 획득하기 위해 그가 현재 가지고 있는 수단이다. 그것은 **본래부터 갖고 있는** 힘이거나 **도구적인** 힘이다." (72, 150) 그러고 나서 그는 우리의 신체적인 힘이나 정신력같이 자연적으로 주어진 힘과 부(富)나 친구처럼 획득된(acquired) 힘들 사이의 차이점에 대해 논의하고 있다. 그러나 이 장에서 진실로 흥미로운 점은 홉스가 일관되게 명예와 가치에 관한 낡은 관념들을 무너뜨리려는 데 있다. 낡은 귀족주의적 관점에서 보면, 한 사람이 명예롭게 되는 것은 적어도 최고 수준의 기준으로서 그가 가진 도덕적 자질 때문이다. 그의 인품, 성격, 용기 등등 이런 것을 가지고 있기 때문에 그는 훌륭하고 가치가 있는 사람이 된다. 그러나 홉스는 명예와 가치를 힘으로 환원시키고 있다.

첫째, 사람들이 명예로운 것이라 칭찬하는 모든 것들은 힘의 형식을 갖고 있는데, 왜냐하면 그것들은 우리가 원하는 것을 다른 사람이 하도록 만드는 경향을 갖고 있기 때문이다. 예를 들면, "한 사람이 많은 사람들로부터 사랑을 받거나 두려움의 대상이 되도록 하는 자질이 무엇이건 간에 그것은 힘이며, 그런 자질을 갖고 있다는 평판도 힘이다. 왜냐하면 그런 자질은 많은 사람들로부터 조력이나 도움을 얻을 수 있기 때문이다."(72, 151) 지금까지 홉스의 논의 초점은 분명히 힘에 관한 것이었지만, 평판도 힘이라는 생각 역시 낡은 도덕적 힘으로 간주할 수 있다. 그러나 홉스는 계속해서 명예로운 것과 불명예스러운 것을 정의하고 있다:

> **명예로운 것**: 힘의 증거 또는 표시가 될 수 있는 모든 소유물, 행위 또는 자질은 명예로운 것이다.
>
> **불명예스러운 것**: 따라서 다수로부터 명예롭다 불리고, 사랑받거나 두려움의 대상이 되는 것은 힘의 증거이자 모두 명예로운 것이다. 명예롭다 불리는 사람에게 거의 없거나 전혀 없는 일은 **불명예스러운 것**이다.(75, 155)

여기서 홉스는 순환논증의 오류를 범하고 있거나 아니면 명예가 실제로는 단지 힘의 또 다른 말에 불과하다 말하고 있는 것이다. 또한 힘을 소유하고 있는 사람은 누구나 명예롭다거나 가치 있는 사람으로 높이 평가받을 것이다. 홉스는 보통 순환논증의 오류를 범하고 있지 않으며, 공들여 논리적인 사람이 되려고 애쓰고 있다. 홉스가 단순히 명예를 힘으로 환원하고 있다는 또 다른 증거는 고전적인 덕목들(virtues)의 목록표 안에서 발견되는데, 그것들도 모두 같은 방식으로 환원하고 있다: "관대함, 후함, 희망, 용기, 신뢰는 명예로운 것인데, 이것들은 힘에 대한 분별력에서 생기기 때문이다. 소심, 인색, 공포, 자기 확신의 결핍은 불명예스러운 것이다."(75, 155) 달리 말하면, 우리가 이런 덕목들을 명예로운 것으로 보는 이유는 그것들이 힘을 가진 사람에게 속해 있기 때문이다. 그것들은 힘의 표시이기도 하다. 마찬가지로 이어서 나오는 악덕들(vices)은 보통 사람이 힘을 가지지 못하거나 알지 못하고 있다는 표시들이다. 이 점을 온전히 확실하게 하기 위해, 홉스는 어떤 사람이나 사물이 명예롭다 할 수 있는지를 결정할 때 조금이라도 도덕적인 고려가 작동을 시작하는지에 관한 물음을 공개적으로 다루고 있다: "어떤 행위가 위대하고 어려우며, 따라서 큰 힘을 표시하는 것이라면, 그 어떤 행위가 정당한지 부당한지는 그 행위의 명예에 아무런 영향을 미치지 않는다. 명예란 오로지 힘에 대한 평가에 있기 때문이다."(76, 156)

10장의 끝부분에서 홉스는 가문의 문장(紋章)이나 작위 같은 귀족들의 명예를 나타내는 전형적인 상징에 대해 다루고 있다. 문장이나 작위는 오직 통치자가 그것들을 명예롭게 만들 때에만 명예로운 것으로 간주된다는 점을 지적하고 있다. 또 지적하기를, 사람이 어떤 일에 훌륭하다거나 적합하다고 하는 것은 그 사람의 값어치와는 아주 다르다. 값어치가 있다는 것은 어떤 일을 하기에 좋은 소질을 갖고 있다는 것과 같다. 홉스가 이 장 앞에서 말하고 있듯이 사람의 값어치는 간단히 말해 '그의 가격(price)'에 달려 있는데, "그 가격이란 그가 사용하는 힘의 양만큼 주어지는 것이다."(73, 151) 어떤 사람이 (리더십 같은) 한 특정한 임무를 수행하기에 잘 어울린다거나 특별히 적합하다고 해서 그것이 곧 그가 그 일을 수행해야만 한다는 것을 의미하지는 않는다. 다시 한번 말하지만, 누가 어떤 역할을 수행할 것인가를 결정하는 것은 힘이지 그 사람의 자질은 아니다. 이런 노선의 주장은 통치하는 데 소질상 가장 적합한 사람이 통치자가 되어야 한다고 주장하는 플라톤과 아리스토텔레스의 입장과는 분명히 상반된다. 홉스는 빈번하게 사람들이 다음과 같은 주장을 할 수 있는 기회를 차단하고자 했다. 즉 자신들의 지도자가 정의롭지 못하기 때문에 그런 이유로 거부하고 교체해야 한다는 주장 말이다.

홉스는 11장의 아주 유명한 구절을 통해 인간 본성에 관한 자신의 기술을 새롭게 다듬고 있다. 첫째로 그는 주장하기를, “예전 도덕철학자들의 작품에서 언급된 것과 같은 궁극적 목적(*finis ultimus*)이나 최고선(*summum bonum*) 같은 것은 존재하지 않는다. 감각 기관이나 상상력이 막혀서 어쩔 줄 모르는 사람보다 욕망이 멈춘 사람이 더 생생하게 살아 있다고 말할 수는 없다. 지복(행복)은 한 대상에서 다른 대상으로 옮겨가는 욕망의 지속적인 과정에 있다; 앞의 대상을 획득하는 것은 뒤의 대상을 획득하기 위한 방법에 불과하다.”(80, 160)

여기서 홉스는 선한 삶에 관한 플라톤과 아리스토텔레스의 생각을 직접적이고 공개적으로 공격하고 있다. (선한 삶이란 철학적 삶이며, 정의로운 삶이라고 주장하는) 이들의 주장과는 반대로 홉스는 무엇이 선한 삶인지에 관해서 일치된 의견이 없다고 말하고 있다. 대신에 모든 개인들은 스스로 선한 삶이 무엇인지를 결정한다. 고대철학자들이 주장했던 것처럼 정의롭게 살아야만 얻을 수 있는 행복은 실제로는 사람들이 욕구하는 것을 얻었을 때 그들이 갖게 되는 느낌일 뿐이다. 지속적으로 욕망을 경험하는 것은 우리가 정념의 노예가 되는 일이라고 생각했던 고대철학자들과 달리 근대철학자 홉스는 삶 자체가 욕망을 느끼는 일이라고 주장하고 있다. 만약 욕망에 대한 느낌이 멈추게 되면 삶 자체도 멈추게 된다. 그래서 홉스는 다음과 같이 계속해서 말하고 있다:

> 따라서 나는 제일 먼저 모든 인류의 일반적 성향인 욕망에 대해 말하고자 하는데, 이는 오직 죽음에 이르러서만 끝이 나는 것으로서 끊임없이 쉬지 않고 추구하는 힘에 대한 욕망이다. 그 원인은 항상 사람이 이미 얻은 것보다 더 강렬한 기쁨을 바라기 때문이 아니며, 그가 평범한 힘에 만족할 수 없기 때문도 아니다. 더 많은 것을 획득하지 않고서도 현재 누리고 있는 만족스런 삶을

유지할 수 있는 힘과 수단에 대해 확신할 수 없기 때문이다.(81, 161)

이게 사실이라면, 사람은 결코 진정한 휴식을 취할 수 없으며, 소유하고 있는 것을 단순히 향유조차 할 수 없게 된다. 이런 의미에서 만족하는 존재는 실제로 신체적인 파괴까지 일으킬 수 있는 일종의 죽은 존재와 같다. 왜냐하면 다른 사람이 기회를 활용하여 이 사람이 갖고 있는 것을 탈취하기 위해 쳐들어올 수 있기 때문이다. 따라서 욕망을 끊임없이 추구하고 얻는 일에 행복의 본질이 있을 뿐만 아니라 이 일이 안전과 생존을 위한 논리적 수단이 되기도 하는 것처럼 생각된다.

홉스는 인간 본성의 어떤 점들 때문에 갈등이 생기며, 공동의 힘[권력]에 복종하도록 사람들을 부추기는 것이 무엇인지에 대해 계속 논의하고 있다. 경쟁을 좋아하는 것이 갈등의 원인이 되지만 쾌락을 추구하며 안락하게 살고자 하는 욕망이 사람들을 복종하게 만든다. 여기서 홉스는 흥미롭게도 사람들에게 '공동의 힘'을 추구하도록 만드는 여러 [욕망의] 목록들 중에서 '죽음에 대한 공포'를 두 번째 자리에 놓고 있다. 홉스는 인간의 본성에 대해 더욱더 깊은 탐구를 해나가고 있으나 [인간 본성을 묘사한] 모습이 그렇게 멋지지는 않다. 예를 들면, 다른 사람에게 의무감을 느끼는 일은 겉으로는 감사할 줄 아는 사람이 되게 하지만, 안으로는 원망하는 사람이 되게 한다. 이는 추악한 생각이지만 이런 홉스의 견해에 전적으로 반대하기도 어렵다.

여기서 홉스는 그가 자주 했던 '헛된 영광을 쫓는 사람'에 대한 비판을 다시 시작하고 있는데, 이들은 오만하고 야심에 찬 사람들이며, 스스로는 위험을 감수하지 않으면서 감언이설로 속이고 자기 명령에 따르도록 선동함으로써 다른 사람을 이용하는 사람들이다. 홉스가 볼 때, '헛된 영광을 쫓는 사람들'이 영국 시민전쟁의 주된 원인이었다. 스스로 권력을 잡기 원하는 반동적인 비국교도 성직자들과 다른 인물들은 백성들을 분노하게 만들어 군주에게 공개적으로 저항하는 것을 지지하도록 하기 위해 선동적인 수사학을 활용하였다. 다른 한편 홉스는 자연의 원인들에 대한 무지(과학과의 친밀감 결여)와 일반적으로 사람들이 얼마나 잘 속는지를 이해하지 못하는 것에 대해 비난하고 있다.

다음 12장("종교에 관하여")에서는 종교적인 주제를 다루고 있는데, 홉스는 '종교의 씨앗'이 사람 안에 있다고 주장하면서 시작하고 있다. 이 말은 오직 인간만이 사물들의 원인을 탐구하기에 충분할 만큼 추론할 수 있으며, 따라서 신의 관념도 다른 피조물이 아니라 인간에게만 떠오를 수 있다는 것을 의미한다. 그는 호기심과 앞의 11장 마지막 부분에서 실제로 다루고 있는 자연 종교의 영역까지 논의를 확장하고 있는데, 마지막으로 여러 가지 점에서 칼 마르크스(K. Marx)에게나 어울릴 것 같은 다음의 진술을 하고 있다:

> **종교의 자연적 원인은 다가올 미래에 대한 불안에 있다**. 처음 두 가지 (원인들을 알고자 하는 욕망과 사물들의 기원에 관한 고찰)에서 불안이 생겨난다. 왜냐하면 지금까지 일어났고, 앞으로 일어날 일에는 모두 원인이 있다는 것이 확인되었기 때문이며, 자기가 두려워하는 악으로부터 자신을 지키고, 원하는 선을 손에 넣기 위해 지속적으로 노력하는 사람이 미래에 대한 항구적인 불안 속에 살지 않는다는 것은 불가능하기 때문이다. 따라서 모든 사람, 특히 지나치게 신중한 사람은 프로메테우스와 같은 상태에 놓이게 된다.(87, 169)

홉스는 인간이 호기심을 갖고 있는 피조물이며, 사물의 원인만이 아니라 인간 자신의 미래에 대해서도 알고 싶어하는 자연스런 성향을 갖고 있다고 말하고 있다. 특히 인간만이 자신이 죽을 것이라는 것을 알고 있는 유일한 피조물이며, 이런 사실이 공포와 불안을 자아낸다. 물론 이런 피조물은 죽음 이후에 무슨 일이 일어날 것인가에 대해서도 궁금해할 것이다. 그리고 이런 공포와 궁금증이 홉스가 말하는 자연 종교, 창조와 창조주에 대한 인간적 사유의 원인이 된다. 홉스는 이런 인간적 상황을 프로메테우스의 상황으로 묘사하고 있다.[2] 그리스 신화에 따르면, 프로메테우스는 인간에 대해 미안한 감정을 가졌고, 그래서 불을 선물한 신이었다. 제우스는 인간에게 [불의] 힘을 준 죄로 처벌을 하면서 프로메테우스를 바위에 쇠사슬로 묶어놓고 거기서 독수리가 매일 낮에는 간을 쪼아 먹고 밤에는 기적처럼 다시 낫도록 처벌하였다. 홉스는 프로메테우스가 '신중한 사람'을 상징한다고 말하면서 이 신화를 해석하고 있다. 그리고 "죽음, 빈곤 또는 다른 재앙의 공포가 인간의 심장을 항상 갉아먹으며, 잠잘 때를 제외하고는 불안이 멈추거나 쉴 틈이 없다"(88, 169)고 말함으로써 이 신화와의 비유를 끝맺고 있다. **'눈에 보이지 않는 것들이 갖고 있는 힘'**(88, 170)에 대해 두려움을 갖게 하는 것은 공포와 불안이다.

13장은 『리바이어던』에서 가장 중요하고 유명한 장들 중 하나이다. 여기서 홉스는 '인간의 자연적 조건', 즉 '자연상태'에 대해 기술하고 있는데, 이를 바탕으로 자기 정치철학의 나머지 대부분을 구축하고 있다. 그는 인간이 본성적으로 사회적이거나 선한 존재가 아니라, 보다 개인주의적이고 이기적인 존재라고 생각했다. 정부 없이 인간은 어떤 존재가 될 것인가를 상상하면서 인간을 아름답게 그리고 있지는 않다. 그

---

2 Shulman(1988)은 그의 논문에서 이런 프로메테우스 정치학의 사상을 전개하고 있다.

러나 정부가 없는 인간의 자연적 조건은 어떤 원칙과 근본적인 권리를 믿게 만들며, 홉스는 그 원칙과 권리 위에서 지속적이고 안정적인 정치 질서를 세울 수 있다고 믿고 있다. 홉스의 '자연상태'에서 출현하는 원칙들 중의 하나는 모든 사람이 천부적으로 평등하다는 것이다. 처음 이 말을 들으면 이해하기 어려울 수 있다. 왜냐하면 체력이나 정신력은 불평등한데, 특히 자연에서는 결정적으로 그렇게 보이기 때문이다. 그러나 홉스는 자연에서 모든 사람은 각자 타인에 대해 똑같이 위협적인 존재라고 추론하고 있는데, 사람들을 억제할 수 있는 힘을 가진 정부가 없을 때, 이들 모두는 모두에 대해 공포를 느끼게 해줄 정도로 충분히 위협적 존재이다. 보는 사람이 아무도 없을 때나 적이 방패를 내려놓았을 때는 가장 약한 사람도 가장 강한 사람을 죽일 수 있다. 이런 근본적인 평등으로부터 불신과 자연스런 경쟁이 생긴다. 만약 모든 사람이 잠재적으로 내 생명에 위협을 가하는 존재라면, 그리고 내 옆 사람이 마음속으로 무슨 생각을 하는지 알 수 없다면, 어떤 폭력이 내게 가해지기 전에 나는 선수를 쳐서 예방하는 행동을 해야만 한다. 무정부상태나 백성들을 복종시킬 수 있을 만큼 압도적인 힘이 없을 때 발생하는 극단적으로 불안한 상황을 고려하면, 이렇게 행동하는 것이 모두에게 논리적이다. 불행하게도 이런 논리적 반응은 악순환의 고리를 만들면서 점점 더 불신과 폭력으로 이끈다.

홉스는 본성상 어떤 사람은 다른 이보다 더 많은 것을 원할 수 있다는 것을 분명하게 말하고 있다. 그러나 정확하게 바로 이런 야망이 있는 사람들이야말로 다른 모든 사람의 안전과 안보에 지속적으로 위협을 가하는 증거가 되기 때문에, 모든 사람들은 생존하기 위해 스스로를 가장 야망 있는 사람으로 만들어야만 한다. 홉스는 분명히 누구라도 이런 방식으로 행동한다고 해서 비난받아 마땅하다고 생각하지 않았다. 아니 오히려 모두 이런 방식으로 행동 **'해야만'** 한다. 그것이 유일하게 생존하기 위해 택할 수 있는 합리적인 길이기 때문이다. 또한 홉스는 지배권 획득을 쾌락으로 보는 사람들, 그리고 [지배권으로] 사람들을 유인해서 다른 사람이 소유하고 있는 것은 무엇이나 가능한 한 많이 탈취하려는 그런 사람들이 많이 있다는 것을 지적하고 있다. 그래서 홉스는 사람들 간에 일어나는 갈등의 세 가지 원인을 찾고 있는데, "첫째가 경쟁심이며, 둘째는 불신이고 셋째는 공명심이다." "경쟁심은 이익 확보를 위해, 불신은 안전 보장을 위해, 그리고 공명심은 평판을 얻기 위해 사람이 [다른 사람을] 공격하게 만든다."(99, 185) 따라서 자기 이익과 공포야말로 자연상태에 살고 있는 사람들의 마음 안에서 최고의 것이 된다는 것을 우리는 알 수 있다. 그러나 갈등의 또 다른 원인은 '평판'이기도 하다. 홉스는 이 평판이란 것을 기술하기 위해 '자만심', '명예' 그리고 가장 의미심장하게는 '헛된 영광'이란 말들을 같이 사용하고 있다. 이 말은 심지어 자연상태에 있더라도 사람들은 생존과 우월한 지배권을 위해서만이 아니라 다른 사람을 모욕하거나 아니면 단지 자신들이 우월한 위치에 있다는 것을 인정하게 만들려는 욕망 때문에 투쟁할 것이라는 뜻이다. 홉스는 이것이 인간 본성 안에 있는 바람직한 특성이라고 생각하지는 않았으나 그럼에도 아주 중요하게 간주했음은 틀림없다. 이런 특성이 일치와 평화를 이루는 데 가장 주된 장애물이라는 것이 드러나고 있다.

홉스는 본질적으로 사회적 태도인 공명심과 자만심에 대한 욕망을 사회 이전의 상태라고 추정되는 인간의 자연적 조건으로 끌어들였다는 점 때문에 루소와 그 밖의 사람들로부터 비판을 받아왔다. 그러나 만약 우리가 홉스의 자연상태를 오래전에 실제로 있었던 상황을 기술한 것으로 생각하지 않고, 홉스 당시에 억제되지 않았다면 사람들이 실제로 만들어냈을 수도 있는 그런 상황으로 생각한다면, 자연상태에 대한 홉스의 기술이 좀 더 실감나게 보일 것이다. 그것은 결국 사회 이전 상태에 있었던 인간의 문제가 아니라 홉스가 관심을 가졌던 사회적 문제였다. (최소한 홉스의 견해에 따르면) 자만심 때문에 사람들이 서로에 대해 사악한 짓을 하게 되는 시민전쟁을 자신의 사회가 피하길 원했다. 홉스의 탐구는 주로 자만심을 제거하는 일이 필요하다는 것을 사람들에게 확신시키고, 사회 안에서 자만심의 영향력을 약화시킬 수 있는 수단을 정부에 제공하려는 데 있었다. 그는 미국 인디언 부족들의 상황에 대해 언급하고 있으며, 그가 말하고자 하는 [사회계약론]과 유사한 사례로서 추장들이 서로에 대해 맺고 있는 관계에 대해서도 언급하고 있다. 그러나 무엇보다도 그는 영국 시민전쟁을 염두에 두고 있었으며, 영국민들이 자신들의 어떤 태도가 평화에 얼마나 해로운지 깨닫기를 원했고, 그 평화를 깨는 어떤 원칙들보다 평화가 더 중요하다는 것을 이해하길 원했다. 홉스에게는 특정한 원칙을 지키는 것보다 생명이 더 중요하다. 생명을 잃으면 어떤 다른 선을 추구할 수 있는 능력을 잃은 것과 같다. 홉스는 자연상태에 대해 좀 더 놀라운 묘사를 함으로써 사람들이 이런 사실을 상기할 수 있도록 애썼다.

자연적 조건 아래에서 모든 사람들은 불가피하게 만인에 대한 끊임없는 전쟁상태에 놓이게 된다는 것이 인간의 자연적 조건이 초래하는 결과이다. 이런 고도의 불안정한 분위기가 만들어내는 부산물은 불행이며, 그는 자연상태에서 백성들의 삶이 어떤지를 아마도 가장 기억될 만한 다음의 문장에서 묘사하고 있다:

> 이런 상태에서는 근로의 성과가 불확실하기 때문에 근면한 노동의 여지가 없다. 따라서 토지의 경작, 항해술, 해상 무역을 통해 들어오는 생필품의 소비

> 도 없으며, 넓은 집, 무거운 물건을 운반하는 도구, 지표에 관한 지식도 없고, 시간의 계산, 예술이나 문학도 없으며 사회도 없다. 그중에서 가장 나쁜 것은 끊임없는 공포와 폭력적인 죽음에 대한 공포이다. 이런 조건에서 인간의 삶은 고독하고, 비참하고, 괴롭고, 잔인하며 짧다.(100, 186)

여기서 홉스가 평화로운 사회에 대해 아주 긍정적인 전망을 우리에게 제시하고 있다는 것을 주목해보라. 사람들이 한 번 평화를 확보하게 되면, 그들을 아주 행복하게 만들 수 있는 발전된 문명을 창조하는 일은 가능하다. 이것이 지속적인 갈등보다 홉스가 더 원하는 것이었다. 홉스가 인간의 본성을 냉소적으로 보거나 [그것에 대한] 진정한 이해의 가능성을 부정적으로 보는 것에 대해 우리가 항상 좋아할 수는 없지만, 이런 긍정적 전망은 그의 의도에 대해 우호적으로 느낄 수 있게 해준다. [발전된 문명에서 얻을 수 있는] 것들 모두는 우리가 좋은 것이라 여기는 것들이다. 홉스는 사람들이 칼을 들어 사회가 제공하는 즐거움을 얻을 수 있는 기회를 망쳐놓기 전에 자신들의 자만심보다는 즐거움을 주는 것들에 대해 먼저 생각해볼 것을 요구하고 있다. 홉스는 이 장에서 한 가지 더 중요한 점을 말하고 있는데, 그것은 앞서서 가치의 본질을 관점의 문제처럼 말한 것과 자연상태에 대해 그가 말한 것이 서로 연결되어 있다는 점이다:

> 만인에 대한 만인의 투쟁상태에서는 그 어떤 것도 부당한 것이 될 수 없다. 옳고 그름, 정의와 부정의의 개념이 어디에도 없기 때문이다. 공동의 권력이 없는 곳에는 법도 존재하지 않으며, 법이 없는 곳에는 불의도 존재하지 않는다. 전쟁에 필요한 두 가지 기본 덕목은 무력과 기만뿐이다. 정의와 불의는 신체의 기능도 정신의 기능도 아니다. 만일 정의와 불의가 감각 기관이나 정

념들처럼 사람의 몸이나 정신 안에 있는 것이라면 세상에서 혼자 살아가는 사람에게도 있어야 할 것이다. 정의와 불의는 사회에서 살아가는 사람들과 관계되어 있는 성질의 것이지 고립해서 살아가는 사람들과는 아무런 관계가 없다.(101, 188)

따라서 홉스는 사회계약이 이루어지기 전에, 그리고 사람들이 자기가 아닌 다른 하나의 권위 아래 스스로 들어가기 전에는 정의와 불의가 단순히 존재하지 않는다는 점을 여기서 분명하게 말하고 있다. 우리가 불의라고 생각하는 것이 전투에서는 실제로 덕(virtue)이 된다. 실제로 옳고 그름, 정의와 부정의는 오직 사람들이 사회계약을 맺고 사회 안으로 들어왔을 때에만 나타난다. 이 말은 아주 중요한데, 왜냐하면 여기서 홉스는 존 로크나 미국 건국의 아버지들이 주장했던 자연권 같은 것은 존재하지 않는다고 말하고 있기 때문이다. 앞으로 보겠지만, 자연에서 사람이 갖고 있는 유일한 권리는 자기 보호뿐이다. 그 밖의 다른 권리는 오직 사회 안에서만 확보될 수 있다. 사회에서 통치권자만이 무엇이 옳고 그른지를 그가 만든 법을 통해 규정할 수 있으며, 그의 마음에 따라 그 규정들을 변경할 수 있다. 홉스가 취하고 있는 이런 입장을 우리는 '법실증주의(legal positivism)' 라고 부르는데, 간단히 말해 이런 홉스의 생각은 법이 어떤 특정한 장소에서 명령하는 것이 무엇이든 그것 없이는 정의와 불의가 존재하지 않는다는 것을 의미한다. '상위법' 또는 '자연법' 에 호소할 길이 없다. 홉스는 이 점을 좀 더 분명하게 할 필요가 있다. 왜냐하면 상위법 또는 자연법에 호소하는 일은 정확하게 시민전쟁의 불길을 키우는 기름과도 같은 것이기 때문이다.

14장에서 홉스는 자연권과 자연법의 차이점에 대해 논의하고 있는데, 이들을 아주 독특하게 정의하고 있다. 이 논의가 위에서 말해온 것들과 어떻게 일관되게 나아가는지 우리는 살펴보아야만 할 것이다. 우선 홉스는 자연권을 정의하고 있는데, 이는 자기 보호를 위해 취할 수 있는 것은 무엇이나 할 수 있는 자유이다. 간단히 말해서 누군가가 스스로 자연상태에 있다는 것을 알면, 그는 자기 생명을 보호하는 데 필요하다고 생각되는 일은 무엇이나 할 수 있다. 즉 자연상태에서 모든 사람은 그 목적[자기 보호]에 유용하다고 생각되는 어떤 일도 할 수 있는 권리를 갖고 있다. 다른 한편, 자연법은 이성에 의해 발견되는 규칙인데, 이는 자기 보호에 해로운 것은 무엇이든 **금지하는** 규칙이다. 홉스가 볼 때, 자연권은 오직 하나뿐이지만 자연법은 여러 가지가 있다. 왜냐하면 만약 우리가 평화롭게 살기를 원한다면, 우리에게 회피하라고 이성이 말해 주는 행동 방식이나 태도들이 많이 있기 때문이다. 맨 앞 두 개의 자연법은 다음 15장에서 논의하고 있는 그 밖의 나머지 자연법의 역할을 이해하는 데 가장 중요하다. 그는 말하길, 제1자연법은 '평화를 추구하되 가능한 한 어떤 수단을 통해서라도 스스로를 방어하라.'이다. 제2자연법은 '모든 것에 대한 우리 자신의 권리를 포기하고, 우리 자신에게 허용한 만큼의 자유를 다른 사람에게도 허용하라.'이다. "평화를 추구하라고 명령하는 이 기본적인 자연법으로부터 제2자연법이 도출된다. 평화와 자기 방어를 위해 필요하다고 생각될 때 기꺼이 모든 것에 대한 자기 권리를 내려놓아야 한다. 단 다른 사람들도 다 같이 그렇게 할 경우에만 그렇게 하라. 그리고 자신이 타인에게 허락한 만큼의 자유를 타인에 대해 갖는 것으로 만족하라."(104, 190)

사람은 자기 보호의 권리를 결코 포기할 수 없지만, 어떤 조건 아래에서 다른 것들에 대한 권리는 포기할 수 있다. 어떤 조건들이란 계약을 맺는 일과 관련되어 있다.[3] 홉스는 자연 안에서 맺어진 계약은 구속력을 갖지 못하며, 효력이 없다는 것을 분명히 하고 있다. 왜냐하면 그 계약을 집행할 권력이 없기 때문이다. 이 기본적인 사회계약은 평화로운 상황을 만드는 데 필수적이기 때문에 다른 계약과 합의는 사람들에게 구속력을 가질 수 있다. 모든 타자와의 계약을 통해 백성들은 자기 방어 수단에 대해 갖고 있는 권리를 자신들이 세운 통치자에게 양보할 수 있게 된다. 오직 이 계약이 맺어진 이후에야 불의(不義) 같은 일들이 존재할 수 있다. 불의는 계약을 어기는 일이며, 비록 그 계약이 공포 때문에 이루어진 것이라 하더라도 그러하다. 왜냐하면 이들 계약조차 자발적이며, 생명을 구한다는 선한 이유 때문에 맺어진 것이기 때문이다. 따라서 앞으로 보겠지만, 홉스는 통치권자가 아무리 전제 군주와 같다 하더라도 그것과 상관없이 그가 백성들의 생명을 보호하는 한 사회계약을 깨는 일은 잘못이라고 믿고 있다.

14장의 나머지 부분에서 홉스는 계약, 신약(covenant), 증여(gift) 등에 대해 논의하고 있는데, 이것들은 위에서 논의된 것, 즉 기본적인 합의인 사회계약이 이루어지지 않는다면 어떤 합의도 구속력이 없다는 관점에 비추어보아야 제대로 이해될 수 있다. 뒤에 이 점을 분명히 하기 위해 그는 이 장에서 다음과 같이 말하고 있다:

> 계약자 쌍방이 상호 신뢰는 하고 있지만 계약의 내용을 현재 이행하고 있지 않는 사이에, 만일 한 신약이 만인에 대한 만인의 투쟁상태인 자연상태에서 체결되었다면, 이 계약은 합리적인 의심의 여지없이 무효이다. 그러나 그들 쌍방에 대하여 약속 이행을 강제할 수 있는 충분한 권리와 힘을 가진 공통의 권력이 존재한다면, 그 계약은 무효가 아니다. 먼저 신약을 이행하는 사람은

3 좀 오래 되었지만 사회계약론에 관한 괜찮은 논의에 대해 알고 싶거나, 홉스 철학에서 의무는 전적으로 자기 이익이라는 관점 위에 세워져 있다는 생각을 알아보려면 Nagel(1959)을 참고할 것.

다른 사람이 뒤이어 이행할 것이라는 확신을 가질 수 없다. 왜냐하면 강제적인 힘에 대한 공포가 없으면 말로 하는 약속은 너무나 약해서 사람들의 야망, 탐욕, 분노 및 다른 정념들을 억제할 수 없기 때문이다. 모든 사람이 평등하고 자기가 품은 공포심이 정당한지에 대한 판단도 자기가 해야 하는 그런 자연상태에서는 강제적인 힘을 기대할 수 없다.(105, 196)

이제 홉스는 15장에서 다른 자연법들을 소개하고 있다. 다음에 논의할 제3자연법은 앞의 14장에서 방금 논의했던 것으로부터 도출된다. "신약을 맺었으면 이행하라"는 것이 그것인데, 홉스가 볼 때 이는 정의와 재산(소유권)의 행사에도 해당되는 것이다. 홉스는 정의, 재산 소유권 그리고 불의 같은 것은 오직 사회계약이 맺어지고, 다른 계약들이 이행가능한 것이 되었을 때만 존재할 수 있다는 점을 다시 한 번 분명하게 말하고 있다. 이것이 바로 국가 또는 정치공동체 즉, 법을 집행하고 백성들이 이성을 가지고 상호 신뢰하며, 합의를 이루고 자신들이 소유하고 있는 것을 쌓아갈 수 있도록 해주는 통치 권력을 세우는 의미이자 목적이다.

홉스는 제4자연법과 그 밖의 다른 자연법으로 논의를 옮기기 전에 '어리석은 자' 논쟁을 위해 잠시 멈춘다. '정의는 이성에 반하지 않는다.' 라는 소제목 아래에서 홉스는 말하기를, "어리석은 자는 마음속으로 정의 따위는 없다고 말한다."(114, 203) 홉스는 때로는 계약을 깨는 일이, 또 도망갈 수만 있다면 **사회 안에 있더라도** 남을 기만하는 일이 더 이성적일 수 있다고 주장하는 사람들과 대적하고자 했다. 그는 이런 사람들을 아주 냉혹하게 특징지어 말하기를, 이들은 때때로 불의를 저지르는 것이 이성적일 수 있다고 생각하며, "하느님에 대한 공포 같은 것을 마음에서 지우면서 그 어리석은 자는 마음속으로 하느님 따위는 없다고 말한다."(114, 203)[4] 이는 홉스가 좀 더 강한 어조로 말하고 있는 것이며, 신과 관련되어 있는 다음 주제 역시 이해하기 쉽지 않기에 좀 더 면밀한 검토가 필요하다.

> 하느님의 왕국은 폭력에 의해 세워진다. 그러나 부당한 폭력에 의해 세워질 수 있는 것이라면 그것이 도대체 무엇이란 말인가? 하느님 왕국에 의해 내가 다칠 가능성이 없을 때 그렇게 왕국을 세우는 것이 이성에 반하는 것은 아닌가? 만일 그것이 이성에 반하는 것이 아니라면 정의에 반하는 것도 아니다. 만일 그렇지 않다면 정의는 선한 것으로 인정되지 못할 것이다. 이런 추론에 따르면, 사악하지만 성공한 사람도 유덕한 사람이라는 명성을 얻을 수 있게 된다. 다른 모든 일에 있어서는 믿음에 위배되는 것을 허용하지 않으면서도 왕국을 세우는 데 필요할 경우에는 예외를 인정하는 사람들이 있다.(114, 203)

여기서 홉스는 독자들에게는 알리지 않고 다른 사람의 목소리를 이용해서 말하고 있는데, 이것은 위에서 인용한 어리석은 자의 목소리이다. 만일 우리가 이 인용문의 시작 부분을 어리석은 자가 말했거나 생각한 것으로 읽는다면, 그리고 홉스 당시의 역사적 문맥을 기억한다면, 홉스가 종교적 광신자라고 부르는 사람의 사고 과정을, 대부분 불의라고 여겨지는 것을 기꺼이 행동하는 사람, 목적이 수단을 정당화한다고 생각하는 사람들을 실제로 특징지어 말하고 있다는 것을 알아챌 수 있다.(Hoekstra 1997 참고) 만약 어리석은 자처럼 사회계약을 위반하거나 통치자를 끌어내리는 것과 같은 불의를 행함으로써, 이들이 개인적

4 이 부분에 대해 충분한 논의를 보려면 Hoekstra(1997)를 참고할 것.

으로나 공동체를 위해 하느님의 왕국을 획득할 수 있다고 믿는다면, 궁극적 선을 얻기 위해 이들이 행동하는 것은 무엇이든 정당한 것임에 틀림없다. 정확하게 말해 이것은 세상의 많은 악인들, 특히 홉스 자신이 직접 목격한 찰스1세의 죽음을 초래한 사악한 사람들이 늘 해왔던 일종의 자기 정당화 추론이라고 홉스는 지적하고 있다. 어리석은 자의 추론을 그렇게 불렀는지 분명치 않지만 홉스는 그런 추론을 '겉만 그럴싸한' 거짓 논증이라고 불렀다.

홉스는 모두가 어리석은 사람처럼 생각하고, 전면적인 갈등 상황을 만들지 못하도록 억제할 수 있는 이가 아무도 없는 그런 전쟁상태에서 발생할 수 있는 비극적 불행을 다시 한번 독자들에게 상기시키고 있다. 그가 볼 때 신약을 깨뜨리는 사람들은 하느님의 왕국을 얻고자 하는 목표에 이를 수 없다. 사실 '하느님 왕국의 큰 행복'을 누릴 수 있는 유일한 길은 "신약을 깨뜨리지 않고 지키는 일이다."(115, 205) 그는 죽음 이후에는 사람들한테 어떤 일이 생기는지 알 수 없기 때문에, 이런저런 행동을 통해 하느님 왕국을 획득하는 일이 합리적인 것이 될 수 있다는 어떤 논증도 믿지 않고 있다. 달리 말해 그는 어떻게 하느님의 왕국을 세울 수 있는지 알고 있다고 말하는 사람들, 특히 그 왕국에 도달하기 위해 전쟁을 치러야 한다고 부추기는 사람들에게 강한 의문을 제기하고 있다. 그는 계속해서 신약을 지키며, 약속을 깨서라도 원하는 것을 얻고자 하는 유혹을 거부하는 사람과 "찾기가 쉽지는 않지만 용기의 고귀함과 우아함을 갖춘 사람"(116-7, 207)을 동일한 사람으로 보고 있다. 이렇게 볼 때 홉스는 자신의 생각을 적극적으로 강화하기 위해 사람의 자부심에 호소하고 있기는 하지만, 보통 그는 자부심을 파괴적인 것으로 생각하고 있다. 만약 자부심이 홉스가 우선적으로 고려하는 것들과 연결되어 있다면, 자부심은 수용 가능한 형식의 [행위] 동기가 될 수 있다.

15장의 나머지 부분에서는 "용서의 큰 기쁨" 또는 "오만불손의 금지" (미움 또는 모욕) 같은 다른 자연법들을 차례대로 정의하고 있다. 이 부분을 읽을 때, 이들 자연법은 통치자를 구속하기 위해 만들어진 것이 아니기에 그를 비판하는 데에도 사용될 수 없다는 사실을 기억하라. 그렇지만 이들 자연법은 사람들이 안전하다고 느낄 수 있는 시민 사회 안으로 들어왔으면 따르는 것이 현명한 그런 합리적인 규칙들이다. 홉스는 평화롭고 바른 방식으로 백성들을 다루는 통치자들과 이들이 통치하는 백성들 모두에게 필요한 모범으로 자연법을 상세하게 기술하고 있다. 홉스는 "**자연법에 대한 학문이야말로 진정한 도덕철학이다**."라고 말하고 있다.(123, 215-6) 비록 홉스 스스로 이 장의 끝에서 이것들을 자연법이라 부르고 있지만, 이들 자연법은 오직 통치권자에 의해 법적 지위에 놓이게 되고 시행될 때에만 실제로 법이 될 수 있다는 사실을 우리에게 상기시켜주고 있다. 만약 그렇지 못하면 이것들은 단지 "무엇이 인간의 [자기] 보존과 방어에 도움이 되는 것인가에 관한 '결론' 또는 '공리' 일 뿐이다." 홉스는 그러면서도 만약 이들 공리들이 '하느님의 말씀' 으로 우리에게 주어진다면 그때는 법이라 불러도 된다고 덧붙이면서 성서적 권위에 동의를 표하고 있다.(124, 217) 만일 진정한 법이 세속의 권력자에 의해 선포되고 시행되어야만 하는 것이라면, 어떻게 하느님의 말씀이 법이 될 수 있는가에 대해 자문하는 일이 남아 있다.

1부의 마지막 장 제목은 '인격체, 본인 그리고 인격화된 것에 관하여' 이다. 이 장에서 홉스는 어떻게 통치자가 사회계약에 의해 세워지고, 한번 세워진 통치자를 우리가 어떻게 보아야 하는지에 대해 설명하고 있다. 거두절미하고 그는 다른 사람들의 말과 행동을 대신하는 '인공적 인격체(artificial person)' 라는 개념을 소개하고 있다. 만일 당신이 『리바이어던』의 초판본 표지에 왕의 그림이 나와 있는 책을 갖고 있고, 그것을 자세히 들여다본다면 왕의 몸통이 많은 사람들로 이루어져 있는 것을 보게 될 것이다. 이 그림은 홉스가 말하고자 하는 바를 시각적 이미지로 보여주고 있다. 백성들은 사회계약을 통해 국가의 임무를 완수하기 위해 이 인공적인 인격체 안에서 하나가 된다.

백성들은 사회계약을 통해 (자기 보호라는 기본권을 제외한) 모든 권리를 자신들의 대리자로 행동하는 통치자에게 양도한다는 것을 기억하자. 홉스의 용어로 말하자면, 통치자는 백성들의 '역할을 연기하는' 자이다. 통치자를 세운 백성들을 홉스는 '본인(author)'이라 불렀고, 그 통치자는 '대리인(actor)'이다. 권력이 대리인에게 주어졌다면 그의 모든 행위는 본인, 즉 백성들의 행위로 보아야만 한다. 백성들이 통치자의 행위에 대해 동의하지 않는다는 것은 허용되는 일이 아니다. 왜냐하면 백성들은 사회계약을 통해 자신들의 권리를 통치자에게 양도했기에 통치자가 하는 모든 행위의 당사자는 궁극적으로 그들이기 때문이다. 백성들이 어떤 방식으로든 통치자의 대리인 역할을 제한한다고 하더라도 그것이 그렇게 쉽게 되지는 않을 것이다. 홉스가 사회계약의 결과로 생길 수 있거나, 심지어 인공적인 인격체가 한 사람이 아니라 다수결 원칙을 갖고 있는 의회가 될 수도 있는 가능성에서 생길 수 있는 제한된 통치권 또는 제한된 대표성 개념을 반복해서 제시하고 있지만, 그는 그런 결과가 [생기는 일은] 불가능하며 실제에 있어서도 불합리하다고까지 생각하고 있음을 우리는 보게 될 것이다. 다른 여러 주장들 가운데 한 사람에 의한 통치가 소수에 의한 통치(귀족정치)나 다수에 의한 통치(민주주의)보다 더 우월하다는 주장은 『리바이어던』의 2부에 등장한다.

연구를 위한 물음들

1. 사람의 몸, 특히 감각 지각에 대한 홉스의 설명이 인간 본성에 관한 그의 입장을 어떻게 결정짓고 있는가? 홉스의 이런 설명은 사람들이 왜 종종 서로 불일치하고 갈등을 일으키고 있는지를 설명하는 데 도움이 되고 있는가?
2. 홉스는 꿈, 시각, 상상과 같은 현상 또는 성체변화나 귀신 들리기 같은 종교적 개념들을 어떻게 다루고 있는가? 이런 현상들에 관한 지배적인 견해에 의구심을 던지는 그의 목적은 무엇인가?
3. 인간의 '자연적 조건'이란 무엇이며, 왜 사람들이 강한 정부를 필요로 하는지 독자들에게 설명하기 위해 홉스는 이 개념을 어떻게 활용하고 있는가?
4. 홉스는 우리가 자연법을 어떻게 보기를 원하고 있는가? 자연상태에서도 자연법은 구속력을 갖고 있는가? 만일 그렇지 못하다면, 자연법은 어떤 역할을 하는가?

2부 국가에 관하여

오랫동안 2부는 『리바이어던』에서 가장 중요한 부분으로 간주되어 왔다. 왜냐하면 국가가 왜 그리고 어떻게 세워지는지에 관한 홉스의 모든 견해가 2부에 나와 있기 때문이다. 그런데 국가의 목적이 안전과 자기보호에 있어야 한다는 것을 2부의 도입부에서 말하기 위해 자연상태의 끔직한 모습을 회상시킴으로써, 홉스 자신은 1부에서 다룬 인간 본성에 관한 논의가 갖는 중요성을 우리에게 상기시켜주고 있다. 그는 사람들 가운데 있는 자연법과 신약은 공통의 힘, 즉 그들을 움직이게 하는 '칼'

이 없이는 아무런 실효성을 갖지 못한다는 것을 반복해서 말하고 있다. 다음으로 그는 인간이 벌과 개미처럼 사회적 동물이라고 주장하는 아리스토텔레스의 생각에 맞서고 있다. 홉스는 평화를 지키기 위해 절대 정부가 필요 없다고 생각하는 사람들에 대해서도 반대 주장을 할 것이다. 홉스는 이런 질문을 던지고 있다. 만약 말을 할 수 없는 동물들도 서로 협동하는 방법을 알아낼 수 있다면, 그래서 아리스토텔레스의 말처럼 정치적 동물이라 불린다면, 왜 인간은 같은 방법으로 공동선을 위해 서로 협동할 수 없는가? 물론 아리스토텔레스는 만약 사람들에게 그들의 행동에 지침을 줄 수 있는 적합한 정부만 주어진다면 서로 협동할 수 있다고 생각했다. 그는 인간의 사회적 본성은 선한 시민으로 가는 통로가 될 수 있으며, 공동선을 위한 책임 의식은 어떤 상황 아래에서 자라날 수 있다고 생각했다. 따라서 그는 절대 군주정치를 옹호하지 않았다. 홉스는 인류의 사회성에 관한 아리스토텔레스의 견해를 반박하기 위해 6가지 논점을 활용하고 있다. 이들 모든 논점은 인간 본성의 한 영역, 즉 자만심을 겨냥하고 있는데, 홉스는 [자만심이] 다른 사회적 동물들에게는 있지 않다고 믿었다.

홉스는 지적하기를, 사람은 항상 명예를 놓고 다투지만 동물들은 그렇지 않다. 영장류와 다른 동물들의 행동을 관찰하고 나서 생물학자가 이에 동의하지 않을 수 있다 하더라도, 홉스의 지적은 자만심이야말로 인간들 사이에서 일어나는 갈등의 가장 큰 원인이라는 것을 간단하게 말하고 있는 것이다. 홉스의 견해에 따르면, 인간은 비사회적(a-social) 존재가 아니라 반사회적(anti-social) 존재이다. 두 번째 논점으로 홉스는 사람을 제외한 모든 사회적 동물들은 사적인 이익과 공동의 이익이 동일하다고 말한다. 예를 들어, 개미들은 먹고 배설하는 등의 필요 때문에 본능에 따라 자기에게 맡겨진 임무를 수행한다. 그러나 인간은 종종 자신의 개인적인 이익을 공동의 이익과 구별하거나 아주 반대되는 것으로 본다. 그 이후 홉스는 자기 생각에 사회 안에서 많은 문제를 일으키는 사람들을 신랄하게 비판하고 있다. 셋째, "인간과 달리 이성을 사용하지 않는 동물들은 공동의 일을 하면서 어떤 과오를 찾아내려고도 하지 않고 과오가 있다고 생각하지도 않는다. 반면 사람들 중에는 공동체를 다스리는 일에 자기가 남들보다 현명하고 유능하다고 자부하는 사람들이 아주 많다. 이런 사람들은 각자 자기 방식대로 개혁과 쇄신을 추구하고자 노력하는데 이로 인해 혼란과 시민전쟁이 초래된다."(131, 226)

이것이 백성들을 상당한 곤경에 빠뜨리는 원인이라는 것에 주목하자. 홉스는 이성을 사용하는 것이 인간 스스로 통치하는 데 더 도움이 될 수 있다는 아리스토텔레스의 생각이 오히려 인간의 자만심과 한데 어울려 사람들을 평화로 이끌기보다는 전쟁으로 이끈다고 보고 있다. 다른 말로 하면, 벌들은 자신들의 '통치 기구'를 비판할 생각을 하지 않으나 모든 사람은 그렇게 할만한 충분한 이유를 갖고 있다. 더 나아가서 각 사람은 자신이 더 지혜롭다고 믿고 권력을 가진 사람들을 앞질러 비판하기도 한다. 이런 태도의 자만심에서 개혁이나 혁명에 대한 생각이 나온다.

홉스는 인간의 언어는 이로움보다는 해로움을 더 많이 낳는 것으로 보고 있는데, 이것이 그의 네 번째 논점이다. 아리스토텔레스가 볼 때, 인간이 복합적인 언어를 사용할 수 있다는 사실은 이들이 언어를 사용하여 공동선을 위해 상호 간에 토의할 수 있다는 것을 의미한다. 그러나 여기서 홉스는 주장하기를, 언어라는 선물은 정적(政敵)을 치거나 백성들에게 무엇이 좋은지에 대해 속이고, 불복종을 부추기는 데 더 많이 이용될 수 있는 것이기도 하다. 다섯 번째로, 홉스는 실제 동물들은 다른 동물한테서 상처를 입지 않는 한 '반감'을 갖지 않는다는 점을 지적하고 있다. 그러나 인간은 옆의 사람이 (예를 들면 무시하기같이) 자기에게 직접적으로 해를 입히는 일을 하지 않았음에도 불구하고 그들에 대해 반감을 느낄 수 있다. 여섯 번째 논점은 이미 1부에서 자신이 말한 사회계약에 관해 독자들에게 상기시켜주고 있고, 그것을 아리스토텔레스와 다투는 논쟁의 문맥 안에서 다루고 있기 때문에 다소 반복적이다. "끝으로 그 동물들의 화합은 자연적인 것이지만 인간의 화합은 오직 인공적인 신약에 의해서만 이루어진다. 따라서 그 화합이 항상 지속적으로 유지되기 위해서 신약 이외에 어떤 다른 것이 요구된다 하더라도 놀랄 일은 아니다. 그것이 바로 인간을 두렵게 하고 공동의 이익에 맞게 행동하도록 지도하는 공통의 권력이다."(131-2, 226-7)

간단히 말해, 홉스는 '인간이 사회성을 지니고 있고 평화를 지향하며, 정치적 공동체가 자연적으로 나타난다'는 아리스토텔레스의 생각에 동의하지 않는다. 아리스토텔레스가 볼 때 최초의 정치적 공동체는 아버지를 가장으로 하는 가족이다. 이 가족 공동체는 자연스럽게 마을로, 그다음에는 도시국가로 확장된다. 도시국가의 단계에서 아버지의 권위는 충분치 못하며, 더 많은 사람들이 협동적 통치[협치]에 관여해야만 한다. 아리스토텔레스는 각 통치 유형을 자연스런 것으로, 그리고 어떤 단계에서는 가정에서의 부권 통치처럼 동의와 공동의 합의에 바탕을 둔 것으로 기술하고 있는데, 가정에서의 부권 통치조차 그러하다. 앞으로 보겠지만 홉스는 더 나아가 핵가족이 정치적 공동체인 것은 물론이고 자연스런 것이라는 점에 대해서도 반박하고자 한다. (실제로 17장에서 홉스는 힘으로 자녀를 자기 권위에 복종시키는 한 남자의 이야기를 하고 있다.)

인간은 무엇보다도 최우선적으로 자신을 하나의 개체로 본다는 것이 홉스의 생각이다. 자기 이익이 가장 우선이며 심지어 직접적으로 다른 사람을 희생해서라도 그러하다. 만일 그게 사실이라면, 사람들 사이에 평화를 유지할 수 있는 유일한 방법은 절대적 힘을 가진 정부를 통해 질서를 부여하는 길뿐이다. 사회적 갈등의 위험이 없이 시민들이 자신들의 협동적 통치에 직접 참여할 수 있는 길은 없다. 아리스토텔레스는 사회적 갈등의 위험성에 대해 분명히 이해하고 있었음에도 불구하고, 진정으로 인간의 삶이란 공적인 삶, 즉 자기 공동체의 일에 관여하는 시민으로서의 삶에 있다고 믿었다. 하지만 그는 평화를 얻기 위해 완전한 복종의 삶을 수용하려고 하지는 않았다.

홉스는 한 사람 또는 사람들의 합의체(assembly of men)에 자기 통치의 권리를 양도하고 그 결과로 통치권자의 모든 행동들에 대한 권위를 인정해주는 일에 모든 사람들이 함께 동의할 때, 인공적 인격체가 세워진다는 것을 강조하고 있다. "이것이 바로 저 위대한 리바이어던의 탄생이다. 좀 더 경건하게 말해서 **불멸의 하느님**(immortal God)의 가호 아래 우리가 평화와 방어의 빚을 지고 있는 **필멸**(必滅)**의 신**(mortal god)이 탄생하는 것이다."(132, 227) 정부를 리바이어던이나 필멸의 신이라 부르는 것은 참으로 눈길을 끄는 표현이다. 독자들도 기억하듯이, 리바이어던은 욥기에 나오는 것으로 하느님이 자신의 위대한 힘을 나타내기 위해 사용하는 동물이다. 여기서 홉스는 리바이어던을 사람의 정부로 둔갑시키고 있으며, 신적인 힘을 국가의 권력과 연결시키고 있다. '불멸의 하느님의 가호 아래'라는 말이 정부가 하느님의 통치 아래 있다는 말인지 아니면 우리가 신의 뜻에 따라 정부에 복종할 의무가 있다는 말인지는 분명치 않다. 후자의 해석이 더 그럴듯하다는 것은 나중에 알게 될 것이다. 홉스가 주장하겠지만, 하느님은 당분간 지상의 통치자들에게 자기 백성들을 통치하도록 맡겨두었다.

홉스는 18장을 통해 통치자가 세워졌을 때 그가 갖게 될 권리들에 관해 논의하고 있다. 우리가 상상할 수 있듯이 이들 권리는 매우 광범위하다. 18장의 도입부에서 홉스가 지적하고 있듯이 가장 중요한 것은, 백성들이 한 번 통치자를 세우는 신약을 맺었으면 그들은 그 신약을 깰 수 없다는 것이다.[5] 어떤 상황 아래서 신약을 깨는 일은 부당한 것이 된다. 19장에서 홉스는 여러 정부 형태 중에서 군주정치를 옹호하는 일에 관심을 돌리고 있는데, 왜 다른 정부 형태는 재앙을 초래할지 모른다고 홉스가 그렇게 확신했는지 이해하기 위해서 그의 논증을 상세하게 고찰해 볼만하다.

19장 첫 부분에서, 정부 형태는 군주정치(일인통치), 귀족정치(소수에 의한 통치), 민주정치(다수에 의한 통치) 등 단 세 가지 유형만 있을 뿐이라고 선전 포고하면서 홉스는 다시 한 번 고대철학자들과 한바탕 싸움을 걸고 있다. 플라톤과 아리스토텔레스는 이들 세 가지 외에도 다른 정부 형태가 있다고 생각했다. 군주정치(현명한 일인통치), 전제정치(독단적이고 이기적인 일인통치), 금권정치(부자들에 의한 통치), 귀족정치(현명한 소수에 의한 통치), 과두정치(군사 통치), 민주정치(다수에 의한 법치) 그리고 무정부상태(다수에 의한 무법통치)가 이들이다. 아리스토텔레스는 정치조직체(polity)라 불리는 혼합된 형태의 정부를 제안하고 있는데, 이 정부는 다른 여섯 가지 혼합되지 않은 정부 형태보다 사회의 각 부분들이 함께 일하며 (소수의 부자와 다수의 서민이) 절충하도록 강제함으로써 더 강한 정부가 될 수 있다. 이 장에서 홉스가 정치 조직체에 관해 의견을 말하고 있지는 않지만, 위에서 말한 모

---

5 신약에 따른 대표성과 권위 부여하기에 관한 충분한 논의는 Baumgold(1988) 3장을 참고할 것.

든 정부 형태를 거부하고 있다.

> 역사상으로나 정치에 관한 책들에서는 **전제정치**나 **과두정치**같이 서로 다른 이름의 정부가 존재하고 있으나, 이들은 다른 정부 형태를 지칭하는 이름이 아니라 동일한 정부 형태를 싫어할 때 지칭하는 이름이다. **군주정치**에 불만을 갖는 사람들은 그것을 **전제정치**라고 부르며, **귀족정치**를 혐오하는 사람들은 그것을 **과두정치**라고 부른다. 마찬가지로 **민주정치**를 못마땅하게 생각하는 사람들은 그것을 정부의 통치가 없는 **무정부상태**라고 부른다. 나는 무정부상태를 일종의 통치 형태라고 믿을 사람은 없으리라 생각한다. 같은 이유로, 사람들이 어떤 통치 형태를 좋아할 때와 통치자에게 억압을 받아서 좋아하지 않을 때 각각 다른 종류의 통치 형태라고 믿어서는 안 된다고 생각한다.(142, 239-40)

따라서 고대철학자들은 전제정치, 과두정치 그리고 무정부상태를 각기 다른 정부 형태라고 생각했는데, 그 이유는 통치자들의 의도와 자질이 통치 형태에 따라 다르기 때문이며, 또 다른 이유로는 통치 형태들의 기능이 현실 정치에서는 각기 다르게 작동하기 때문이다. 반면, 홉스는 위의 세 정부 형태가 군주정치, 귀족정치 그리고 민주정치를 지칭하는 다른 이름에 불과하다고 믿고 있다. 독자들은 홉스가 1부에서 논의하고 있듯이, 가치 언어들은 개인적인 견해를 토대로 하고 있기 때문에 대체로 의미 없는 것들이라는 것을 회상할 수 있을 것이다. 홉스는 그런 이유 때문에 '선'과 '악'은 정부에 대한 어떤 합리적인 논증의 토대가 될 수 없으며, 이들은 단지 개인적 관점에 따라 상대적이며, 변할 수 있고, 신뢰할만한 것이 못 된다고 주장했다. 홉스가 군주정치와 전제정치 같은 개념들을 동일한 방식으로 본다고 해서 결코 놀랄 일은 아니다. 홉스는 누군가가 한 사람에 의한 통치를 전제정치라고 부를 때 그것은 단순히 그가 군주정치를 좋아하지 않는다는 것을 의미한다고 생각한다. 사람들은 공동선과는 아무 상관없이 순전히 개인적인 이유 때문에 다른 사람을 종종 싫어한다는 것을 우리는 알고 있다. 홉스는 우리가 기껏해야 아무 상관없고, 최악의 상태에서나 위험할 수 있는 이런 경멸적인 용어들을 무시해야만 한다고 주장하고 있다. 왜냐하면, 그런 용어들 때문에 백성들은 자신들의 지도자를 쉽게 비판하기 때문이다. 이런 일이 벌어지면 불복종이 이어 따라 나온다.

홉스는 군주정치, 귀족정치 그리고 민주정치를 제외한 다른 모든 정부 형태에 관한 고찰을 배제했고, 그리고 그 반대 형태들을 제거함으로써 이들 세 가지 정부 형태가 갖고 있는 어떤 가치적 기능에 관한 고찰도 배제하고 난 후, 이들 세 가지 중 어느 것이 진정으로 가장 좋은 정부 형태인지에 대해 생각하고 있다. 몇 명의 통치자가 가장 좋은가? 하는 물음을 그가 분석하고 있다고 해서 놀랄 일은 아니다. 다른 말로 해서, 그는 각각의 경우 통치자의 숫자를 보고 책임을 지고 있는 그 숫자에 따른 이로운 점과 불리한 점이 무엇인지를 묻고 있다. 그는 1부에서 세운 인간 본성과 행위에 관한 전제들, 즉 사람은 이기주의적이며, 자기밖에 모르는 개인들이며 사회적 동물이 아니라는 전제들 위에서 자신의 예상 답을 내놓는다. 그는 통치자가가 피통치자보다 어떻든 더 나은 인간일 거라고 가정하고 있지 않다. 모든 사람은 이기적인 존재로 간주될 수 있다. 홉스는 군주정치가 모든 점에서 다른 두 통치 유형보다 더 낫다고 주장하고 있는데, 왜냐하면 오직 군주정치 안에서 인간의 이기성은 군주가 변함없이 자기 백성들을 보살피도록 이끌어주고 있기 때문이다.(Mitchell 1993)

예를 들면, 그는 부와 권력을 추구하는 군주의 개인적인 이익과 공공의 이익이 일치한다고 주장한다. "군주의 재산, 권력, 그리고 명예는 백성들이 부와 힘과 명성을 지녔을 때 비로소 생긴다."(144, 241-2) 그러나 통치자들이 서로 경쟁해야만 하는 귀족정치와 민주정치에서 집권할 수 있는 가장 빠른 길은 먼저 경쟁자에게 루머를 퍼뜨리거나 더 나아가 불필요한 전쟁 또는 사회적 갈등 같은 분열을 일으키는 행위를 하는 데 있다는 것은 그럴듯하다. 그는 또 주장하기를, 군주한테는 조언을 비밀리에 할 수 있고 그래서 그 조언이 정직하고 안전할 수 있는 데 반해 사람들의 합의체[예를 들면 의회]에서 이들이 얻는 조언은 공개적이며, 아마도 선동적인 수사학적 형태를 띤 것이 될 것이다. 이런 조언은 [합의체가] 국가 전체의 이익보다는 한 당파의 특정한 이익을 위해 행동하도록 꾸며진 것일 수 있다.

그러나 만일 국가의 책임을 맡고 있는 그 한 사람이 정신적으로나 감정적으로 불안정하다면 어떻게 할 것인가? 홉스는 이 문제에 대해 숙고하고 난 후, 몇 가지 위험 요소가 있을 수 있으나 통치자 한 사람에게서 발생하는 불안정성의 위험이 집단 통치 내에서 발생하는 것보다 덜 위험하다는 결론을 내리고 있는 듯 보인다: "셋째, 군주의 결단은 인간의 본성에서 오는 것 외에는 어떤 불안정성도 없다. 그러나 합의체의 경우에는 인간 본성 외에 수(數)적인 불안정성이 있다. 몇 사람의 결석 때문에 한 번 결정된 것이 바뀌지 않고 지속되는 일이 있는데, 이는 무사안일, 태만 혹은 개인적인 사정 때문에 생긴다. 혹은 반대 의견을 가진 몇몇 사람이 어제 결정된 것 모두를 오늘 번복하려고 부지런히 출석하는 일도 있기 때문이다."(144, 242)

첫째, 집단 통치 역시 (일종의 우민정치나 집단적 사유의 성향같이) 인간 본성으로부터 오는 불안정성의 고통을 겪을 수 있으며, 수적인 불안정성과 싸워야만 한다. 즉 집단 통치 내에서 어떤 위원은 중요한 결정을 할 때 상대방 위원이 빠지는 것을 이용할 수 있고, 또는 전체 위원들 중 특정한 집단은 특별히 잘 조직화되어 있어서 다른 집단을 쉽게 압도할 수도 있다. 군주는 오직 한 사람이기 때문에 항상 출석하게 되어 있기에 음모나 계략을 꾸밀 수 없다. 홉스는 이어서 이와 유사한 관찰을 하고 있다: "군주는 시기심이나 이해관계 때문에 자기 자신과 불일치할 수는 없다. 그러나 합의체에서는 그런 일이 생길 수 있는데, 그것도 내란을 일으킬 정도로 심각한 불일치가 생길 수 있다."(144, 243) 군주는 독단적으로 특정한 개인들에게 상처나 도움을 줄 수도 있는데, 이는 옳은 일이 아니나, [그렇다고 해서] 사람들의 합의체가 더 낫다고 할 수 없다. 사실상, 합의체 안에는 타락하고 독단적인 방식으로 행위하고, 자기 지위나 연줄을 이용하여 적에게는 해를 가하고, 친구에게는 도움을 주는 사람들이 더 많다.

여섯 번째 논증을 통해 홉스는 때때로 왕위 계승권이 어린아이나 혹은 그 밖에 정신적으로 통치할 수 없는 자에게 있는 경우처럼, 세습 군주제에 대해 공통된 비판을 제기하고 있다. 이런 경우 일반적인 관습은 어린 군주가 실질적으로 통치할 수 있을 때까지 군주 뒤에서 정무를 결정할 수 있는 섭정관이나 관리자를 임명하는 것이었다. 홉스의 견해에 따르면, 만약 이런 사람이 사전에 현명하게 선정된다면, 어린 군주의 정부는 민주정부나 합의체 정부보다 위험 요소가 적을 것이다. 이미 앞서 언급된 이유 때문에 지속적으로 조언자들에 의존하는 다른 두 가지 통치 형태에서 통치자들은, 섭정관이 관리하는 정부보다 부패 등 여러 가지에 연루된 잘못된 결정을 내릴 위험이 아주 높다. 여러 곳에서 홉스는 군주제에 반대하는 잠재적인 불평불만들에 대항해서 '무엇과 비교해서 [군주제보다 더 낫다고] 그러는 거야?' 라는 식의 질문으로 해결하고 있다.

이들 여섯 가지 논증 후에 홉스는 대중적 통치나 군주의 권력을 제한하려는 생각을 어떻게 무너뜨릴까 하는 일에 관심을 돌리고 있다. 군주의 권력은 최고로 막강해야만 하는데, 왜냐하면 그 권력이 대중의 뜻에 따라 통제되거나 분권이 이루어진다면, 다른 두 통치 형태와 연관된 동일한 위험들이 나타나게 될 것이고 통치 체제는 불안정하게 될 것이기 때문이다. 마찬가지로, 군주는 그것이 통상적인 계승 순위를 무시하는 결정이라 하더라도 자신의 후계자를 결정할 수 있는 절대적 권리를 갖고 있어야만 한다. 다음에 누가 통치할 것인가를 결정하는 일이 백성들 손에 들어간다면 파벌이 생길 기회만 주어지고 말 것이다.[6]

만약 독자들이 백성들로부터 절대적인 복종을 확보하고자 하는 홉스의 문제의식을 확고하게 계속 염두에 두지 않는다면 다음 20장의 도입부를 읽으면서 혼란에 빠질 수도 있다. 그는 다음과 같이 말하고 있다: "획득에 의한(by acquisition) 국가는 힘을 통해 통치권이 획득된 국가를 말한다. 힘을 통한 통치권의 획득이란, 사람들이 죽음이나 속박에 대한 두려움 때문에 개인적으로 혹은 다수의 목소리를 모아 자신들의 생명과 자유를 장악하고 있는 한 개인 또는 합의체의 모든 행동을 정당한 것으로 인정할 때 생기는 것이다."(151, 251-2)

힘으로 국가를 획득하거나 쟁취할 수 있다는 위 인용문의 첫 부분은 명료하나 그다음 부분은 동의와 관련되어 있는 듯 보이기 때문에 [내용을] 파악하는 데 다소 어려워 보인다. 홉스는 말하길, 힘으로 국가를 획득할 수 있는 것은 백성들이 그 힘을 행사하는 권력을 정당화할 때이다. 그러나 어떻게 백성들은 자신들을 강제로 복종케 하는 그 어떤 것의 지

---

6 홉스가 분명히 군주제를 선호하기 때문에 이후 이 책에 나오는 '통치자'는 통치적 군주를 언급하는 것으로 간주될 수 있다.

배를 받는 것에 동의할 수 있는가? 후에 존 로크나 토마스 페인(Thomas Paine) 같은 자유주의 사상가들은 백성들이 지배받는 것에 자유로이 동의했다거나 또는 강제로 동의하게 되었다는 생각이 불합리하다는 것을 알아냈다. 그러나 홉스는 이것을 '이것이냐/저것이냐'의 상황으로 보고 있지 않다. 홉스는 백성들이 비록 생존하기 위해 동의를 해주었다고 하더라도 그들은 여전히 자유 의지를 갖고 합법적 동의를 해주는 것이라고 말하고 있다. 왜냐하면, 백성들은 복종함으로써 동의하는 것이며, 복종하도록 강요하는 권력에 반드시 복종하게 되어 있기 때문이다. 따라서 두려움이나 강제성이 그 합의를 무효로 만들지 못한다. 힘으로 획득된 국가를 (사회계약을 통해 이루어진) 설립된 국가와 구별하는 유일한 방법은 다음 두 가지인데, 첫째, 백성들은 자신들이 복종하는 사람[통치자]에 대한 두려움 때문에 합의하거나 둘째, 서로에 대한 두려움 때문에 합의하는 길이다. 만일 두려움이 합의를 무효로 만든다면, 어떤 국가도 합법적인 것이 될 수 없다. 따라서 힘으로 지배권을 획득한 통치자의 권리는 합의에 의해 세워진 통치자의 권리와 정확하게 동일하다. 이 둘의 권리는 모두 절대적이어야 한다. 만일 정부에 대한 백성들의 태도 변화에 홉스가 영향을 미치길 원한다면, 위에서 홉스가 한 말은 모두 맞아야만 한다. 왜냐하면 대부분의 민족들은 자신들이 속한 정부가 처음 출발할 때 불법적으로 무력을 사용한 경우를 찾아낼 수 있는데, 예를 들어 영국의 경우 '노르만 정복(Norman Conquest)'이 이에 해당된다.

같은 장에서 홉스는 지배권 또는 타자를 지배하는 권력 두 가지를 논의하고 있는데, '부권적(paternal) 권력'과 '전제적(despotical) 권력'이 그것이다. 부권적 지배란 가정을 다스리는 아버지의 힘이며, 전제적 권력이란 위에서 우리가 방금 논의한 무력을 통해 얻은 권력을 의미한다. 아리스토텔레스와 같은 사람은 가정을 다스리는 아버지의 지배권 또는 가족 그 자체는 자연 발생적이며, 가족 간의 관계는 동의와 상관없이 보다 더 깊은 근원, 즉 천부적인 데서 온다고 주장하고 있다. 그러나 홉스는 이런 생각에 강력하게 반대하며, 다시 한번 아리스토텔레스와 맞부딪히고 있다. 그는 말하기를, 아버지의 지배권은 자식을 낳는 단순한 '출생(generation)'에서 생기는 것이 아니라 오히려 "명시적으로 선언되거나 또는 충분하게 알려진 다른 증명을 통한 자식의 동의(consent)에서 생기는 것이다."(152, 253)

홉스는 추론하기를, 만일 자식들을 다스리는 지배권이 출생에서 오는 것이라면 어머니들도 아버지들처럼 같은 지배권을 가져야만 한다. 우리가 이미 살펴보았듯이, 홉스의 논리에 따르면 남자와 여자 그리고 사실상 모든 사람은 자연상태에서 다른 사람의 생명에 치명적인 위협을 가할 수 있는 능력을 갖고 있다는 점에서 평등하다. 여기에 덧붙여 말하길, "싸우지 않고서도 결정될 수 있는 권리처럼, 남녀 사이에 힘이나 분별력에서 큰 차이는 없다."(152, 253) 심지어 그는, 자연상태에서 자식들을 다스리는 지배권은 자연스럽게 어머니에게 돌아가는데, 왜냐하면 아버지가 누구인지 어머니가 말해주지 않는 한 아무도 그 사실에 대해 확신할 수 없기 때문이라고 말한다. 따라서 가족을 다스리는 아버지의 지배권은 "시민법에 의해 결정된다." 아버지의 지배권은 합의의 문제이지 자연적인 우위성의 문제는 아니다.

가족에 관한 홉스의 이런 논의에서 흥미로운 점은 그가 사실상 가족 구성원들 간의 관계를 천부적인 것이 아니라 필요성과 동의라는 관점에서 보고 있다는 점이다. 어린아이는 자기를 길러주고 보호해주는 사람에게 복종할 의무가 있는데, 그가 어머니이든, 아버지이든 아니면 낯선 사람이든 상관없다. 아버지가 어머니를 지배할 수도 있고, 어머니가 아버지를 지배할 수도 있다. 마치 사람들이 두려움 또는 필요에 의해 정복자에게 복종하듯 — 이를 홉스는 합법적 동의라고 생각했다. — 현실적으로 사람들은 힘을 통해 '가정'을 구성할 수 있다. 홉스는 전제적 통치, 설립에 의한 통치 그리고 부권적 지배권은 모두 똑같이 [통치에] 동의하고 있다는 점에서 같은 유형의 통치라고 보고 있다. 가정과 왕국 사이의 유일한 차이점은 가족의 경우 공격받았을 때 적절하게 스스로를 방어할 수 있을 만큼 크지 않다는 점이다.

21장의 제목은 "백성의 자유에 관하여"인데, 여기서 홉스는 여러 각도에서 자유에 관한 주제를 다루고 있다. 첫째, 그는 운동의 자유로부터 구속되지 않는 것, 즉 어떤 방식으로든 갇히거나 족쇄에 묶이지 않는 것을 자유라고 정의하고 있다. 그는 이런 방식으로 자유를 정의하면서, 어떤 권리가 주어지지 않는 한 백성들은 자유를 갖지 못한다고 주장하는 사람들과 논쟁하고 있다. 그는 반복해서 공포와 자유가 함께 공존할 수 있음을 말하고 있다. 사람은 통치자의 처벌이 두려워 법에 복종할 수 있으나 그는 여전히 그 법에 복종하는 것을 자유롭게 선택할 수 있다. 홉스는 우리가 실제로 자유를 소유하고 있는지에 관한 철학적 물음을 다루고 있다. 모든 만물의 주관자인 하느님은 존재하는 모든 것을 미리 결정해놓았으며, 현재 존재하는 것은 단지 신으로부터 시작된 인과(因果)의 긴 연결 고리의 한 결과처럼 보인다. 홉스는 여기서 아무런 모순도 찾을 수 없다. "모든 만물을 주관하시는 하느님은 제 의지대로 행동하는 인간의 자유 안에 하느님의 의지에 따라 행동하는 필연성이 함께 있다는 것을 알고 계시며, 그 이상도 그 이하도 아니다."(160, 263)

홉스는 추론하기를, 인간은 하느님의 뜻에 어긋나는 많은 일을 할 수도 있으나, "그럼에도 불구하고 하느님의 의지에 따라 생긴 욕구 이외에는 그 어떤 것에 대해서도 정념이나 욕구를 지닐 수 없다."(160, 263) 따라서 하느님은 인간을 선택하는 존재로 만드셨음에도 불구하고 인간 본성이나 물리적인 세계에 변수를 만들어놓고 계시기에, 인간이 모든 선택과 행동을 아무리 자유롭게 하더라도 그분은 그것을 모두 진실로 알고 계신다. 통치자가 법과 처벌의 공포를 가지고 백성들을 구속할 수 있지만 백성들이 복종을 선택하는 것으로 보이는 것과 유사하게 하느님은 인간을 구속하지만 인간 또한 선택의 자유를 가지고 있다. 이런 설명이 독자들에게는 꽤 혼란스러울 수 있겠지만, 홉스의 전체적인 목표를 잊지 않게 하는 데는 도움을 준다. 즉 그 목표란 통치자의 권위와는 별도로 백성들이 어떤 자유를 갖고 있다는 생각을 독자들이 하지 못하게 하려는 것이다.

백성들이 갖고 있다고 홉스가 말하는 그런 종류의 자유는 신약에 의해 백성들에게 허용된 자유이다. 다른 말로 해서, 사회계약을 맺음으로써 백성들은 통치자의 통제에 복종하고, 통치자의 모든 행동을 (그것이 비록 백성을 처벌하는 것이라 하더라도) 마치 백성들 자신의 행동처럼 간주하는 것이다. 그 경우에 백성들에게는 통치자가 허용하기로 선택한 자유가 주어진다. 분명 홉스가 건전하고 유용하다고 생각한 형태의 자유는 사적인 자유인데, 우리 자신의 선을 위해 사적인 삶을 살아갈 수 있는 자유이다. 그는 공적 자유, 즉 국가의 통치 행위에 간섭할 수 있는 자유를 인정하고 있지 않다. 홉스는 시민들에게 주어진 자유의 목록들을 나열하고 있는데, "사고팔 수 있는 자유 혹은 상호 계약의 자유, 자신을 위한 거주와 음식, 생필품 교환의 자유, 그리고 자녀를 자신의 뜻에 따라 양육할 수 있는 자유이며, 이와 유사한 자유들이다."(161, 264) 이런 것들이 자연상태의 야만성으로부터 벗어나서 문명의 건설을 시작할 수 있는 백성들의 자유이다. 국가가 제공하는 상대적인 안정 덕분에 성장하고 번창할 수 있는 이런 기회야말로 사회계약의 존재 이유이다.

홉스는 자유에 관한 주제를 다룬 고대철학자들과 역사가들을 비판적으로 소개한 후 불복종에 대한 물음으로 관심을 돌리고 있다. 한 백성이 자신의 통치자에게 복종하기를 정당하게 거부할 수 있는 어떤 영역이 있는가? 놀랍게도 아마 몇 군데 있는데, 그것들은 모두 누구도 다른 사람에게 양도할 수 없는 기본권인 자기 보호의 권리로부터 나온다. 백성들은 직접적으로 위험에 처했을 때 자신의 생명을 방어할 수 있는 권리를 항상 지니며, 스스로 몸을 다치게 할 수 없다. 백성들은 자신에게 불리한 증언을 해야 할 의무가 없으며, 자살할 의무도 주어질 수 없다. 그리고 더 흥미로운 것은 다른 사람을 죽일 의무도 지닐 수 없다. 이런 상황 아래서 병역 의무에 대한 홉스의 설명은 세밀하게 검토해 볼만한 가치가 있다.

> 자발적으로 이행하는 것이 아니라면 참전의 의무도 없다. 이런 근거에 따라 병사로서 적과 싸우라는 명령을 받은 사람은 비록 통치자가 명령 거부에 대해 사형으로 처벌할 권리를 갖고 있더라도 많은 경우 그 명령을 정당하게 거부할 수 있다. 예를 들면, 자기 대신에 다른 유능한 병사로 대체할 수 있는데, 이런 경우 그는 국가에 대한 의무를 저버린 것이 아니다. 또한 천성적으로 겁이 많은 사람의 경우에도 거부가 정당화될 수 있다. 이것은 처음부터 그와 같은 위험한 의무를 수행할 것으로 기대되지 않는 여성들에게만 적용되는 것이 아니라 여성처럼 나약한 남성에게도 적용된다. 전투가 벌어지면 한쪽이나 양쪽 군대 모두에서 탈영병이 생기기 마련이다. 그러나 그 탈영병이 배반 행위를 하기 위해서가 아니라 공포심 때문에 탈영하는 것이라면 그것을 부당한 행위로 볼 수 없고 그것은 단지 불명예스런 행위일 뿐이다. 같은 이유로 전투를 회피하는 것도 부당한 행위가 아니라 비겁한 행위일 뿐이다. 그러나 병사로서 스스로 입대를 하고 군인 수당을 선불로 받은 경우 그는 천성적으로 겁이 많다는 것이 핑계가 될 수 없으며, 전투에 참가해야 할 뿐만 아니라 지휘

> 관의 허락 없이 전쟁터에서 도망해서는 안 되는 의무도 있다. 국가의 방위를 위해 무기를 들 수 있는 모든 사람의 협력이 요구되는 경우에도 모든 사람은 어쩔 수 없이 그렇게 해야만 한다. 이들이 국가를 유지하고자 하는 목적이나 용기를 갖고 있지 않다면 국가의 설립 자체가 무의미하기 때문이다.(165, 269-70)

만일 국가가 세워지는 온전한 이유가 개인들의 자기 보호에 있다면, 개인들에게 전쟁터에서 자기 목숨을 포기하라고 요구할 수 없다. 이는 아주 간단하게 보이지만 홉스에게는 실질적인 문제를 던지고 있다: 만일 국가가 충성스럽고 자발적인 군대를 보유하지 못한다면 국가는 어떻게 존립하며 시민들의 생명을 보호해야 하는 그 목적을 달성할 수 있는가? 홉스도 이 문제를 알고 있었다. 위 인용문의 끝에서 홉스가 말한 것처럼, 만일 국가 자체가 존망의 위협에 놓인다면, 모든 사람은 국가 방위를 위해 무기를 들어야 할 의무가 있다. 이렇게 말하는 것은 '당신이 공격을 받으면 당신 스스로 방어할 권리를 갖고 있다' 고 말하는 것과 같다. 이런 상황에서 당신 스스로나 당신 편에서 같이 싸워주는 다른 사람을 보호하지 않는 것은 어리석은 일이 될 것이다. 자기 보호는 그것을 요구한다. 그러나 다른 모든 전쟁의 경우 홉스[의 입장]는 더 애매하다.

만일 이웃 국가가 침공할 음모를 꾸미고 있다고 생각한 왕이 임박한 위험으로부터 자기 백성들을 보호하기 위해 선제공격을 결정한다면 무엇이라 말할 것인가? 홉스는 목숨을 걸고 싸워야 한다고 말할 수는 없으나, 그렇게 할만한 몇 가지 동기를 제공하기는 할 것이다. 명예 같은 것 말이다. 우리가 앞에서 살펴보았듯이, 홉스는 보통 명예나 자만을 해로운 것으로 취급하고 있다. 사람들은 자만심이 원인이 되어 분쟁 끝에 서로 죽이기도 한다. 그러나 여기서 홉스는 자만심이 선하게 응용되는 경우를 인정하고 있다. 사람들이 전쟁터에서 도망칠 때 그들을 부당하다고 부를 수 없으며, 그들의 행위는 불명예스러운 것으로 볼 수 있다.

홉스는 마찬가지로 전쟁을 회피하는 사람은 비겁한 사람으로 보아야 한다고 말하고 있다. 이들 불명예와 비겁함은 도망가지 않고 죽음에 직면해서도 용감하게 싸울 수 있는 강한 동기가 된다. 다른 사람 대신 싸워주는 용병을 고용하는 대안 — 이는 홉스 당시에 일반적인 관행이었다 — 에 대해서도 언급하고 있는데, 홉스는 만일 군인이 싸우기 위해 돈을 받았다면 그는 어쩔 수 없이 그렇게 해야 한다는 점을 지적하고 있다. 그러나 이 경우 싸우기를 거부하는 용병의 행동은 단지 돈을 받지 못하거나 최대한으로 계약 위반의 책임을 묻는 정도의 결과를 초래한다는 것을 상상할 수 있다. 사람들은 자기 동료 병사나 국가의 희생을 치루더라도 자기 목숨을 보존할 권리를 항상 가진다는 것이 홉스의 마지노선이다. 홉스가 명예라는 동기를 허용함에도 불구하고 잘 무장된 국가를 세울 수 있는가에 대한 그의 역량에는 문제가 남는다.[7]

21장의 끝부분에서 홉스는 백성들이 더 이상 통치자에게 복종할 필요가 없는 그런 조건들에 대해서 논의하고 있다. 다시 한번, 자기 보호를 유의해서 보면 홉스의 추론은 명백해진다. 예를 들면, 만일 백성이 전쟁 포로로 잡히게 되었고, 적국의 왕에게 복종하는 대가로 그에게 자유가 주어진다면, 그는 복종할 의무를 지고 있는 것이다. 그는 자기를 보호해줄 수 없는 통치자에게 어떤 충성도 바칠 의무를 지니고 있지 않다. 어린아이가 자연상태에서 어느 쪽 부모나 자기를 보호해주는 다른 어른에게 복종해야 할 의무를 지고 있는 것과 마찬가지로 백성은 자기

---

7 이 주제에 관한 추가적인 정보를 얻고자 한다면, Schrock(1991)을 참고할 것. 그는 정부의 처벌권을 확보하기 위한 홉스의 어떤 시도도 백성들의 저항권이라는 견지에서는 작동되지 않는다고 주장하고 있다.

를 보호해주는 사람 누구에게라도 복종해야만 한다. 홉스는 정복당하여 복종하는 조건으로 자유가 주어지는 일과 노예가 되는 일 사이의 차이점을 구분하고 있다. 어떤 사람이 쇠사슬이나 다른 도구에 의해 묶여 있다면 그는 복종의 신약을 맺을 수 없다고 여러 곳에서 말하고 있는데, 지금 여기서는 그것에 대해 언급하고 있지 않다. 가장 그럴듯한 이유는 족쇄에 묶여 있는 사람은 한순간에 죽임을 당할 수 있고 향유할 수 있는 어떤 개인적 자유도 갖고 있지 못하기 때문이다. 그래서 그런 사람은 필요한 모든 수단을 통해 탈출을 시도할 수 있으며, 그렇게 함으로써 자신의 생명을 좀 더 안전하게 만들려고 한다.

우리는 로크 같은 철학자들이 주장하듯, 혁명을 일으킬 수 있는 권리를 요구하는 일은 아주 드문 일이라고 말할 수 있다. 아마 홉스가 백성들의 불복종을 정당화시켜주는 즉시 그는, 백성들이 자신들의 정부를 평가하고 지속적으로 선택할 수 있다는 자유주의적 견해를 [지지하기] 위한 토대를 마련하고 있는 것이다. 물론 이것이 홉스의 의도는 아니었지만 그럼에도 그의 논증 안에 내포된 문제일 수도 있다.

22장("백성들의 정치적 조직과 사적 조직에 관하여")은 국가 내에 있는 다양한 단체 및 조직체들의 지위 문제를 다루고 있다. 국가 자체도 다른 권위로부터 독립된 하나의 조직체이다. 그 밖의 모든 조직 또는 연합체는 통치자에 종속되어 있다. 홉스는 국민들이 스스로 조직하는 다양한 방식들에 대해 상세히 검토하고 있는데, 거기에는 의회와 같은 정부 기구를 포함해서 사업상의 협회, 사교 모임 그리고 오락을 즐기기 위한 사적인 단체들이 포함된다. 그러나 홉스의 실제 목표는 불법적이거나 위험한 조직체들을 드러내는 데 있다. 사람들의 조직체는 그것이 "불순한 의도"를 갖고 있을 때 통치자에게 위협이 될 수 있다. 홉스는 가능한 사례로 독점 사업체를 지목하고 있는데, 이들이 (다른 나라에서 가격을 올리는 것은 별개의 문제이지만) 자기 나라의 국민들을 대상으로 가격을 올리기 위해 독점권을 이용하는 경우이다. 또 다른 사례는 통치자가 설정해 놓은 한계를 뛰어넘으려는 정치적 조직체일 수 있다. 홉스는 만약 정치적 합의체가 불법적인 일(정해진 범위 밖으로 나가는 일)을 선택하려고 한다면 그런 행동에 찬성표를 던지는 사람들만 유죄로 간주되어야 한다고 말한다. 홉스의 이런 표현은, 사적인 야망을 충족시키기 위해 스스로 최고가 되려고 했던 사람들 즉, 찰스 1세에 대항해서 반란을 일으킨 국회의원 같은 이들에게는 분명 숨겨진 위협처럼 보일 수 있을 것이다. 그는 또한 분명하게 [위험한] 조직체들에 대해 언급하고 있는데, 비밀스런 정치적 음모 집단, 법을 자기들 손안에 넣으려고 서로 반목하는 가문들, 그리고 다른 정치적 당파들이 이들이다.

23장("통치 권력의 공적 대리자에 관하여")에는 집중 조명해볼 만한 것이 두 가지가 있다. 이 장에는 섭정관, 재정 담당관, 장군 등 다양한 유형의 공적 대리자에 대한 논의가 들어 있다. 홉스가 강조하고 있는 한 가지 중요한 것은, 공적인 지위를 가지고 행동하는 이들이 마치 통치자 자신인 것처럼 [백성들로부터] 복종을 받아야만 한다는 점이다. 그러나 이들은 다음의 행동도 가능하다. 첫째, (공직자가 개인적인 장례식에 참석할 때와 같이) 이들은 오직 사적인 자격을 가지고 행동할 수 있다. 둘째, 이들은 "통치자와 일치하지 않는" 방식으로 행동할 수 있다. 홉스는 말하길, 모든 사람은 이들 관리가 명령하는 것이 "통치자의 권리와 양립할 수 없는 것"이 아닌 한 이들에게 복종할 의무가 있다.(180, 290) 이는 흥미로운 주장인데, 왜냐하면 이런 주장은 시민의 편에서 내리는 판단이 가능하거나 심지어 요구된다는 점을 다시 한번 암시하고 있기 때문이다. 시민들은 잘 생각해보면, 한 공직자가 자기의 범위를 넘어서면 [시민들의] 복종을 받아서는 안 된다는 합법적 결론을 내릴 수 있다.

이 장에서 또 하나의 호기심 가는 주제는 홉스가 종교적 대리자를 하급 관리로 보고 재정 담당관, 장군, 재판관 등과 같은 범주에 속하는 것으로 분류하고 있는 점이다. 그는 심지어 종교의 영성적 본질을 감추고 사회, 정치적 기능을 과대평가하는 방식으로 종교적 대리자들의 임무를 기술하고 있다:

> 통치 권력에 대한 의무를 백성들에게 직접 가르치거나 또는 그 일을 할 다른 교사를 가르치는 일, 또 백성을 지도하여 옳고 그른 것을 알게 하고, 이로써 그들이 서로 경건하고 평화롭게 생활하고, 공공의 적에 저항하도록 하는 일, 이런 일에 관한 권위를 가진 사람들도 공적인 대리자들이다. 이들이 대리자인 이유는 자신의 권위에 의해서가 아니라 다른 사람의 권위에 의해 그 일을 하기 때문이며, 공적인 이유는 오직 통치권자의 권위에 의해서만 그 일을 수행하기 (혹은 수행해야 하기) 때문이다. 오직 군주나 통치권을 가진 합의체만이 백성을 교육하고 지도할 권위를 하느님의 직접적인 권위로부터 부여받았으며, 다른 누구도 아닌 오직 통치자만이 자신의 권력을 **하느님의 은총**(*Dei gratiâ*), 다시 말해 오직 하느님의 호의로부터 받는다. 그 밖의 나머지 모든 사람들의 권위는 하느님의 호의와 섭리로부터 그리고 그들의 통치자로부터 부여받는다. 군주정치의 경우 **하느님의 은총과 왕**(*Dei gratiâ et Regis*)으로부터 또는 **하느님의 섭리와 왕의 의지**(*Dei providentâ et voluntate regis*)로부터 부여받는다.[8](181, 291)

종교적 대리자를 교사라고 하는 홉스의 주장에 주목해보자. 이들은 백성들에게 시민의 의무와 법을 가르치고 있는데, 이것이 홉스가 말하는

---

8 라틴어 원문에 대한 영어 번역은 필자의 것임.

정당함과 부당함을 의미하기 때문이다. 이렇게 함으로써 그들은 사회적 선이라 할 수 있는 공동의 목적 아래 백성들이 통합을 이룰 수 있게 해준다. 홉스는 종교적 대리자들이 그런 권위를 어디서 얻게 되는지 독자들은 알고 있으리라 확신하고 있다. 그들은 하느님으로부터 그것을 얻는 것이 아니라 그들의 통치자로부터 얻는 것이다. 이런 진술을 하는 중에 홉스는 통치자가 하느님의 은총을 통해 자신의 권력을 얻게 된다는 것을 우리에게 말해주고 있는 것이다. 이는 마치 오래된 왕권신수설을 인정하고 사회계약설을 배척하는 것처럼 보일 수 있다. 그러나 앞으로 보겠지만, 홉스는 이 두 가지 이론이 서로 모순을 일으킨다고 생각하지 않는다. 홉스가 여기서 이해시키고자 하는 것은 오직 통치자만이 하느님께 은총을 입으며, 대리자들은 통치자한테서 은총을 입는다. 이런 방식으로 홉스는 일반 신자들을 시민전쟁에 연루시킨 당시의 많은 성직자들을 냉엄하게 비판하고 있다.[9]

다음 24장, "국가의 양분과 번성에 관하여"는 홉스가 처음에 가지고 있었던 '인공적 인간'으로서의 국가 이미지를 잘 이용하고 있다. 홉스가 말하는 국가의 양분이란 상업을 뜻하는데, 대부분 사고파는 일, 수입과 수출 그리고 상업적 규정 등과 관련되어 있다. 홉스가 고대의 문헌 중에서 동의하고 있는 거의 드문 예로서 키케로(Cicero)를 인용하고 있다: "시민법이 없다면 무엇이 자기 것이고 무엇이 남의 것인지를 알 수 있는 사람은 아무도 없다."(186, 296) 홉스는 자연상태에서부터 주어진 재산에 대한 천부적 권리가 있다고 생각하는 사람들과는 전적으로 동의하지 않았다. 정부 없이는 누구의 재산도 안전하지 못하며, 자연상태

---

9 홉스는 하느님, 통치자, 그의 하위 관리들 그리고 백성들과의 적절한 관계에 대해서는 『리바이어던』 3부 '그리스도교 왕국에 관하여'에서 더 논의하고 있다.

는 빈곤과 불안전한 상태이다. 적어도 실제적으로 말해서, 홉스는 통치 권력 그 자체가 모든 재산의 궁극적 원천이라는 것을 알고 있다. 홉스는 자기가 좋아하는 사람들에게 영국의 토지를 나누어준 정복자 윌리암(William the Conqueror)에 대해 언급하고 있다. 통치자는 재산 분배권과 재분배권 또는 재산 몰수의 권리를 갖고 있다. 두 사람 사이에 상호 동의 없이는 한쪽 사람이 다른 쪽 사람의 재산을 탈취할 수 없지만, 그 재산의 원천인 통치자는 언제라도 원할 때 재산을 몰수할 수 있다. 백성들의 재산을 몰수할 수 있는 통치자의 힘(실제적인 의미에서 이는 보통 세금 부과를 의미한다)을 어떤 방식으로든 제한해야 한다는 주장은 통치 권력을 약화시키는 일이며, 이는 우리가 알다시피 홉스에게는 수용 불가능한 주장이다.(Baumgold, 1988 : 67–9) 이것이 홉스가 말하는 바, '국가에 영양분을 줄여서는 안 된다' 는 뜻이다. 통치자가 원하는 영양분은 비록 그것이 불합리한 욕구라 하더라도 거부될 수 없다: "통치권을 지닌 군주나 합의체의 다수파가 자신들의 양심에 어긋나는 정념에 이끌려 백성들에게 여러 가지 일을 하도록 명령을 내리는 일이 있는 것은 사실이다. 이런 행위는 신뢰를 저버리는 행위이며, 자연법을 위반하는 행위이다. 그러나 그렇더라도 백성들에게 통치자를 상대로 전쟁을 일으키거나, 불의 혐의로 고소하거나, 비난하거나 할 권한이 생기지 않는다. 왜냐하면 백성들은 통치자의 모든 행위를 승인하였으며, 그에게 통치권을 부여할 때 그의 행위를 자신들의 행위로 인정하기로 했기 때문이다." (187, 297)

홉스는 여기서 자연법을 언급하고 있다. 독자들은 그가 자연법을 이성의 규칙으로 정의하고 있고, 사람들이 자연상태에서도 자연법을 알 수는 있으나 이성적으로 따를 수는 없다고 말한 것을 기억해낼 것이다.

그는 한번 세워진 통치권은 자연법에 구속되지 않으며, 따라서 이들 자연법은 확실하게 초월적 법이 아니라, 국가의 틀 안에서 제안(suggestion)의 성격이라는 지위를 갖는다고 이미 주장했다. 위의 인용문은, 통치자의 어떤 행위는 이들 자연법에 어긋날 수 있기에 현명하지 못하다는 것을 보여주려는 홉스의 의도가 드러난 몇 군데 중의 하나이다. 이는 백성들을 어디까지 밀어붙일 수 있는지에 대해 통치자들에게 충고하려는 홉스의 시도로 볼 수 있다. 그러나 동시에 그는 항상 통치자의 행동이 아무리 현명하지 못하다 하더라도, 그리고 통치자의 행동이 백성들 모두의 행동으로 간주된다고 하더라도 불복종에는 어떤 변명도 있을 수 없다는 것을 강변하고 있다. 우리는 홉스가 통치자에게 충고하는 길과 백성들의 불복종을 부인하는 길 모두를 취할 수는 없는지 궁금하다. 백성들이 자연법을 알고 자신들의 통치자가 그 법을 심각하게 위반하고 있다는 것을 알지만 그럼에도 그에게 반대하지 않는 것은 가능한가? 로크는 통치자에 대한 대중적 판단은 자연스럽고 (건강한) 것이라고 생각했으며, 로크가 말하는 전제정치 아래에서도 사회계약은 백성들에게 절대적 복종을 하도록 요구한다는 홉스의 주장에 동의하지 않았다. 홉스는 불가능한 수준의 구속력을 요구하고 있는 것인가?

25장("조언에 관하여")의 논의는 홉스가 앞에서 했던 귀족정치나 민주정치보다 군주정치가 더 우월하다는 주장의 연장선상에 있는 것으로 볼 수 있다. 최선의 조언은 그것을 평가하고 어떻게 활용하는 것이 가장 좋은지 생각할 수 있는 한 사람(군주)에게 간결하게 전달하는 것이다. 그러나 조언은 사람들의 합의체(의회)에서는 단순히 정치적 수사에 그칠 수 있다. 이것이 "간곡한 권고(exhortation)와 간곡한 말림(dehortation)은 격렬하게 강조된 조언이다."(192, 304)라고 할 때 홉스가 말하고자 하는 바이다. 의회 단상에 연설자들이 섰을 때 그들은 감정에 휩싸이기 쉽고, 그래서 그들은 다른 의원들도 너무 감정적이 되어서 건전한 판단을 할 수 없도록 만드는 방법으로 설득하려고 한다. 홉스가 볼 때 이것이 군주정치를 제외한 정권이 지니고 있는 명백한 결함의 하나이다. 만약 의회 혹은 일단의 사적인 조언자들로부터 조언을 듣는 것처럼 군주가 집단의 조언자들로부터 조언을 듣는다면 군주도 조언자들과 함께 곤란에 빠질 수 있다. 사람들이 집단을 이룰 때는 언제나 경쟁이 생긴다. 사람들은 상대방을 난처하게 만들기 위해 계략을 이용하기도 한다. 마찬가지로 그들은 침묵을 지키기도 하는데, 왜냐하면 발언하는 일이 오히려 정적들에게 더 공격받기 쉽게 만들기 때문이다. 이런 경쟁의 역동성이 지나칠 때 논리적으로 잘 정리된 조언은 불가능하다.

26장("시민법에 관하여")은 2부에서 가장 길이가 긴 장 중의 하나인데, 그럴만한 충분한 이유가 있다. 여기서 홉스는 시민법과 그 밖의 다른 유형의 법을 구별하고 있으며, 시민법을 위한 권위의 근거를 확립하고 있고, 권위에 대한 다른 권리 주장들을 배제하고 있다. 앞의 25장은 조언에 관한 것이었는데, 조언을 명령(법)으로 오해해서는 안 된다. 시민 사회에서 시민법은 옳고 그름을 구별하는 것과 같기 때문에 (이보다 더 상위의 도덕법은 없다는 것을) 독자들에게 상기시키면서 그는 시민법을 다음과 같이 정의하고 있다: "시민법이란 **선악의 구별, 즉 무엇이 규칙에 위배되고 무엇이 위배되지 않는가를 구별하는 데 사용할 수 있도록 말, 문서 또는 기타 의지를 나타내기에 충분한 표시를 통해 국가가 모든 백성들에게 명령한 규칙들이다**."(198, 312)

다음으로 홉스는 통치자를 입법자 또는 법률 제정가라고 말하며, 입법의 권위를 요구하는 다른 권리 주장들을 부인하고 있다. 통치자는 군주가 될 수도 있고, 합의체가 될 수도 있다는 것을 기억하자. 통치 권력이 어디에 있든 그곳에 법률 제정의 권위가 존재한다. 군주정치 내에서도 비록 의회가 법률들을 통과시키지만 그것들은 오직 군주의 권위 때문에 법률로 간주된다. 통치자는 법을 집행하거나 그것을 무효로 선포할 힘을 가지고 있으며, 이 일을 할 수 있는 사람은 그가 누구든 궁극적으로 법의 원천이다. 홉스의 추론에 따르면, 통치자가 법의 원천이기에 그는 그 법에 종속될 수 없다. 왜냐하면 군주 또는 합의체는 어느 때라도 그 법을 바꿀 수 있기 때문이다. 그러나 홉스는 덧붙여 말하길, 백성들에게 알려지지 않은 법은 법이 될 수 없다. 너무 독단적이어서 자기 백성들이 법을 알 수 없게 하는 통치자는 실질적으로는 어떤 법도 공포한 것이 아니다.

홉스는 시민법과 자연법은 하나이며 동일하다는 앞선 주장들을 반복해서 말하고 있다. 그 이유는 자연상태에서도 자연법이 알려질 수 있지만 그것의 시행이 강요되지 않아 일관되게 행위로 옮길 수 없기 때문이다. 그러나 자연법은 실제로 사회계약을 맺어야 할 필요성을 지시하고 있다. 자연법은 가능하기만 하다면 언제라도 평화를 추구하라고 명령한다. 따라서 사회계약은 자연법에서 나오며, 시민법은 평화를 제공하기에 적당한 자리에 놓이게 된다. 자연법은 평화를 얻기 위해 한번 세워진 통치 권력에 우리가 복종할 것을 요구한다. 이런 방식으로 시민법은 자연법의 목적을 반영하는데, 통치자가 때때로 감사(gratitude)와 공평(equity) 같은 특정한 자연법을 위반할 때조차 그러하다.

홉스는 법률적 권위에 대한 다른 주장들은 모두 불법적이라는 점을 분명하게 하려고 노력하고 있다. 예를 들면, 단지 법의 시행이나 해석이 낡았기 때문에 그 법에 권위가 주어지지 않는다거나, 법을 계속해서 지지하고자 하는 통치자의 의지만이 법에 권위를 부여한다는 것 등이다. 도덕철학자들이나 저술가들 어느 누구도 시민법에 대해 어떤 권위도 갖고 있지 못하다. 마찬가지로 재판관들도 법의 원천은 아니다. 그들의 임무는 (통치자의 의지에 따라) 법을 해석하고 특정한 사건에 적용하는

데 있다. 살펴보았듯이, 군주정치 아래에서 의회도 독립적인 법의 원천은 아니다. 홉스를 가장 걱정하게 만든 것은 의회를 법의 원천으로 보려는 잘못된 생각이었다. 왜냐하면 최근[1642년 이전]에 영국 의회가 입법권의 독립을 주장했고 시민전쟁을 시작했기 때문이다. 홉스는 통치권력이 어디에 있어야 하는지에 대한 오해는 변명의 여지가 있을 수 없다고 명시적으로 주장하고 있다. 모든 백성들은 이것을 제대로 알고 행동해야 할 책임이 있다.

홉스는 모든 법은 해석이 필요하다는 것을 인정하고 있으며, 그 해석자들은 통치자에 의해 임명될 필요가 있는데, 그래야 법 해석자들이 통치자의 의도를 정확하게 대신할 수 있다고 말하고 있다. 이 점이 바로 재판관들과 다른 공직자들의 역할을 아주 중요하게 만든다. 홉스는 주장하기를, 통치자의 의지가 직접적으로 알려지지 않을 때, 적법한 해석자들이 자연법을 하나의 모범(guidance)으로 활용하는 것은 통치자의 의지라고 추론할 수 있다. 홉스는 판사의 입장에서 판결을 할 때 자연법을 직접 활용하는 경우와 종종 (선례나 이전 판례에 근거하고 있는) 영국 관습법을 비논리적이고 파괴적으로 적용하는 경우를 비교하고 있다: "**재판관은 유사한 사건에서 유사한 판결을 내리도록 그 자신이나 다른 재판관을 구속하지 않는다**. 그러나 하급 재판관이나 통치자 누구도 공평한 판단을 하는 데 오류를 범할 수 있다. 따라서 만일 그 이후의 유사한 소송 사건에서 이전의 판결과 반대되는 판결을 내리는 것이 공평에 부합한다면, 재판관은 그렇게 해야 할 의무가 있다. 어느 누구에게도 자신의 과오가 법이 될 수는 없으며, 그것을 고집해야 할 의무도 없다." (206, 323)

달리 말하면, 법률적 선례를 신성시하거나 제약하는 것은 아무것도 없다. 확실히 이런 [과거의] 선례들을, 현재에 와서 다르게 판결할 수 있는 통치자의 의지를 제한하는 것으로 보아서는 안 된다. 여기서 홉스는 자연법, 특히 공평의 법을 통치자의 권위로부터 독립적인 위치에 놓으려고 하는 것처럼 보인다. 왜냐하면 그는 심지어 통치자도 오류를 범할 수 있다고 말하고 있기 때문이다. 그러나 만일 통치자의 잘못도 따라야만 하고 [그가 통치자로 있는 동안에는] 아무튼 그것이 적법한 법률이라는 것을 우리가 기억한다면, 이 문제는 해결될 수 있다. 분명 홉스는 합리적인 법과 재판 제도를 갖춘 좋은 정부를 원하고 있다. 더 나아가 그는 영국 관습법이 어떻게 부정한 방식으로 적용되었는지를 보여주는 몇 가지 사례들을 제시하고 있다:

> 다음과 같은 경우를 생각해보자. 어떤 사람이 사형에 해당하는 중죄 혐의로 기소되었는데, 적대자들이 가진 권력과 악의, 그리고 재판관들의 빈번한 부패와 편파성을 알고서, 재판 결과가 두려워 도주하였다. 그 후 체포되어 재판에 회부되었는데 죄가 없다는 사실이 충분히 입증되어 무죄 선고를 받았으나, 결국엔 재산 몰수의 처벌을 받았다. 이것은 명백히 무고한 사람을 처벌한 것이다. 나는 세계 어디에도 이런 처벌이 자연법의 해석으로 받아들여질 수 있는 나라는 없으며, 또한 전임 재판관들의 판례가 그러하다고 해서 그것이 법이 될 수 있는 나라도 있을 수 없다고 확신한다. 그런 판결을 처음 내린 재판관들이 부당하게 재판한 것이며, 어떤 불의도 후임 재판관들이 따라야 할 재판의 모범이 될 수는 없기 때문이다.(207, 324)

홉스는 이와 같이 영국 관습법의 지지를 받고 있는 천박하고 독단적인 재판들이 평화에 도움이 되지 않는다는 것을 이해하고 있다. 통치자가 자신의 의도를 명백하게 드러내지 않는다면, 평화와 합법적인 질서는 재판관들이 자신들의 임무를 수행할 때 거기에 통치자의 의도가 들어 있는 것으로 추정해야만 한다. 홉스는 위 인용문 아랫부분에서 다음과 같이 말하고 있다: "입법자(통치자)의 의도는 언제나 공평에 있는 것으로 추정된다. 재판관이 통치자와 다른 생각을 한다는 것은 극도의 오만이다."(209, 326) 홉스는 통치자의 명백한 명령들이 부당하게 보인다 하더라도 그것들에 불복종할 것을 결코 주장하지 않았다. 그러나 그가 여기서 말하고자 하는 바는, 재판관들이 선례를 활용하거나 법적 권위의 뿌리가 독립적이라는 등의 다른 논증들을 통해 스스로 독립할 수 있다는 것이며, 그렇게 함으로써 그들은 통치자의 이익 (그리고 평화와 합법적 질서를 원하는 백성들의 이익)에 반대되는 방식으로 판결을 내릴 수도 있게 된다는 것이다. 홉스는 확실히 '사법 적극주의(judicial activism)'의 지지자일 수 없다.

홉스는 고대 로마의 황제 유스티니아누스 법령집과 영국의 관습법을 간략하게 비교한 후 자연법과 실정법을 구별하고 있다. 자연법이 불문법이자 영원한 법이라고 한다면, 실정법은 "영원으로부터 존재해온 것이 아니라" 통치자에 의해 만들어진 법으로서 성문화되어 있거나 또는 다른 어떤 방식으로 사람들에게 알려진 것이다. 홉스는 실정법의 두 가지 유형을 '인간의 실정법(humane positive law)'과 '신의 실정법(divine positive law)'으로 구분하고 있는데, 홉스가 실정법이 통치 권력에 의해 만들어진 법이라고 앞서 말한 것을 고려한다면 독자들은 놀랄 수 있다. 왜냐하면 우리는 보통 신의 법은 하느님이 만든 것이라고 생각하기 때문이다. 신의 실정법을 홉스가 어떻게 다루고 있으며, 신이 선포한 법과 통치자의 권위 사이에 어떤 관계가 있는지를 알 수 있다면 그것에 대해 주목해보자.

첫째, 홉스는 말하길, 신의 실정법은 하느님이 주신 법인데, 이는 영원히 모든 사람을 위해 주신 것이 아니라 특정한 시간과 장소에서 특정한 집단의 사람들에게 주신 것이다. 이를 테면 시나이 산에서 모세에게 주신 율법 또는 하느님의 선택된 민족으로서 모세와 그 이후의 지도자들을 통해 히브리 사람들에게 주신 율법들이 바로 그것들이다. 이어서 홉스는 두 개의 질문을 던진다. "**초자연적인 계시를 받지 못한 사람이 법을 공포한 자[예를 들면 모세]가 받은 계시를 어떻게 확신할 수 있는가? 그리고 그가 그 율법에 복종할 의무는 어떻게 생기는가?**"(212, 331)

이 첫 번째 질문에 대해서 홉스는, 그 계시가 진실인지 확신할 수 있는 방법이 없다고 솔직하게 답하고 있다. 신앙을 가지고 그것이 사실이라고 믿거나 혹은 믿지 않거나 둘 중 하나일 뿐이다. 홉스는 물리적인 증거가 없는 한 누구도 그것을 믿으라고 강요할 수 없다는 것을 알고 있었다. "기적은 놀라운 일이다. 그러나 나에게 놀라운 일이라 하더라도 다른 사람에게는 그렇게 놀라운 일이 아닐 수 있다."(213, 332) 이런 식의 씁쓰름한 표현은 종교가 하나의 독립된 진리의 원천일 수 있다고 믿는 사람들에게는 특히 불편을 느끼게 해줄 수도 있다. '**그가 그 율법에 복종할 의무는 어떻게 생기는가?**'라는 두 번째 질문에 대해 홉스는 다음과 같이 답변하고 있다. 그는 그 율법이 결국 하느님의 법인 자연법에 어긋나지 않는다는 조건하에서 그 율법에 복종하겠다고 동의했기 때문에 지킬 의무가 생긴다는 것이다. 언뜻 보아 이 답변은 마치 홉스가 적어도 사람들이 알게 된 신의 법이 자연법에 어긋나는지, 그리하여 실제로 신의 법인지 아닌지를 사람들이 독립적으로 판단하도록 하는 것처럼 보인다. 그러나 홉스에게 자연법과 관련해서 가장 중요한 점은 통치권을 세우고 그것에 복종하도록 하는 것이 자연법이라는 것을 잊지 않아야 한다. 이런 이유로 해서 후에 홉스는 다음과 같이 말할 수 있는 것이다: "백성은 하느님의 의지에 관해 자신이 직접 확실하고 신뢰할만한 계시를 받지 못했다 하더라도 국가의 명령에 복종해야 한다. 만일 사람들이 자기의 꿈이나 환상, 혹은 다른 사람의 꿈이나 환상을 제멋대로 하느님의 율법으로 여기는 것을 내버려둔다면, 무엇이 하느님의 율법인지에 대해 단 두 사람도 일치를 보기가 어려울 것이며, 각자 자기가 믿는 율법만을 따르면서 국가의 명령은 가벼이 여길 것이기 때문이다." (213-4, 333)

27장의 제목은 "범죄, 면죄 및 정상 참작에 관하여"이다. 여기서 홉스는 법에 흥미를 가지고 있고 또 그 법을 어떻게 적용할 것인지에 관심 있는 사람들에게 도움이 될 수 있는 여러 가지 유익한 구분들을 하고 있다. 이것은 '어떻게 할 것인가?' 라는 물음에 대한 또 다른 사례인데, 홉스는 통치 권력이 절대적이어야 한다고 주장하고 있지만 통치자는 '어떻게 통치해야 하는가' 라는 물음에 이르면 그의 기대치는 아주 높다.

첫째, 홉스는 죄와 범죄를 구분하고 있다. 모든 범죄는 죄가 되지만 모든 죄가 범죄는 아니다. 단순히 죄를 범한다는 생각이 곧 죄가 되는 것은 아니라는 것이 홉스의 의견이지만 이는 당시 많은 그리스도인들의 인정을 받지는 못했다. 이웃의 부인과 간통을 저지르는 상상이 "남의 것을 탐내지 마라."는 율법을 위반하는 것은 아니다. '**실제로**' 간통하는 방법을 생각하는 것, 이런 목적으로 생각이나 행동을 통해 어떤 조치를 취하는 것은 죄(sin)가 된다. 그러나 그것이 반드시 범죄(crime)는 아니다. 간통을 금하는 법이 있을 때만 범죄가 된다. "범죄란 법이 금지하는 것을 행동이나 말로 범하거나 법이 명령한 것을 회피하는 죄(sin)를 말한다."(216, 336) 따라서 법을 제정하고 집행하는 정치적 권력이 없다면 범죄도 있을 수 없다. 홉스는 심지어 자연상태에서도 사람들은 자연법을 인지할 수 있기에 무엇이 옳고 그른지에 대해 알 수 있다는 점을 분명히 하고 있다. 그러나 그는 사람들이 이 자연법을 위반함으로써 자연상태에서도 죄를 지을 수 있다는 생각에는 의문을 제기하고 있다.

그가 이 장에서 설명하고 있듯이, 사람이 자신의 생존을 위해 무슨 생각을 하든지 그것이 자연상태에서라면 변명이 될 수 있다. 그러나 한번 시민 사회에 들어오면 자연법을 위반하는 일도 죄가 된다. 이는 비록 자연법이 국가의 법 안에 반영되지 않았다 하더라도 사실이다. 자연법 위반을 금하는 법이 있을 때만 그와 같은 위반이 범죄가 된다.

홉스는 어떤 상황하에서 범죄가 면죄되거나 (부분적으로 용서되는) 정상 참작이 될 수 있는지에 대해 상식적인 논의를 하고 있다. 여러 번, 여러 곳에서 홉스는 말하길, 백성들에게 법이 공지되지 않았다면, 그 법을 모르는 일은 변명거리가 될 수 있다. [하지만] 법률 위반의 대가로 처벌받는 것을 모른다는 것은 변명의 여지가 없다. 왜냐하면 처벌과 관계없이 누구라도 법에 복종하는 일은 예상되기 때문이다. 다른 한편, 통치자가 집행하는 데 일관되지 못한 법(예를 들어 범죄를 면책으로 취급했을 때)이 있다면, 백성들이 이 법을 위반했을 때 최소한 부분적으로 면죄가 되어야만 한다. 홉스는 결투 금지법과 같이 탁월한 사례를 들고 있다. 결투의 도전에 응하지 않는 사람은 남자도 아니라는 사회적 신념과 더불어 결투를 금지하는 법도 존재할 수 있다. 만약 통치자가 결투 금지법을 일관되게 집행하지 않고, 결투를 거부하는 것은 부끄러운 일이 아니라 장려될만한 일이라는 점을 명백히 한다면 결투와 같은 관행은 반드시 계속될 것이다.

이 장에서 홉스는 여러 번 다음과 같은 메시지를 통치자에게 보내고 있다: 법은 분명하게 만들고 널리 공지하라. 법을 시행함에 있어서 일관성을 유지하라. 위반자를 처벌할 때는 사회적 계급이나 특별 대우를 고려하지 말라. 진실로 그런 특혜가 불복종의 중요한 근원이 된다. 상류층에 속한 사람들은 낮은 계층의 사람들보다 그 행동에 있어서 더 큰 책임을 져야만 한다. 왜냐하면 그들의 모범과 가르침이 약자들을 위한 지침이 되기 때문이다. 자연법이 반란을 요구한다든지 자기 이익을 위해서는 정의도 무시될 수 있다고 가르치는 교수와 같은 지식인들은 그런 교육의 결과로 생기는 범죄에 대해 그들을 추종하는 사람들보다 책임이 더 크다. 홉스가 지적하고 있듯이, 이들 지식인들은 세간에 물의를 일으키고, 그들을 우러러보는 사람들을 나쁜 쪽으로 부채질한다.(227, 359) 마찬가지로, 이들 지식인들이 부자이니까 또는 인맥이 좋다는 이유로 법에서 면제되는 것이 당연하다고 생각하는 사람들은 그런 잘못된 생각을 한다는 이유로 더 엄하게 처벌받아야 한다.

홉스는 사람들이 종종 공포 때문에 죄를 범하게 된다는 사실에 주목하고 있다. 홉스는 심지어 어떤 사람이 시민 사회 안에서 자기 방어를 위해 다른 사람을 다치게 하거나 죽인다면 그는 면죄되어야 한다는 점을 분명하게 하고자 했다. 그러나 어떤 사람이 모욕과 같이 마음에서 생기는 가상의 상처 때문에 다른 사람을 다치게 하거나 죽인다면 그는 책임을 져야 한다. 마찬가지로 어떤 사람이 배가 아주 고파서 살기 위해 음식을 훔친다면, 그는 '완전 면죄' 이다.(223, 346) 홉스는 자기 보호를 위한 핵심 권리에 대해 아주 일관되게 말하고 있다.

아래에 인용하고 있는 구절은 그 난해함뿐만 아니라 중요성 때문에도 집중 조명해볼 가치가 있다:

> 통치 권력을 갖고 있는 한 통치자나 합의체가 통치권에 본질적인 어떤 권리를 포기하고 그 결과로 통치 권력, 즉 국가의 존립 자체와 양립할 수 없는 어떤 자유가 백성들에게 생기고, 또 백성들이 자신에게 허용된 자유와 거슬리는 어떤 명령에 대해 복종을 거부할 수 있다 하더라도, 그것은 죄(sin)이며 백성의 의무와도 반대되는 일이다. 통치권과 양립할 수 없는 것이 무엇인지 마땅히 알아야 하는데, 왜냐하면 통치권이란 자기 방어를 목적으로 백성 자

> 신의 동의에 의해 세워진 것이기 때문이다. 통치권과 일치하지 않는 그런 자유는 그 자유가 초래할 나쁜 결과에 대해 [통치자가] 몰랐기 때문에 허용된 것이다. 그러나 만일 백성이 불복종할 뿐만 아니라 법을 집행하는 공적인 대리자에게 저항한다면 그것은 범죄(crime)이다. 평화를 깨뜨리지 않고 불만을 말하는 것으로서 백성은 권리를 확보할 수 있을 것이기 때문이다.(224, 346-7)

이 인용문의 후반부에서 홉스는 나머지 주장을 쉽게 설명하는 데 활용할 수 있는 일반적인 규칙에 대해 언급하고 있다. 그는 말하길, 백성들은 통치권과 일치하지 않는 어떤 명령에 주목할 필요가 있다. 백성은 자기 방어를 목적으로 자신의 동의에 의해 국가가 세워졌다는 것을 알아야 하기 때문에, 평화를 정착하려는 자신의 의도를 뒤집는 명령, 즉 자신을 보호하는 통치 권력에서 근본적인 것을 빼앗는 그런 명령을 구별할 줄 알아야만 한다. 그리고 그런 명령에 복종해서는 안 된다. 어떤 종류의 명령이 통치자의 절대 권력과 모순을 일으키는 명령이면서도 통치 군주나 합의체로부터 나오는 것인지 생각해보는 일은 우리에게 남겨진 일이다. 아마도 그것은 백성들에게 영적인 문제는 교황에게 복종하고, 세속적인 문제는 통치자에게 복종하라고 말하는 것과 비슷할 것이다. 그런 행위는 홉스가 의도한 절대적 통치권과는 모순되는 것이다. 왜냐하면 그것은 권위를 분리하는 것이고 사회적 갈등에 빠뜨릴 수 있기 때문이다. 이는 홉스가 마치 불복종을 지지하고, 한 특정한 법이나 명령이 사회계약의 목적을 유지하는지를 백성들에게 판단하도록 맡기는 것처럼 보일지 모른다.

그러나 다시 한번 말하지만, 홉스는 백성들이 통치자의 명령을 실제로 집행하고 있는 하위 관리의 직접적 명령에 불복종해서는 안 된다고 말함으로써 위와 같은 [강한] 노선의 추론이 갖는 의미를 유연하게 하려는 것이다. 이렇게 말해보자. 왕의 관리들은 사람들에게 가톨릭 미사에 참여시키려 하고, 사람들은 물리적으로 저항한다고 하자. 홉스는 말하길, 그와 같은 불복종은 범죄가 될 수 있는데, 왜냐하면 물리적 저항 대신에 청원서를 제출할 수 있기 때문이다. 달리 말해서, 통치자에게 청원을 하고 그가 자신의 명령을 취소할 것을 희망하는 일이 한 가지 방법이고, 비록 그와 같은 상황에서 온건한 불복종이 수용 가능한 것처럼 보일지라도 공개적으로 불복종하는 일이 또 다른 방법이다.

이것은 혼란스런 가르침처럼 보이고 또 그렇다. 그러나 그것은 매우 호기심을 돋우는 홉스 사상의 한 관점을 강조하고 있는 것인데, 만약 엄격한 복종을 요구하는 그의 생각과 쉽게 양립되지 않는다면 그러하다: 홉스는 보통 사람들에게 사고의 새로운 길을 심어주고자 했다. 그는 백성들이 스스로 정부의 '소유자(owner)' 이고, 정부가 순조롭게 운영되는 데 부분적으로 책임이 있으며 이들이 정부의 기초가 되는 원리들을 깨닫고, 그 원리들을 근거로 정부를 방어할 준비가 되어 있기를 원했다. 홉스가 원하는 것은 백성들이 자신의 진정한 이익에 대해 충분히 자각하는 것인데, 그 이익이란 백성들이 자기들 군주의 절대적 통치권을 전복시키려는 지식인들의 시도에 대해, 심지어 군주의 명령이 사회계약의 목적을 진정으로 반영하고 있는지를 구별하려는 시도들에 대해 실제로 저항하는 것이다. 그러나 여기서 홉스는 몇 가지 위험한 일을 하고 있는 것처럼 보인다. 즉 대중들을 향한 정치 교육을 지지하고 백성들이 그런 판단을 하도록 요구하고 있는 것이다. 홉스는 지식인들의 지적인 음모보다는 백성들이 갖고 있는 상식에 대한 잠재력을 더 많이 생각하고 있는 듯 보인다. 그러나 홉스가 이런 유형의 논증으로 옮겨갈 때 그는 위태롭게도 백성들이 자기 정부에 대해 판단할 뿐만 아니라 필요하면 거부할 수 있기를 원하는 로크와 가까워지게 된다. 마지막으로 홉스가 원하는 것은 의도하지는 않았지만 반란에 관한 것인데, 이는 종종 반란의 씨앗이 위에서 말한 (혼란스런 가르침의) 틈새같이 홉스의 논증 안에 들어 있는 것처럼 보인다.

28장의 주제는 처벌과 보상에 관한 것인데, 이 장은 법을 집행하게 되었을 때 무엇이 적합하고 무엇이 적합하지 않은지에 대해 여러 상식적인 생각을 하는 데 아주 유용하다. 그러나 이 장에서 가장 중요한 부분은 처음에 있는데, 여기서 홉스는 처벌이 무엇인지 정의내리고 있으며, 그런 다음 어떻게 통치자가 자기의 존재 이유이자 계약의 당사자인 자기 백성들을 처벌할 수 있는 권리를 갖게 되는가를 묻고 있다. 홉스는 처벌이란 "공적 권위가 법률 위반이라고 판단한 행위를 했거나 또는 태만한 자에게 같은 공적 권위가 부과하는 해악"(229, 353)이라고 정의하고 있다. 이것은 말은 되지만, 앞에서 홉스가 말한 전제에 비추어볼 때 그는 백성들을 처벌할 수 있는 권리가 어떻게 등장하는지 독자들이 곧바로 궁금해할 것이라는 것을 인식하고 있다. 결국 사람들은 자기 생명을 보호하기 위해 사회계약을 하게 된다. 사람들은 정말로 처벌할 수 있는 권력을 자신들의 정부에 제공하는 데 기꺼이 동의할 것인가? 실제로 홉스는 그들이 그렇게 하지 않을 것이라 믿고 있다. 다음 그의 말을 직접 들어보자:

> 따라서 국가, 즉 이를 대표하는 한 사람 또는 복수의 사람들이 갖고 있는 처벌의 권리는 백성들의 양보나 증여에 근거한 것이 아니다. 그러나 이미 앞에서 말한 것처럼 국가가 설립되기 전에는 모든 사람이 모든 것에 대해 권리를 가지고 있었고, 자기 보존에 필요하다고 생각되는 일은 무엇이나 할 수 있는 권리를 가지고 있었다. 그 목적을 위해서라면 누구라도 굴복시키거나, 상해

> 를 입히거나 살해할 권리를 가지고 있었다. 이것이 바로 모든 국가에서 행사되는 처벌권의 근거이다. 즉 백성들이 통치자에게 그러한 권리를 부여한 것이 아니라, 그들 자신들의 권리를 포기함으로써 통치자가 백성들 모두의 보존을 위해 적합하다고 판단할 때 통치자 자신의 처벌권을 행사할 수 있도록 강화시켜준 것이다. 따라서 처벌권은 통치자에게 주어진 것이 아니라 그에게 남겨진 것이며, 자연법에 따라 통치자의 처벌권이 제한되는 것을 제외하면 단순한 자연상태, 즉 만인에 대한 만인의 투쟁상태에서처럼 처벌권은 온전한 형태로 남게 된 것이다.(229, 354)

백성들은 통치자가 아니라 백성들 상호 간에 사회계약을 맺는다는 사실을 기억하라. 이들은 대부분의 경우에 자기 방어의 권리를 포기하며, 그 권리를 자신들이 세운 정부에 함께 양도한다. 그러나 그들이 상호 계약을 맺고, 통치자와는 직접적으로 합의를 이루지 않기 때문에 통치자는 백성들의 의도에 구속되지 않는다. 그들은 정부를 세우지만, 그것을 어떤 방식으로든 의무적으로 세워야 하는 것은 아니다. 우리가 이미 보았듯이 만일 정부가 백성들의 생명을 보호하지 못한다면 그들은 보호해줄 수 있는 다른 정부를 세우기 위해 그 정부를 버릴 수 있다. 그러나 정부와는 어떤 계약도 맺고 있지 않기 때문에 그 정부는 최선이라 생각하는 것을 무엇이든 할 수 있다. 백성들은 무기를 내려놓았고, 처벌을 통해 법을 집행할 수 있는 권리는 통치자에게 남겨지게 된다.

이와 같은 홉스의 견해는 가장 관대한 행동부터 가장 잔인한 행동까지 통치자 편에서 할 수 있는 어떤 행위도 단순히 인정하는 것처럼 보일지도 모른다. 그러나 홉스는 실제로 어느 누구도 자기 방어의 권리를 상실하지 않는다고 말하고 있다. 만일 정부가 당신을 처벌하려고 한다면, 당신은 거부할 권리가 있다. 더 나아가 홉스는 이 장에서 계속해서 처벌에 대한 자신의 견해를 더 유연하게 전개시키고 있다. 통치자가 자신이 원하는 것은 무엇이든 할 수 있는 권리를 가질 수 있다 하더라도, 그것이 곧 통치자가 반드시 그렇게 해야만 한다는 것을 의미하지 않는다. 이 장에서 홉스가 하고 있는 조언의 대부분은 통치자가 따를만한 좋은 규칙들로 이루어져 있다. 그는 반복해서 백성들을 향한 '악의적인 행위'와 합법적 처벌을 구분하고 있다. 이를 테면, 그는 기소하지도 않고, 재판하지도 않고 누군가를 처벌한다는 것은 악의적인 행위이지 처벌이 아니라고 말하고 있다. 마찬가지로, 소급 입법으로 누군가의 죄를 처벌하는 것도 악의적인 행위이다.

이런 주장들을 하면서 홉스는 무제한적인 통치자의 모습으로부터 약간 물러서는 듯 보인다. 그는 통치하는 데 옳은 방법과 나쁜 방법이 있다는 구분을 제안하고 있다. 홉스는 통치자가 비록 독단적이라 하더라도 복종을 받아야만 한다고 말하고 있지만, 그는 분명하게 영국의 통치자들이 이런 방식으로 행동하리라 기대하지도, 인정하지도 않았다.

그는 무고한 사람을 처벌하는 것과 같은 독단적인 행동은 "국가에 어떠한 좋은 것"(234, 360)도 초래하지 않는다는 교훈을 주고 있다. 홉스는 자신이 말하는 자연법이 사려 깊은 통치자에게는 강력한 제안이 될 거라는 증거를 제시하면서, 독단적인 행동은 자연법을 위반하는 것이라고 주장하고 있다.

다음 29장은 국가를 해체(파괴)시키는 것들에 대한 논의이다. 이 장은 가장 전형적인 홉스를 보여주고 있다. 여기서 그는 정부를 약화시키고 정부의 목적을 파괴시킬 수 있는 것과 같이 말썽을 일으키는 모든 사상이나 집단에 대해 상세히 검토하고 있다. 다음은 이들 파괴의 원인과 그것에 대한 설명을 덧붙인 목록들이다.

1. "절대 권력의 결여" : 만일 군주가 마땅히 소유해야 할 권력을 나누거나 또는 단순히 행사하지 않음으로써 보다 작은 권력을 주장한다면 이는 무질서를 초래할 수 있으며, 특히 후에 그 통치자가 좀 더 엄격하게 되었을 때는 반란을 초래할 수 있다. 따라서 붕괴의 주된 원인은 약한 군주에게 있는 듯이 보인다.
2. "선악에 대한 사적 판단" : 백성들이 정부의 행동에 대해 선악을 판단할 수 있다고 믿기 시작했을 때 반란은 곧 일어난다. 이 문제는 앞의 첫 번째 문제와 함께하는데, 왜냐하면 약한 군주는 백성들에게 이런 경솔한 짓을 더욱 부추기기 쉽기 때문이다. 프로테스탄트 종교 개혁에서 유래한 개인 양심에 대한 사상은 정부에 대한 사적인 판단을 정당화해주는 주된 근거가 되었다.
3. "그릇된 양심" : 이는 다음과 같은 신념을 말하는데, 사람은 자기 양심을 따라야 하며, 만약 그렇지 않을 경우 그것은 죄(sin)가 된다는 믿음이다. 이것 역시 대부분 프로테스탄트 종교 개혁에서 유래한 것이며, 사람들은 자기가 이해하고 있는 성서와 하느님과의 관계를 토대로 자신들의 도덕과 원칙을 세울 수 있다고 가정한다. 개인들은 자기 양심에 따라 행동할 도덕적 의무를 갖고 있다고 믿는다. 그러나 홉스는 우리에게 '법이야말로 공적인 양심' 이라는 것을 상기시켜준다.
4. "영감으로 핑계대기" : 또 다른 개신교 사상에는 이런 것이 있다. "신앙과 신성함은 연구와 추론에 의해 얻어지는 것이 아니라 초자연적 영감이나 고취에 의해 얻어진다." 이 오류는 물론 위의 세 번째와 관련되어 있으며, 특히 홉스를 화나게 만들고 있다. 왜냐하면 아무도 그들이 실제로 영감을 받았다는 것을 입증할 수 없기 때문이다. 분명 홉스는 영감에 대한 감정주의(emotionalism)를 편드는 대신에 성서를 신중하게 연구하고 맑은 정신으로 추론하는 편에 손을 들어주고 있다.

5. "통치 권력을 시민법에 종속시키기": 이는 통치자가 법률이나 헌법에 의해 제한되어야만 한다는 사상이다. 홉스는 다시 한번 주장하기를, 만약 통치자가 법의 유일한 출처라고 한다면 그는 결코 자신이 만든 법에 종속된다 말할 수 없다.
6. "백성들에게 절대적 소유권 부여하기": 이는 백성들이 자신들의 사유 재산권을 갖고 있으며, 통치자는 그것을 그저 강제로 빼앗을 수 없다는 사상이다. 이는 사람들에게 세금을 부과하기 위해서는 그들의 동의를 얻어야 한다는 사상과 일맥상통한다. 홉스는 "대표가 없이는 과세도 없다."(No taxation without representation)는 미국 혁명가들의 이런 좌우명에 동의하지 않았을 것이다. 이것은 통치자의 권력과 백성들을 통제할 수 있는 힘의 원천에 가하는 가혹하고 수용 불가능한 제한이다. 이는 홉스가 그렇게도 피하고 싶어하는 이해 집단들의 분열을 초래할 수 있다.
7. "통치 권력을 분할하기": 통치권을 어떻게든 하나 이상으로 나누는 것은 통치 권력의 붕괴를 초래한다. 왜냐하면 여러 개의 통치 주체들은 자연스럽게 서로 맞서 싸우기 쉽기 때문이다. 홉스는 같은 문제를 아래 '혼합 통치'라는 제목으로 다시 논의하고 있다.
8. "이웃 나라들 모방하기": 이 일은 한 나라의 백성들이 다른 통치 형태를 가진 이웃 나라를 모방하려고 할 때 발생한다. 홉스는 고대 그리스 세계에 있었던 스파르타와 아테네의 갈등을 사례로 들고 있다. 그는 스파르타를 귀족정치라 하고, 아테네를 민주정치라 불렀다. 두 도시국가는 각자 자신들의 통치 형태를 [확대]적용하기 위해 그리스 세계의 다른 도시국가들을 확보하려고 했으며, 그들과 동맹을 맺으려 했다. 이웃 나라들은 자신들의 통치 형태를 반영하기 위해 주위의 통치 형태가 변하는 것에 관심을 갖고 있으며, 홉스는 그들의 이익은

방해받지 않아야 한다는 것을 보여주려 하고 있다.

9. "그리스와 로마의 모방": 고대 국가들에 대한 이런 불평은 홉스에게 전혀 새로운 것이 아니며, 그는 여기서 그 이유를 반복하고 있다. 고대 그리스와 로마의 저술가들은 민주주의 사상과 반란 사상을 부추겼다. "사람들이 자기의 왕을 시해하려는 시도를 하는 것은 단언하건데 다 그런 책들의 영향을 받은 것이다. 왜냐하면 그리스와 로마의 저술가들은 정치에 관한 책이나 강론을 통해 일단 왕을 폭군으로 규정하고 나면 누구라도 그를 살해하는 것은 합법적이며 칭찬받을만한 일이라고 주장하기 때문이다."(241, 369) 플라톤과 아리스토텔레스가 군주와 폭군을 구분했으며, 이런 구분을 홉스가 거부했다는 사실을 상기해보라.

10. "국가에는 하나 이상의 통치권이 있을 수 있다는 견해": 여기서 홉스는 통치권자가 영적인 권위에 종속되어야 한다는 사상과 가톨릭교회를 주된 표적으로 삼고 있다. 이런 견해는, 통치자는 영적 권위나 어떤 다른 권위에 의해 어느 정도 구속되어야 한다는 다른 주장들에도 똑같이 적용될 수 있다. 그는 "갈라진 왕국은 버틸 수 없다."고 말하고 있다.

11. "혼합 통치": 이는 정부의 기능이나 힘이 나누어질 수 있다는 생각인데, 이를 테면 정부의 입법권과 행정권은 각각 권력의 지분을 갖고 두 개의 통치 기구(branches)로 나누어져야 한다는 사상이다. 이는 다시 한번 이익 집단들의 분열, 즉 홉스 생각에 정치적 갈등을 초래할 수 있는 분열을 초래한다. 다른 곳에서 홉스는 이 '혼합통치'를 '불합리'한 것이라 부르고 있다.

12. "재정의 부족": 홉스가 앞서 재산에 관해 말한 바에 따르면, 만일 백성들이 [세금을 거두려면] 먼저 자신들의 동의가 있어야 한다는 생

각 때문에 세금 납부를 보류하고 있다면 통치자는 효과적으로 통치 할 수 없다.

13. "인기 있는 사람들": 만일 한 사람이 아주 부자가 되고 영향력 있는 사람이 되어서 사람들을 정부에 반대하도록 쉽게 유도할 수 있게 된다면, 통치권은 위험에 빠지게 된다. 홉스는 이런 위험이 군주정치보다는 민주정치에서 더 빈번히 발생한다고 지적하고 있다. 그러나 우리는 위의 첫 번째 항목[절대 권력의 결여]에서 기술했듯이 군주가 약할 때는 군주정치에서도 발생할 수 있다는 것을 상상할 수 있다.
14. "도시의 과도한 성장과 조합의 과다": 만약 한 도시나 또는 사람들의 다른 조직체가 아주 커져서 스스로 자기 방어를 할 수 있을 만큼 충분한 자원을 갖게 된다면, 그 도시나 조직체는 통치자를 위협하기에 충분한 힘을 갖게 된다.
15. "국가의 해체": 홉스는 위의 14항목과 이 15항목 사이에 다음을 덧붙이고 있다. 국가 해체의 여러 원인들 중 하나는 "영토 확장에 대한 만족할 줄 모르는 욕구, 또는 [일종의] 과식증(βουλιμια, bulimia)"이다. 이는 더 많은 영토를 탐하는 통치자의 욕심인데, 국가에 너무 많은 '상처'를 입힐 수 있다. 이는 흥미로운 점인데, 왜냐하면 이것은 (첫 번째 항목인 약한 군주의 경우처럼) 통치자 자신에게까지 추적이 가능한 국가 해체의 몇 가지 원인들 중 하나이기 때문이다. 이 장의 끝에서 홉스는 명백한 것 하나를 덧붙이고 있다; 만일 국가가 전쟁으로 파멸된다면, 그 국가는 해체된다.

30장은 2부("국가에 관하여") 끝에서 두 번째 장인데, 어떤 의미에서 결론에 해당하는 장이라 할 수 있다. 왜냐하면 마지막 31장은 『리바이어던』의 3부("그리스도교 왕국에 관하여")로 우리를 인도하는 역할을 하고 있기 때문이다. 30장의 제목은 "대의적인 통치자의 직무에 관하여"이며, 여러 가지 점에서 이 장은 통치자의 절대 권리와는 별도로 통치자의 실제적인 의무에 관한 것을 다루고 있다. 이 장은 홉스가 앞서 제시한 조언(advice)이라고 알려진 것을 토대로 하여 구성했으며, 통치자와 백성의 선을 위해 어떻게 효과적으로 통치할 것인가에 관해 체계적이고 유용한 지침을 제공하고 있다. 홉스가 볼 때 통치자와 백성의 선은 완벽하게 일치한다. 홉스는 통치자의 목적은 백성들의 선이며, 그 선은 백성들의 안전이라고 정의하고 있다. 그러나 또한 안전에 대한 그의 정의 안에는 백성들이 잘 살아가는 데 필요한 모든 것이 포함되어 있다: "여기서 말하는 안전이란 단지 생명의 보존만이 아니라 모든 사람이 국가에 위험이나 해악을 가하지 않고 합법적 노동을 통해 스스로 얻을 수 있는 생활상의 모든 만족들을 의미한다."(247, 376) 통치자 자신은 백성들의 생명을 보존하는 일에만 관심을 기울일 것이 아니라, 그들의 복지, 특히 근면한 사람이 될 수 있고, 열심히 일한 [사람이] 보상을 받을 수 있는 그들의 역량 발휘에도 관심을 가져야 한다.

명시적으로 홉스는 이 장에서 통치자가 해야 할 것과 해서는 안 되는 것을 논의하기 위해 '의무'라는 용어를 사용하고 있다. 문자 그대로 통치자는 자기가 원하는 것은 어떤 일도 **할 수 있다**. 그러나 홉스는 통치자가 **해서는 안 되는** 일도 있고, **해야만 하는** 다른 일도 있다고 말한다. 그는 통치자가 백성들을 보호하기 위한 필수적인 어떤 권리들을 포기해서는 안 된다는 것을 상기시켜주고 있다. 따라서 통치자는 강해질 의무가 있으며 자신의 권력을 다른 사람이나 기구에 양도해서는 안 될 의무도 있다. 그런 다음 홉스는 통치자가 국민들에게 통치자의 권리에 대해서 그리고 왜 자신이 그런 권리들을 갖게 되었는지에 대해 교육할 의무가 있다고 추론한다. 명백해진 사실은, 이런 교육이야말로 통치자의 의무 중에서 가장 우선하는 것이며, 홉스가 볼 때 잘 질서 잡힌 국가에서는 절대적으로 필요불가결하다는 것이다. 다음은 홉스의 추론이다:

> 그리고 이러한 권리들의 근거에 대해 열심히 그리고 진실하게 교육할 필요가 있다. 왜냐하면 이들 권리는 어떤 시민법이나 법적 처벌의 위협을 통해서도 주장될 수 없기 때문이다. 반란 그리고 (통치자의 본질적 권리에 대항하는 모든) 저항을 금지하는 시민법은 그것이 하나의 법이기 때문에 어떤 의무를 갖게 되는 것이 아니라 단지 신뢰의 위반을 금지하는 자연법이기 때문에 의무를 갖게 된다. 그리고 사람들이 이 자연적 의무를 모른다면 통치자가 제정한 어떠한 법적 권리의 근거에 대해서도 알 수 없게 된다. 그리고 처벌에 대해서도 그들은 악의적 행위로만 여기고; 자기들이 충분한 힘을 가지고 있다고 생각할 때 적대 행위를 통해 그 처벌을 피하려 시도할 것이다.(248, 377)

우리는 이제 교육이 홉스의 계획에 얼마나 중요한가를 알았다. 홉스는 권력을 행사할 수 있는 통치자의 권리가 실제로는 백성들이 그 권리를 수용하는 것과 다름없다고 지적하고 있다. 어떤 법도 통치자의 권리에 대해 백성들이 의문을 품지 못하게 할 수는 없으며, 심지어 처벌의 공포도 그렇게 할 수 없다. 이것은 왜 그런가? 우리가 이미 살펴보았듯이, 홉스는 백성들이 정부를 독자적으로 판단하고, 정부와는 별도로 생각하기 시작했을 때, 그들은 아주 비이성적[집단]이 될 수 있다고 생각하고 있다. 오만과 악의가 그 판단과 생각에 개입하게 되고 그러면 그들은 제대로 생각하지 못하게 된다. 한번 그들이 자신들의 정부를 공개적으로 비난하는 지경에 이르면, 그들은 법, 심지어 처벌이 문제가 되는 그 한계선을 지나간 것이 되어버리기 때문이다. 이것이 바로 일반적인 백성들의 태도가 보다 중요한 이유이다. 왜 백성들이 반란을 생각하거나 실행에 옮기는 것보다는 복종하는 것이 더 나은지 그들은 교육받아야만 한다. 그들은 실제로 정부가 하는 일이 무엇인지, 즉 백성들을 보호하고 개인적인 성실한 노력들을 돌보는 일을 한다는 것을 배워야만 한다. 이것이 바로 홉스가 마치 성문법이 반란을 방지할 수 있는 것으로 착각해서 반란 금지법을 시민법의 하나로 간주해서는 안 된다고 말한 이유이다. 반란을 금지하는 것은 건강한 이성을 소유한 사람이라면 누구나 알 수 있는 자연법이며, 이는 시민법보다 더 근본적이다. 한 번 사회를 구성하더라도, 어떤 사람들은 자신들의 모반 계획에 따르도록 다른 사람들을 부추기려고 시도할 것이기 때문에 이 자연법은 항상 반복해서 모든 사람에게 교육되어야 한다.

여기서 참으로 흥미롭고 상대적으로 훌륭한 생각은, 실제 사람들의 의지는 통치자를 지키는 일에 지속적으로 관계하고 있다는 점이다. 홉스가 말하고 있는 것은, 정부는 백성들이 정부의 권위를 받아들이도록 교육시켜야 함은 물론 앞으로 살펴보겠지만 백성들에게 진정성이 있는 좋은 통치를 제공해야만 한다는 점이다. 홉스는 교육에 관한 한, 백성들로부터 복종을 얻어내는 데 필요한 기본적인 생각은 너무나도 간단해서 '가장 하층 계급의 사람' 이라도 그것을 이해할 수 있다고 주장하고 있다. 그런데 문제는, 사람들이 자신들을 가르치는 교사나 다른 유명한 사람의 말은 잘 듣고 이들을 따라서 자신들의 생각을 결정한다는 데 있다. 대다수의 사람들이 배울 수 있는 유일한 기회는 [교회]주일 학교에서 주어진다. 그래서 홉스는 이들 성직자들과 다른 유명한 '여론 선도자' 를 교육하는 대학에 직접 화살을 돌리고 있다. 이들은 거의 오만하면서 통치자를 비판하는 것은 괜찮다고 생각하는 사람들일 것이라고 그는 말하고 있다. 통치자는 또한 대학에서 교육되는 것이 자신의 권력에 도움이 되는지를 확실하게 할 의무를 가지고 있다. (그런 점에서 홉스는 확실히 학문의 자유를 옹호하는 사람은 아니었다.) 홉스는 국력이 국가의 소수 엘리트들이 아니라 백성들에게 달려 있다고 믿고 있다. 그는 그 이유를 다음과 같이 말하고 있다: "힘이 있는 사람들은 자신들의 감정을 통제하려는 어떤 권력이 세워지는 것을 참지 못하며, 학식이 있는 사람들은 자신들의 오류가 드러나서 그것 때문에 자기들의 권위가 약해지는 것을 참지 못한다. 반면 일반 백성들의 마음은 백지와 같아서, 이들이 힘 있는 사람들에게 의존하려는 마음으로 오염되지 않는 한, 또는 그들 마음에 학자들(doctors)의 사적인 의견이 각인되지 않는 한, 공적인 권위가 가르치는 것을 무엇이나 쉽게 받아들이기에 적합하다." (249, 379)

이와 같은 참으로 놀랄만한 언급은 근대 초기 시대보다는 계몽주의 시대의 정치철학을 더 연상시킨다. 홉스는 백성들이 알아야 할 필요가 있는 것은 배울 수 있어야 한다고 믿고 있다. 백성들은 정치철학의 기초, 특히 시민으로서 자신들의 의무를 배울 수 없을 만큼 그렇게 어리석지는 않다. 어느 점에서 이는 백성들의 역할이 아주 중요해지는 것과 같다. 국가에 문제가 있을 때 비난받아야 하는 것은 백성들이 아니다. 눈치를 챘겠지만 일반 대중과 엘리트를 비교할 때 홉스는 일반 대중들 편을 들고 있다. 일반 대중들은 정직하며, 대부분 열심히 일하고 앞으로 나아가길 원하고 있다. 이들은 천성적으로 문제를 일으키길 원하지 않는다. 문제를 일으키는 사람은 오히려 고등 교육을 받고, 대단한 야망을 가지고 사람들을 선동하여 자신들의 목적에 이용하려는 학자들이다.

이 장의 나머지 대부분은 백성들이 배워야 하는 것들과 관련되어 있다. 홉스는 십계명의 위대한 진리를 가지고 자신이 제안한 정치적 교훈들을 짜 맞추고 있는데, 이는 그가 뒤에서 가르칠 내용, 즉 제대로만 이해된다면 그리스도교가 자신의 정치학을 지지하며 그 반대도 마찬가지라는 것을 미리 보여주는 것이다. 예를 들면, 첫 번째 교훈은 다음과 같다. "백성들이 이웃 나라들의 통치 형태를 보고 자신들의 것보다 더 좋다고 생각하지 않도록 해야 한다."(249, 380) 홉스는 군주정치 이외의 다른 통치 형태를 좋아하는 것을 "너희는 내 앞에서 다른 신들을 섬기지 못한다."는 첫 번째 계명을 어기는 것과 동일하다고 생각했다.(250, 380) 이 밖에 다른 교훈들에는 백성들이 반란을 꿈꾸는 사람들 말을 듣지 못하도록 가르치거나 통치 권력을 두고 다투지 않도록 가르치는 일 등이 포함되어 있다.

홉스는 통치자에 대한 백성들의 의무와 백성들 상호 간의 의무를 가르치기 위한 기회가 정기적인 것이 되도록 따로 확보할 것을 제안하고 있다. 그는 이런 교육은 일요일에 교회에서 할 것을 강력하게 제안하고 있다: "교육 시간이 결정되고 그 시간에 모두 모이게 되면, 먼저 통치자들의 통치자이신 하느님께 기도하고 찬양한 후, 백성들에게 그들의 의무를 들려주고, 그들 모두와 일반적으로 관계있는 실정법을 읽어주고 설명해주며, 그 법을 만든 권력자가 누구인지를 마음에 새기도록 할 필요가 있다. 이러한 목적을 위해 유대인들은 일곱 번째 날을 안식일로 정했으며, 그날 율법이 낭독되고 설명되었다."(251, 381) 이런 규칙적인 교육을 하기에 교회보다 더 좋은 곳은 어디인가? 만약 이것이 홉스의 생각이었다는 것을 안다면, 그가 백성들을 위한 자신의 교육 계획을 십계명과 연결하고 있는 것은 더욱더 이해할만하다. 홉스의 견해에 따르면, 그리스도교의 핵심 교리 중에는 통치적 권위에 대해 합당한 존경심을 갖지 못하게 막는 그런 교리는 없다. 그러나 홉스 시대에 교회와 국가와의 관계에서, 또는 최소한 성직자의 마음에 어떤 변화가 일어났었는지에 대해 생각해보라. 홉스는 교회가 국가의 품 안에 머물기를 원했다. 성직자는 자신들이 원하는 것은 무엇이나 가르쳐서는 안 되며, 말하자면 그들에게 '교육 과정'이 제공되어야만 했다. 분명 이 두 제도[교회와 국가] 사이의 관계에 관한 이런 도전적인 생각은 홉스가 장황하게 옹호할 필요가 있는 것 중의 하나였으며, 그가 다음 장에서 이를 시작하고 있다.

그러나 우리가 30장을 끝내기 전에 주목해볼 만한 가치가 있는 주제가 몇 가지 더 있다. 홉스는 백성들 사이의 불평등을 줄여나가기보다는 더 확대하려는 경향이 있는 왕국들에 대해 비판하고 있다. 모든 사람은 통치자와 그의 법 앞에서 평등한 존재로 보아야 한다. 홉스는 사회에서 지위가 높은 사람들은 보다 높은 수준의 행동을 해야만 한다고 주장하고 있다. 어느 경우든, 그들이 특별 대우를 받아서는 안 된다는 것은 분명하다. 이를 위해 홉스는 공평한 과세[제도]를 옹호하고 있다. 이 말은 모든 사람이 똑같은 액수의 세금을 내야 한다는 것이 아니라 지위가 높은 사람이 세금을 포탈하는 일이 있어서는 안 된다는 것을 의미한다. 사람들은 소비한 것에 따라 세금을 내야 하는데, 부유하고 많은 것을 소비하는 사람은 세금을 더 많이 내야 하지만, 가난하거나 현저하게 검소한 사람은 적게 소비하기 때문에 보다 적은 세금을 내야 한다는 것이 홉스의 제안이다. 검소함과 경제를 일으켜 세우기 위해 자원을 책임성 있게 활용하는 일은 홉스가 장려하고자 하는 태도이다.

홉스는 또한 이 장에서 공적인 자선이나 복지를 제안하고 있다.[10] 그는 다음과 같이 논하고 있다. 세상에는 항상 자신의 잘못이 없는데도 스스로를 부양할 수 없는 사람들이 있다. 홉스는 통치자는 개인적인 기부와 같은 "불확실한 자선의 위험에 노출되도록 이들을 내버려두어서는

---

10 홉스의 사상에서 이런 관점에 대한 자세한 논의는 Seaman(1990)을 참고할 것.

안 된다"고 말하고 있다. 이는 개인적인 자선 행위를 말리자고 말하는 것이 아니다. 홉스가 [자기 보호라는] 인간의 본성을 고려할 때 개인적인 자선 행위에 의존하는 것을 원치 않았다는 것은 놀랄 일이 아니다. 다른 한편, 신체적으로 노동을 할 수 있는데도 하지 않는 사람은 "노동을 하게 만들어야"만 한다.(255, 387) 흥미롭게도 이 나태함의 문제에 대한 홉스의 첫 번째 해결책은 강제력을 동원하는 것이 아니라 경제가 아주 번창해서 일하지 않는 것에 대한 어떤 변명도 할 수 없는 환경을 만드는 데 있었다. 만약 후자의 방책으로도 게으른 백성들 모두를 돌볼 수 없다면 홉스가 제안하는 두 번째 단계는 이들을 아직 개발이 안 된 불모지, 이를테면 식민지 국가로 보내는 것이다:

> 가난하지만 신체는 강건한 사람들의 숫자가 계속 증가할 경우 사람들이 충분히 살지 않는 나라로 이들을 이주시켜야 한다. 그러나 그곳에 이미 살고 있는 사람들을 몰살해서는 안 된다. 함께 가까이 살 수 있는 것에 그쳐야 한다. 또한 광대한 지역을 돌아다니며 식량을 획득하려고 할 것이 아니라, 작은 토지를 노동과 기술로써 일구고, 계절에 맞는 수확을 하도록 해야 한다. 그리고 전 세계가 인구 과잉이 된 경우, 최후의 구제책은 전쟁뿐이다; 전쟁이 벌어지면 각자에게 승리 아니면 죽음만이 있다.(255, 387)

홉스가 원주민을 정착민보다 부족하다거나 평등하지 못하다고 특징지어 말하고 있지 않다는 점에 주목하라. 그는 단지 각자가 원하는 것을 얻기 위해 노력하고자 하는 자연상태와 같은 상황을 기술하고 있을 뿐이다. 정착민들은 이런 땅에서 만난 원주민들을 '몰살'해서는 안 되며, 공존할 수 있도록 만들고, 마치 막대한 비용을 들인 것처럼 작은 땅에서도 많은 수확을 얻을 수 있다는 생각을 알려주어야 한다. 의심할 바 없이 홉스는 이런 유형의 노동이 모두에게 통한다고 생각했다. 그러나 홉스가 생각하기에 만일 자원이 모두 누군가의 소유가 되고 거기에 경쟁이 일어날 수밖에 없다면, 최강자가 승리하게 되어 있다. 문화를 우월과 열등으로 구분해서 보는 통상적인 가정은 보통 원주민들에게나 적용되는데, 홉스의 이런 설명은 적어도 그런 비난으로부터는 자유롭다. 홉스가 볼 때 모든 사람은 참으로 평등하며, 모두 똑같이 생존하고 번성하기를 원한다.

『리바이어던』 2부의 마지막 31장 제목은 "하느님의 자연 왕국에 관하여"이다. 홉스는 통치 권력에 복종해야 할 의무에 관해 앞에서 했던 주장들을 다시 반복해서 말하는 것으로 이 장을 시작하고 있다. 그는 말하길, "백성들은 모든 일에 있어서 통치자에게 꾸밈없이 복종할 의무가 있는데, 그 복종은 하느님의 법에 거슬리지 않는다."(261, 395) 이제 이 장에서 홉스가 설명해야 할 유일한 문제는 "무엇이 하느님의 법인가"이다. 이 물음은 또 하나의 물음을 필요로 한다. 법에 관한 지식은 통치 권력에 관한 지식에 의존하고 있기 때문에, 우리는 하느님의 왕국에 관해 무엇인가 말해야만 한다.[11] 하느님의 백성들은 그분의 존재와 권능을 인정하는 사람들이며, 그 나머지 사람들은 모두 "적으로 이해되어야 한다." 여기서 적이란 아마도 하느님의 적을 의미하는데 왜냐하면 홉스가 여기서 사용하고 있는 것은 여전히 사회계약 모델이기 때문이다. 모든 사람은 하느님의 전능을 인정했기 때문에 하느님께 순종하고 복종해야만 한다. 그렇게 하지 않는 사람은 하느님과 전쟁상태에 있게 되며, 하느님의 적이 된다.

---

11 하느님의 왕국과 통치자를 세우는 신약에 관한 것은 Martinich의 탁월한 연구(1992) 6장을 참고할 것.

홉스는 다음으로 하느님이 자연 이성, 계시, 그리고 예언이라는 세 가지 방식을 통해 사람들에게 말씀하신다는 것에 주목하고 있다. 계시란 '초자연적인 감각' 으로부터 나오며, 계시와 관련해서 그 어떤 보편적인 법도 가능하지 않기 때문에, 홉스는 계시를 더 이상 고려하지 않고 배제시킨다. (하느님은 당신이 원하는 방식으로 개인들에게 말씀하신다.) 그런 후에 홉스는 다른 두 가지 방식을 통해 "**하느님의 두 왕국**, 즉 **자연 왕국과 예언적 왕국**"(262, 397)을 도출해낸다. 그는 예언적 왕국을 하느님이 고대 히브리 사람들과 맺은 계약과 동일한 것으로 보고 하느님의 자연 왕국으로 관심을 돌린다. 그는 하느님의 자연 왕국을 다음과 같이 정의하고 있다: "자연 왕국에서는 하느님의 섭리를 인정하는 많은 인류를 올바른 이성의 자연적 명령을 통해 하느님이 통치한다."(262, 397)

비록 홉스가 사람들에게 하느님의 통치를 수용하거나 거부할 수 있는 재량권을 너무 많이 제공한 것처럼 보일지라도, 그는 하느님의 통치권이 사람들의 수용 여부에 달려 있는 것이 아니라 그분의 권능에 달려 있다고 한 사실에 주목하자. 인간이 복종하는 것은 하느님 때문인데, 하느님이 인간에게 주는 (생명 또는 일용할 양식 같은) 은혜 때문이 아니라 그분의 '저항할 수 없는 힘' 때문이다.(262, 397) 그러나 만약 그분의 힘이 불가항력적이라면, 왜 그분의 통치권은 그 통치에 대한 수용 여부에 달려 있는가? 하고 누군가 물음을 제기할 수 있다. 홉스는 하느님을 모든 의미에서 전능한 분이며, 욥에게 했던 것처럼 과거에도 자신의 권세가 드러나는 일을 싫어하지 않는 분으로 묘사하고 있다. 홉스에 따르면, 하느님은 인간이 죄를 지은 것과 관계없이 인간에게 고통을 줄 수도 있다는 점을 분명하게 하셨다. 그분의 행위는 우리의 정의감에 구속받지 않으신다.

아무튼 우리가 하느님의 왕국의 신민이자 그런 한에서 이 전능한 분의 통치권 아래에 있게 된다면, 우리는 그분과 어떤 관계를 맺어야 하는지에 관해 알아야만 한다. 이 장의 나머지 대부분은 사람들이 하느님께 드려야 하는 공경과 숭배에 관한 내용으로 채워져 있다. 이 공경과 숭배에 관해 논의하는 가운데 홉스의 논제는 상당 부분 명백해졌다. 그는 재빨리 숭배에 관한 주제로 옮기면서, 왜 그가 이 장의 제목을 "하느님의 자연 왕국"이라고 붙였는지를 분명하게 해주는 구분, 즉 "자연적(natural) 숭배와 임의적(arbitrary) 숭배로 구분하고 있다. 속성이나 행동으로 나타나는 공경의 표시에는 여러 가지가 있는데, 이들은 아주 자연스럽게 생긴다. 공경의 속성 중에는 **'선량함'**, **'의로움'**, **'관대함'** 같은 것들이 있고, 공경의 행동 중에는 **'기도'**, **'감사'** 그리고 **'복종'**이 있다. 그 밖의 다른 것들은 제도나 사람들의 관습에 따라 나온 것들이며, 때와 장소에 따라 공경의 표시가 될 수도, 불경의 표시가 될 수도 있으며, 아무런 상관이 없을 때도 있다. 인사하고, 기도하고 감사하는 몸짓은 시간과 장소에 따라 다르게 할 수 있다. 앞의 것은 **'자연적'** 숭배이고 뒤의 것은 **'임의적'** 숭배이다."(265, 400)

[홉스 이후] 얼마 안 되서 존 로크도 종교적 관용을 **지지**하면서 이와 비슷한 주장을 하고 있는데 이에 주목하는 일은 흥미로운 일이다. 하느님을 공경하는 어떤 일반적인 표시들은 자연스럽지만, 이런 일반적 표시들로부터 나오는 특정한 숭배 행위들, 이를 테면 무릎을 꿇거나 서거나, 이런저런 기도문을 사용하는 것 등은 '아무런 상관이 없다'고 로크는 말하고 있다. 즉 그것들은 임의적으로 선택한 것이며, 사람이 만든 것이기에 자연스러운 것도 아니다. 로크는 이런 이유 때문에 경배의 양식, 기도문 그리고 예배의 여러 형식에 있어서 차이가 있는 것에 사람들이 너무 많은 주의를 기울여서는 안 되며, 다양한 그리스도교의 분파들

에게 자유롭게 경배할 수 있는 권리를 허용해야 한다고 생각했다. 홉스도 여기서 같은 구분을 사용하고 있는데, 다만 통치적 권위가 명령하는 경배의 수단이 무엇이든지 그것을 수용할 것을 지지하면서 이 구분을 활용하고 있다. 만약 우리가 경배하는 방법이 '아무런 상관이 없는 것'이라면 우리는 정부가 지정한 특정한 [예배] 양식을 따르는 일에 대해 너무 걱정할 필요는 없다. 우리는 복종해야만 하고, 그런 사소한 일을 가지고 싸울 필요도 없다. 홉스는 뒤에서 이 말에 대해 몇 가지 제한을 두고 있다. 어떤 통치자라도 존경과 경배의 표시라고 정할 수 없는 그런 행동들이 분명 있을 수 있다:

> 모든 행위가 공경의 표시는 아니다. 법이 정한다고 해서 모든 행동들이 공경의 표시는 아니기 때문에 어떤 행위는 자연적으로 공경의 표시가 되고, 다른 것들은 오만의 표시가 되기도 한다. 자기가 존경하는 사람들 앞에서 행동했을 경우 누구나 부끄러워할 행위들이 있는데, 이런 오만의 표시들은 인간의 힘으로도 신성한 예배의 한 부분이 되게 만들 수 없다. 또한 예의 바르고, 정숙하고 겸손한 행위들에 대해서도 그것들을 공경의 표시가 아닌 것으로 만들 수는 없다. 그러나 본질상 아무런 상관이 없는 수많은 행동과 몸짓들이 있을 수 있기에 그런 것들은 공경의 표시로, 그리고 하느님 경배의 일부분으로서 모든 사람이 공개적으로 사용하도록 국가가 명령할 수 있으며, 백성들은 이에 따라야 한다.(269, 406)

홉스는 자연적 공경과 숭배를 보여주는 여러 가지 태도들과 그렇지 못한 태도들의 목록을 상세하게 검토하고 있다. 이제 그는 말하기를, 실제로 예배에는 자연적 숭배의 태도를 반영하지 못하고 인간의 힘으로도 신성한 예배의 일부분이 되게 할 수 없는 그런 행동들이 있다.(269,

406) 아마도 여기서 홉스가 제한을 두는 것들은 지극히 상식적이다. 명백하게 불경스런 표시를 공식적인 예배 행위로 만들겠다는 생각을 누가 하겠는가? 오직 미친 사람이 그렇게 할 뿐이다. 그러나 여기서 홉스는 정부가 합리적으로 명령을 내릴 수 있도록 견제할 수 있는 제한된 기준을 세우려는 것처럼 보인다.

이 장의 거의 끝부분에서 홉스는 통치자와 백성 모두에게 똑같이 하느님의 '자연적 처벌'에 대해 상기시켜주고 있다. 이 논의는 위에서 했던 것처럼 결국 자연법 외에는 그 어떤 법체계에도 종속되어 있지 않은 통치자에게 해줄 수 있는 건전한 조언의 범주에 꼭 맞아떨어지는 것처럼 보인다. 하느님의 법은 자연 이성에 명백할 뿐만 아니라 하느님의 자연적 처벌에도 역시 명백하다. 이런 자연적 처벌은 여러 가지 현명하지 못한 행동들로부터 직접적으로 나오는 상식적인 결과들이다: "무절제에는 자연적으로 질병의 벌이; 경솔에는 재난의 벌이; 불의에는 적으로부터의 폭력의 벌이; 자만에는 파멸의 벌이; 비겁에는 억압당하는 벌이; 군주의 태만한 통치에는 반란의 벌이; 그리고 반란에는 학살의 벌이; 따른다."(269-70, 407)

이 장의 끝에서 홉스는 자신과 자신의 사명을 또 한 명의 아주 유명하고 영향력 있는 철학자인 플라톤의 사명과 직접 비교하고 있다. 그는 "통치자가 철학자가 될" 때까지는 정치적 무질서가 멈추지 않을 것이라는 점에 대해 자신과 플라톤이 서로 동의하고 있음을 말하고 있다. 이 동의는 자신의 계획이 어떻게 해서라도 성공할 수 있는지 홉스를 궁금하게 만들고 있다. 왜냐하면 그는 군주들에게 많은 지혜를 요구하고 있기 때문이다. 그는 군주들에게 색다른 방식으로 통치할 것을 요구하며, 훨씬 많은 보살핌을 널리 확대하고, 일반 국민들을 가르치며, 지식인들이나 종교 지도자들 그리고 귀족들에게는 보다 적은 자율성만을 남겨

놓을 것을 요구하고 있다. 따라서 어떤 점에서 보면 홉스는 플라톤에게 진 빚을 인정하고 있다: 플라톤 역시 일종의 합리주의자였으며, 더 나은 정치로 바꾸기 위해 인간의 이성과 교육의 힘을 믿은 사람이었다. 그러나 플라톤과 달리 홉스는 철인군주의 출현이 우연에 달려 있는 것처럼, 더 나은 정치에 대한 [그의] 꿈이 아주 막연한 것이 될 수도 있다는 것을 믿지 않았다. 홉스는 [더 나은 정치를 바라는] 자신의 기회에 대해 전혀 절망하지 않는다고 말한다. 왜냐하면 자신의 생각과 플라톤의 생각을 구별 짓는 것에서 상대적으로 자신의 생각이 더 간단하기 때문이다. 홉스의 견해에 의하면, 통치자가 알아야 할 필요가 있는 유일한 학문은 '자연적 정의에 관한 학문' 인 데 반해 플라톤은 자신의 지도자들이 진정한 지도자가 되기 위해서는 '수학적 학문' 을 이해해야 할 정도로 모든 방면에 해박한 철학자가 되기를 원했다.

그러나 홉스가 여기서 자신의 정치 이론과 플라톤의 이론 사이에 큰 차이가 있다는 것을 말하는 것은 아니다. 플라톤의 목표는 지도자들과 이들이 이끄는 사람들[백성들]을 내적으로 더 도덕적인 사람이 되도록 만드는 데 있었다. 그러나 홉스의 목표는, 이들의 내적인 순수성을 전혀 고려하지 않고 사실상 관련된 모든 사람들이 자기 이익을 추구한다는 전제하에서 보다 생산적인 방향으로 이들 모두의 외적인 행위를 구체화하는 데 있었다. 대신 홉스는 플라톤과의 비교를 갑자기 끝내고, 보다 효과적으로 교육시킬 수 있는 더 간단한 학문을 찾아냈기 때문에 다음과 같은 희망을 갖게 되었다고 말하면서 이 장을 마무리 짓고 있다: "나의 이 저술이 어느 통치자의 손에 들어가 (내 생각에 이 작품은 짧고 명료하기 때문에) 사심이 있거나 질투심 많은 어느 해석자의 도움 없이 그가 스스로 이 작품을 눈여겨본다면, 그리고 온전한 통치권을 행사함으로써 이 저술이 공적으로 교육될 수 있도록 보호한다면 이 사변적 진

리는 실천적인 유용성으로 바뀔 것이다." (270, 408)

이와 같은 진술을 통해 홉스는 [자신과 통치자와의 관계에서] 자신의 위치를 마치 아리스토텔레스와 디오니소스 왕, 공자와 노나라의 지도자들 혹은 마키아벨리와 메디치 가문의 로렌조 공(公)과의 관계와 동등한 자리에 놓고 있다. 홉스는 자신의 책을 통해 왕을 위한 조언자가 되기를 희망했고 실제로도 여러 왕들에게 조언을 했다. 그는 보편 정치학을 확립하고 인간의 조건이 만들어내는 지속적인 무질서에 대한 항구적인 해결책을 제공함으로써 가장 뛰어난 정치적 조언자가 되기를 원했다. 이거야말로 정말 대단한 임무가 아닌가?

연구를 위한 물음들

1. '인간은 본성상 사회적 (혹은 정치적) 동물' 이라는 아리스토텔레스의 주장에 홉스가 어떻게 이의를 제기하는지 설명해보라. 홉스는 사람들이 만들어낼 수 있는 정권의 유형들에 관해 아리스토텔레스에 어떻게 동의하고 있지 않은가? 아리스토텔레스와의 사이에서 생긴 이 두 가지 불일치가 홉스의 정치사상에서 중요하다면, 왜 그런가?
2. 사회계약은 어떻게 해서 이루어지며, 홉스는 왜 그것을 '리바이어던' 이라고 불렀는가?
3. 홉스의 견해에서 시민법과 자연법은 어떤 관계인가? 이 2부에서 자연법을 다루고 있는 홉스의 목적은 무엇이라 생각하는가?
4. 홉스 철학 체계 내에서, 백성이 통치 권력에 불복종하는 일이 정당화될 수 있는 길이 있는가? 있다면 왜 그런지 설명해보라.

3부 그리스도교 왕국에 관하여

"그리스도교 왕국에 관하여"에서 홉스는 그리스도교가 정치 질서와 어떤 관계가 있는지를 설명하고 있으며, 자신만의 독특한 성서 해석을 제공하고 있다.[12] 이 해석은 가톨릭주의보다는 개신교의 가르침에 훨씬 더 가까운 태도를 취하고 있지만 그렇다 하더라도 독특하다. 홉스는 성서가 정확하게 이해만 된다면 그 안에는 자신의 정치학에 방해가 되는 것이 아무것도 없다는 것을 보여주려 하고 있다. 사실상 그는 정부에 대한 자신의 교훈이 정확하게 성서적 가르침과 일치하며, 제대로 이해만 된다면 성서적 가르침에 의해 인정되고 있다는 것을 보여주려 하고 있다. 그의 이런 노력은 성공회, 개신교, 가톨릭에 상관없이 동시대인들로부터 환영을 받지 못했다. 그의 가르침이 성서와 일치한다는 것을 보여주려는 용감한 시도를 하고 있음에도 불구하고 그는 종종 회의주의자로 보여진다. 그러나 홉스가 진정한 그리스도교 교인이었는지 또는 그의 성서 해석이 하느님에 대한 진리를 알아내기 위한 진실한 노력인지는 아직 해결이 안 된 문제이다. 어떤 학자들은 성서에 대한 홉스의 가르침은 단지 수사학적이며, 정치 질서를 위한 그의 신중한 주장은 『리바이어던』 1, 2부에 전부 드러나 있다고 가정하기도 했다. 다른 학자들은 홉스의 성서 해석이 그의 전체 주장에서 없어서는 안 될 부분이며, 『리바이어던』의 전반 1, 2부는 후반 3부("그리스도교 왕국에 관하여")와 4부("어둠의 왕국에 관하여") 없이는 성립할 수 없다고 주장하기도 한다.(Cooke 1996: 203-5)[13] 한 가지 사실은 분명하다: 홉스는 통치권의

12 홉스가 『리바이어던』의 후반부를 저술한 이유와 목적에 대해서는 탁월한 설명을 한 Cooke(1996)을 참고할 것.

근간을 흔들고자 하는 사람들, 즉 한쪽은 가톨릭 교인들이고 다른 쪽은 성공회에 반대하는 개신교인들인데, [국가로부터] 독립하려는 이들의 계획을 무산시키고자 했다. 스테판 스테이트(Stephen State)는 홉스의 의도를 다음과 같이 요약하고 있다: "가톨릭 교인들은 교황을 추종하고자 하며, 어떤 청교도 교인들은 사적인 의견에 따르거나 종교 문제에 관한 한 뚜렷한 은총으로 선택된 사람들을 따르길 원하지만, 홉스는 철학적으로 확보한 성서 주석을 수단으로 해서 종교 문제에 관한 통치적 권위를 옹호하고 있다."(State 1987:91)

3부의 1장, 즉 32장("그리스도교 정치학의 원리들에 관하여")은 다음과 같은 말로 시작하고 있다. 앞서 홉스는 자신의 정치학을 자연 이성만을 토대로 해서 세우려고 시도했으나 이제 그는 그리스도교 왕국에 눈을 돌리고 있다. 그런데 그 왕국의 본질과 권리는 "하느님의 의지의 초자연적 계시에 상당 부분 기초를 두고 있기 때문에, 내 논의의 근거는 하느님의 자연적 말씀과 더불어 예언적 말씀에도 있어야만 한다."(271, 409) 홉스가 그리스도교 왕국에 관해 추론하면서 자연 이성을 여전히 유효한 것으로 포함시키고 있다는 점에 주목하자. 그는 예언에만 관심을 돌리는 것이 아니라 이성과 예언의 조합에도 관심을 보이고 있다. 예를 들면, 자연 이성을 이용하면서 의미가 통할 것 같아 보이지 않는 성서의 구절들에 대해 우리가 어떻게 생각해야만 하는가를 말해주고 있다. 만약 그 구절들이 의미가 통하지 않는다면 그것은 단지 우리가 해석의 기술을 충분하게 활용하지 않았거나 또는 그 구절들에 대해 아주 충분하게 추론하지 않았기 때문이다.

---

13 연구자들 사이의 이런 차이점들에 관한 추가적인 논의는 이 책의 4장, "수용과 영향"을 참고할 것.

다음으로 홉스는 이성, 성서적 계시 그리고 예언 사이에 있는 관계의 본질에 대해 비꼬는 듯한 발언을 하고 있다:

> 따라서 성경에 기록된 내용 중 검증하기 어려운 문제가 있을 경우, 우리는 그 말씀에 우리의 이해력을 빼앗길 수 있다. 그리고 이해할 수도 없고, 자연과학의 어떤 규칙으로도 설명할 수 없는 그런 신비한 것들을 놓고 논리를 통해 철학적 진리를 가려내려고 해서도 안 된다. 우리가 믿는 종교의 신비들은 환자가 먹는 알약과 같은 것이어서 통째로 삼키면 치료의 효과가 있지만 씹어 먹으면 대부분 효과도 없이 다 토해낸다.(271-2, 410)

홉스는 종교적인 신비들은 종종 그것들에 관해 더 많이 생각하면 할수록 또는 '곱씹을수록' 그 신비를 받아들이기가 더 어려워진다고 말하고 있다. 그러나 만약 당신이 그 신비를 무비판적으로 믿는다면 그 신비는 당신에게 영적으로 어떤 신뢰할만한 것이 된다. 이것은 확실히 홉스가 한 역설적인 발언이다. 그는 다양한 종교적 신념과 성서의 가르침을 통해 자신의 [논의] 방식에 관해 심사숙고하고, 이들 [종교적 신념과 가르침들] 중에 어떤 것은 완전히 제거되고, 다른 것은 거의 전통적인 신앙인이 인정하는 것을 넘어서서 변화될 때까지 추론하려고 한다. 홉스는 무엇인가를 통째로 삼키는 그런 사람이 아니며, 다른 사람들이 믿는다고 해서 그대로 믿는 사람도 아니다. 오히려 그는 여기서 그렇게 심사숙고하는 일은 불신앙으로 유도할 수 있다는 것을 정직하게 지적하고 있다. 다른 한편, 그는 종교적 가르침들을 통째로 삼키는 일은 그리스도교 왕국의 통치권과 그리스도교 신앙에 더 도움이 될 수 있는 것으로 결론을 맺고 있다.

같은 장에서 홉스는 다른 사람이 하느님과 이야기를 나누었다거나 예지몽이나 환상을 보았다는 것을 우리가 어떻게 알 수 있을까 하는 의문을 제기함으로써 예언 자체의 효력에 대해 의심을 하게 된다. 그는 단순한 꿈을 꾸었을 수도 있고, 추리하거나 아니면 일종의 백일몽을 꾸었을 수도 있다. 만약 어떤 사람이 말하길, 자기는 계시를 받았다고 한다면, 이는 단지 그 사람이 자기 생각을 말하고 싶은 강한 욕구를 갖고 있다는 것을 의미할 뿐이다. 왜냐하면 그는 스스로를 대단한 사람으로 생각하는 자이기 때문이다. 홉스는 직설적으로 말하길, 그런 사람은 단지 오류를 범하는 것이 아니라 계시를 받았다고 거짓말을 하고 있는 것이다. 그는 어떻게 우리가 참 예언자와 거짓 예언자를 구별해서 말할 수 있는가 묻고 있다. 홉스는 성서의 여러 구절을 인용하면서 말하기를, 참 예언자는 기적을 행하는 사람이며, "이미 확립된 종교 이외에 다른 종교를"(273, 412) 가르치지 않는 사람이다. 이 후자의 기준은 의심할 바 없이 홉스 자신의 시대에 예언자처럼 말하고, 이미 확립된 잉글랜드 국교회의 수위권(首位權)에 반대하는 많은 설교자들을 표적으로 삼고 있다. 그러나 만일 이 기준을 다신교 세계에 유일신 사상을 도입한 아브라함 같은 구약 성서의 예언자나 유대교에 대해 급진적으로 새로운 해석을 한 신약 성서의 예수 그리스도한테까지 적용한다면, 정말로 참 예언자가 있었는지 알기 어렵다. 분명히 홉스는 왕을 비판하는 자칭 예언자들을 멀리하라고 사람들에게 경고하고 있는데, 이는 미래에 거짓 예언자와 거짓 그리스도가 나타날 것이라고 그리스도가 스스로 여러 번 경고한 것을 독자들에게 상기시키고 있는 것이다. 스테판 스테이트(Stephen State)가 말한 것처럼, "홉스가 예언적인 이야기에 한계를 긋고, 기적이 현재에도 일어날 수 있다는 믿음을 약화시키려 할 때 그는 하나의 세속적인 세계를 고안해내는 것이 아니다. 성공회 신학자 리차드 후커(R. Hooker)처럼 변덕스런 영감과 열정의 유입을 막고 국교를 보호하려는 것이다."(1987: 88) 그러나 그의 종교적 또는 정치적 의도에도 불구하고 종교적 신앙의 근원에 대해 홉스가 가르치고 있는 교훈의 총체적인 효과는 넓은 의미에서 종교적 회의주의를 조장하는 것이었다.

홉스는 기적이 일어나는 일은 이미 오래전에 멈추었다는 것을 지적하고 있다. 따라서 그의 기준에 따르면 아무튼 새로운 예언자는 있을 수 없다. 그는 "**기적도 없고, 예언도 없으면, 성서가 그 자리를 대신한다**."고 결론지어 말하고 있다.(275, 414) 그는 자신의 학식을 가지고 성서로 관심을 돌리고, 성서에 대해 엄격한 해석과 추론을 하려고 한다. 홉스는 어떤 사람이 하느님이나 사람에 대해 가져야 할 자신의 의무를 이해하는 데 초자연적인 영감이나 '열정'을 필요로 하는 것은 아니라고 말하고 있다; 그에게 필요한 것은 오직 성서를 읽는 일이다.

33장에서 홉스는 성서에 대한 자신의 지식과 생각을 전개시키고 있다. 그는 의미심장하게도 성경에서 정경(正經, canon)을 확정하는 일은 통치자의 역할이라고 주장하면서 [이 장을] 시작하고 있다. '정경'이란 참되고 권위를 가진 [성경으로] 간주되는 것을 의미한다. 홉스가 오직 잉글랜드 국교회에서 정경으로 받아들여진 성경만을 인정할 수 있다고 말하는 것은 논리적이다. 홉스가 관심을 돌리고 있는 것은 이들 정경들이다. 홉스가 반복해서 말하고 있는 한 가지 주장은 성서의 저자들이 그 제목에 붙여진 이름과 같은 사람이 아니라는 점이다. 모세 5경이라 붙여진 성경들도 모세가 저술한 것이 아니라, 모세가 행하고 말한 것에 대해 잘 알고 있던 후세의 어떤 사람이 저술한 것이다. 여호수아기도 여호수아가 쓴 것이 아니라 "여호수아의 시대보다 훨씬 뒤에" 누군가가 쓴 것이다.(278, 418) 홉스는 이에 대한 증거를 성경 안에서 찾고 있다. 예를 들면 '여호수아기'에서는 "그곳의 이름을 오늘날까지 길갈이라고 한다."고 저자는 말하고 있는데, 이는 확실히 여호수아기가 그 일이 일어난 훨씬 뒤에 저술된 것이라는 것을 의미한다.(278, 418) 홉스는 구약 성경 전체가 바빌로니아 유수(幽囚) 이후에 저술된 것이라고 결론짓고 있다.[14] 이런 생각은 당시 많은 신앙인들에게는 새롭고도 매우 도전적인 것이었을 수 있으며, 성서의 진실성에 의문을 던지는 결과를 낳았을 수도 있다.

이어서 홉스는 그리스도의 삶과 가르침을 다루는 신약 성경으로 관심을 돌리고 있다. 여기서 한 핵심적인 구절을 살펴보는 일은 중요하다. 홉스는 신약 성경의 모든 저자들이 그리스도와 대략 같은 시대에 살았으며, 이 중 두 사람을 빼고는 모두 자신들의 눈으로 예수를 목격했다는 것을 언급한 후에 신약 성경을 편집하는 과정에서 가톨릭교회가 행한 역할에 주목하고 있다:

> 예언자와 사도들의 저술들을 처음 그리스도 교회에 성경으로 추천한 것은 라오디게아 종교 회의에서였다. 이 종교 회의는 주후 364년에 개최되었다. 당시 교회의 위대한 학자들은 야심으로 가득 차 있었고, 황제가 비록 그리스도인이라 하더라도 백성들의 목자로 존경하지 않았고 오히려 [보호가 필요한] 양(羊)으로 보았으며, 황제가 그리스도인이 아닐 경우는 이리(狼)로 보았다. 그리고 그들은 자신들의 교리를 설교자들의 충고나 지식으로가 아니라 절대적 통치자들의 법처럼 통과시키려고 했으며, 사람들을 그리스도교의 교리에 더 복종하도록 만들려는 기만 행위를 경건한 행위라 생각하기도 했다. 그러나 나는 신약 성경의 각각의 사본들이 성직자들의 수중에 있었음에도 불구하고 그들이 성경을 변조했다고 생각하지는 않는다. 왜냐하면 만일 그들이 그

---

14 여기서 말하는 '유수'란 유대인들의 바빌로니아 포로생활을 의미하는데, 이는 기원전 5세기경 많은 유대인들이 예루살렘에서 바빌로니아로 포로로 끌려가고 다른 유대인들은 여러 곳으로 흩어진 사건이다.

렇게 할 생각이 있었다면 그리스도인 군주나 정치적 통치권보다 그들의 권력을 현재보다 더 유리하게 만들 수도 있었기 때문이다.(282, 423)

홉스는 신약 성서의 진실성을 의심할만한 어떤 이유도 찾을 수 없다고 결론짓고 있다. 하지만 그래도 그는 의심할만한 유리한 정보를 제공하고 있다. 그가 그렇게 한 부분적인 목적은, 초기 그리스도교가 진리로부터 벗어나기 시작했을 때, 즉 가톨릭교회가 그리스도인 군주로부터 독립을 요구하거나 군림하기 시작했을 때, 교회가 정치적 야망을 보이기 시작했을 때, 그런 부분들을 적당한 때에 예를 들어 설명하려는 데 있다. 그는 가톨릭교회를 권력욕에 사로잡힌 집단으로 특징지어 말하고 있다. 더 나아가 그는 사람들을 더 복종하도록 만들기 위해 '기만'의 죄를 범하고 있는 교회의 권위 있는 당국자들을 비난하고 있다. 그러나 결국 그는 자신만의 방식으로 성서를 읽는 것에 대해 좀 더 이야기를 하고 있다. 그의 [성서]독해는 그의 정치철학을 뒷바침하고 있으며, 독립적인 교회 또는 권한을 가진 교회의 이념에 대해서는 전혀 지지하고 있지 않다. 그러나 동시에 독자들은 신약 성서에 대해 약간 혼돈을 느끼지 않을 수 없을 것이다. 만일 신약 성서가 교인들을 통제하기 위해 기만의 죄를 저지를 수 있는 야망에 찬 교회에 의해 편집된 것들이라면, 신약 성서가 실제로 믿을만하다는 것을 우리는 어떻게 확신할 수 있는가? 구약 성경의 저자에 관해 지금이나 앞서의 논의에서 홉스가 도달한 결론은 그 성경에 의문을 던지고 혼돈을 느끼게 해주는 것이었다. 만일 그러하다면, 그것은 홉스가 이 장을 시작하면서 한 말, 즉 '우리는 우리의 통치자가 정경이라고 말한 것만을 정경으로 취해야 한다.'는 말을 확실하게 보완하는 것이 된다. 앞으로 보겠지만, 통치자에게 복종하는 것은 성경을 해석하려고 시도함으로써 하느님의 의지를 따르는 일보다 훨씬 안전한 길이다.

다음 34장에서 홉스는 '스콜라 철학자들'(대학들)과 특히 이들이 느슨하게 사용하고 있는 전문 용어를 다루고 있다. 여기서 그는 보다 엄격한 유물론적 입장을 보여주고 있다. 홉스는 어떤 것이 물리적 공간을 차지하고 있지 않으면서 존재할 수 있다고는 믿지 않기 때문에, '비물질적 실체(immaterial substance)' 또는 '무형(incorporeal)'의 실재 같이 지식인들이 사용하고 있는 개념들을 아주 무의미한 것으로 간주하여 거부하고 있다. 그가 볼 때 이들 개념은 사실상 그 자체로 **모순**된 말이다. 물론 이들 개념은 여전히 낡은 가톨릭 철학의 영향 아래 있던 대학교수들이 말로 묘사할 수 없는 것들 — 영적인 세계를 표현하는 개념들 — 을 기술하기 위해 사용하는 말이다.

홉스는 사람들이 '영(spirit)'이라 부르는 것의 여러 가지 가능한 원인들에 대해 탐구하고 있다. 그것들은 꿈일 수 있고 또는 불안한(심신에 탈이 난) 마음의 산물일 수도 있다. 아니면 우리 몸 안에 있는 감각들의 무질서하고 혼란스런 결과일 수도 있다. 또, 영이라는 것은 우리가 설명할 수 없는 신체적 원인들을 갖고 있을 수도 있다. 사람들은 이런 사물들을 영 또는 유령(ghost)이라 부르지만 그것들은 무(無)이거나 또는 적어도 무(無)와 같은 것이다. 그렇지만 영이란 말은 비유적인 의미에서 사용될 수 있다. 만일 이 말을 비유적으로 사용한다면 그것을 부정확하다거나 무의미하다고 말할 수는 없다. 영이란 '지혜의 영(spirit of wisdom)'처럼 일시적인 마음의 상태이거나 성향을 의미한다. 홉스는 성경에서 '주님의 영'이니 '하느님의 영'이란 말이 사용되고 있는 방식에 대해 검토하고 있다. '하느님의 영'이 곧 하느님 자체를 의미한다는 성경 구절에 관해 홉스는, "그 부분은 인간의 이해 범위 밖에 있는 것이며, 우리의 믿음은 의견에 있는 것이 아니라 순종에 있다."(287, 430)고 말한다. 홉스는 이런 유형의 구절들을 여러 곳 찾아내고 있는데, 이것들은 일시적인 마음의 상태이거나 또는 바람이 부는 것처럼 일종의 물리적인 현상으로 해석될 수 있다. 그러나 성경에는 여전히 그 속성을 이런 의미로 말하기 어려워 보이는 구절들이 있는데, 성경에서 천사에 관해 언급할 때가 그러하다. 이 경우 홉스는 자신의 엄격한 유물론과 정경(canon)으로서 성경의 진실성을 결합하여, '천사들은 신체적인 실체도 가지고 있는 영들임에 틀림없다.' 고 선언하고 있다:

> 그러한 유령의 출현은 실제로 있을 수 있고, 또 실체가 있는 것일 수도 있다. 즉 하느님이 천지를 창조하신 바로 그 권능으로 미세하여 인식하기 어려운 물체를 만들어, 그분의 뜻을 선포하고 아주 예외적이고 초자연적인 방법으로 전하고자 할 때 대리자나 전달자 즉 천사로 활용할 수도 있다. 그러나 하느님이 이들을 만드셨다면, 그것들은 크기를 가진 실체로서 공간을 차지하며 장소 이동도 가능하다. 이것이 곧 물체의 특징이며 따라서 결코 **무형의** 유령이 아니다. 즉 유령은 **'어떤 장소에도 없고'**, 즉 **'아무 데도** 없고', 즉 **'그 어떤 것'** 인듯하면서도 **'아무것'** 도 아니다.(291, 434)

모든 사물의 물질성에 대한 홉스의 이런 고집스런 주장은 그의 작품 전체를 관통하고 있는데, [『리바이어던』]의 이 부분에서 특별한 의미를 드러내고 있다. 홉스가 하느님의 전능함을 확신하고 있다는 것에 주목하자. 하느님은 어떤 목적으로든 원하시는 것은 무엇이나 창조하실 수 있다. 그분은 자연적인 방법으로 그 일을 하실 필요는 없다. 그분은 '초자연적인' 방법, 즉 이 세상에서 활동할 때 우리가 알 수 있는 자연스런 과정 이외의 방법을 사용하실 수 있다. 그래서 홉스는 하느님은 원하시는 것은 무엇이나, 심지어 기적 같은 일도 행하실 수 있다고 확신하고 있는 것이다. 물론 하느님은 꿈이나 환시를 통해 메시지를 전달할 수 있으며, 천사를 보내실 수도 있다. 홉스가 말하는 것을 한마디로 하면, 하느님은 천사나 그 밖의 다른 것들을 창조하셨으며, 그것들은 모두 실체가 있는 것이고, 손으로 만져 알 수 있으며, 실재하는 것들이라는 것이다. 홉스는 종교와 철학 교수들이 사용하는 대부분의 언어와 성직자들이 하는 대부분의 이야기는 모호하고 불가사의한 것들이라고 믿고 있다. 그들이 이런 애매한 언어를 사용하는 동기는 보통 사람이 헤아릴 수 없는 것들을 헤아릴 줄 아는 능력을 가진 자신들을 두려워하게 만들려는 데 있다. 이것이 바로 홉스가 과대평가된 권위 있는 자들로부터 제거되기 원하는 권력이다. 그는 그들이 사용하는 언어가 어리석게 보이도록 만들고 싶어한다. 이것이 아마도 위의 인용문 끝에서 여러 차례 '즉'이라는 표현을 쓴 이유가 아니겠는가!

홉스가 도전적으로 정의하고 그 뜻을 명료하게 하려는 다음 단어는 '영감(inspiration)' 이다. 홉스는 문자적으로 이 말은 영을 불어넣거나 집어넣는 것처럼 '안으로 불어넣는 것' 을 의미한다고 말하고 있다. 하지만 그는 이 말이 언제나 비유적인 의미로 이해되어야 한다고 주장한다. 홉스는 하느님이 사람들에게 사실상의 어떤 영적인 실체를 쏟아붓거나 불어넣는 것이 영감이라는 것을 여러 가지 방식으로 부인하고 있다. 그보다는 오히려 영감이란 이 세상에서 행하시는 하느님의 활동을 의미한다는 것이다. 예를 들면, 성경이 말하기를, 하느님이 "사람에게 생명의 숨결을 **불어넣었다**(inspired)."고 하지만 이는 단지 하느님이 사람에게 생명을 주었다는 것을 의미하는 것이지, 그분이 어떤 실체를 불어넣었다는 것을 지시하지는 않는다. 홉스는 이런 방식으로 유물론적인 이해를 가지고 성경을 더 고찰해보고 있다. 영감의 문제를 다루면서, 그는 '영' 에 대해 저술할 때 논의했던 두 가지 의미 중 하나를 배제하고 있다. 여기서는 단지 비유적인 의미만 남아 있으며, 하느님께서는 원하시는 것은 무엇이나 할 수 있음에도 불구하고 어떤 물리적인 가능성은 배제되었다.

성경을 독특하게 해석하고 자기 신학을 세우는 일의 중심을 차지하고 있는 곳은 다음 35장인데, 여기서 홉스는 "성서에 나타난 하느님의 왕국, 거룩함과 신성함 그리고 성례의 의미에 관하여"를 다루고 있다.[15] 그는 말하길, '하느님의 왕국' 을 비유적으로 천국을 의미하기 위해서, 그리고 때로는 이 세상에서 성화(聖化)된 곳을 의미하기 위해서 대부분의 성직자와 신학 교수들이 관련된 인용문들을 성서에서 찾아 사용하고 있으나, 하느님의 왕국을 "군주정치, 즉 백성들의 자발적 동의에 의해 성립된 하느님의 통치권으로 이해하는 경우는 없다. 백성들의 자발적 동의야말로 바로 왕국의 본래 의미이다."(297, 442) 첫째, 홉스가 주장하기를, 성서에 나타난 '하느님 왕국' 에 대한 언급은 실재의 왕국, 즉 위에서 기술한 군주정치를 말하는 것이다. 둘째, 성경에서 언급하고 있는 군주정치는 이스라엘에 세워진 것이며, 하느님과 아브라함 사이에서 맺어진 신약의 결과이며, 모세가 하느님과 맺은 신약으로 갱신된 것이다.[16]

만일 당신이 이런 성경 이야기에 익숙하지 않다면, 여기서 중요한 것은 홉스가 '하느님의 왕국' 이 세워지는 것을 최초의 일신론이 확립되는 과정으로 보고 있다는 점이다. 아브라함은 하느님이 처음으로 선택하

15 하느님의 왕국에 관한 홉스의 분석을 다룬 탁월한 논의는 Milner(1988)를 참고할 것.
16 하느님의 왕국이란 주제를 다루고 있는 또 하나의 탁월한 논의는 Johnston(1986)에 있다. 그는 이 주제를 수사학적 차원에서 검토하고 있다. 그는 다음과 같이 말하고 있다. "그리스도교에 대한 홉스의 재발견은 사람들을 합리적이고 예측 가능한 존재로 전환시키려는 시도였다. 그런 존재는 정치적 사회에 대한 홉스의 전망이 언젠가 실현되기 이전에 그렇게 되어야만 한다."(184)

고 신약(covenant)을 맺은 사람으로 창세기에서 신뢰를 얻은 인물이다. 새로운 백성, 아브라함의 가문과 그 후손들은 하느님의 율법에 순종하고 오직 하나의 참된 신만을 섬기겠다는 합의가 있었고, 그 대신 하느님은 그들을 축복했다. 하느님은 유대 백성들의 지속적인 순종의 보답으로 모세에게 거룩한 땅을 약속하셨다. 유대인의 역사 가운데 어느 시점에 이르러 그들은 하느님에게 지상의 왕을 요구했으며, 그렇게 함으로써 이웃 민족들과 거의 유사해질 수 있었다. 하느님은 어쩔 수 없이 사울을 그들의 왕으로 세우기도 했고, (홉스의 견해에 따르면) 왕의 역할을 철회시키기도 하였다. 홉스는 이 지점에서 '하느님의 왕국'은 종말을 고하게 되었다고 주장하고 있다.

홉스는 신약 성서에서 예수의 역할에 관심을 돌리고 있으며, 거기서 자기 해석의 증거를 찾고 있다. 신약 성서에서 "가브리엘 천사가 우리의 구세주에 대해 이렇게 말하고 있다.(루카 1, 32-3) **그분께서는 큰 인물이 되시고 지극히 높으신 분의 아드님이라 불리실 것이다. 주 하느님께서 그분의 조상 다윗의 왕좌를 그분께 주시어, 그분께서 야곱 집안을 영원히 다스리시니 그분의 나라는 끝이 없을 것이다**."(300, 447) 홉스는 기록하기를, 예수가 죽을 무렵 유대인들은 예수가 재림해서 실재 하느님의 왕국을 이 땅에 다시 세우리라 생각하고 있었으며, 예수는 정확하게 로마의 권력에 위협적이었기 때문에 십자가형에 처해졌다고 추측하고 있다. 홉스는 예수가 제자들에게 가르쳐준 기도문, 보통 주님의 기도로 알려진 것에 관심을 돌리고 있는데, 그 안에는 "당신[아버지]의 나라가 오시며"를 간청하는 부분이 있다. 홉스는 추론하기를, 만일 하느님이 항상 왕국을 다스리고 계셨다면, 예수는 왜 자신의 추종자들에게 앞으로 도래할 하느님의 왕국을 위해 기도하라고 가르치셨는가? 홉스는 다음과 같은 방식으로 추론을 요약하고 있다:

> 간단히 말해, 하느님의 왕국은 정치적 왕국으로서 처음에는 이스라엘 백성들이 모세가 시나이 산에서 받아온 율법에 따를 의무가 있었다. 그 후 얼마 동안은 대제사장이 **지성소**(至聖所) 안에 있는 케루빔(cherubim) 앞에서 백성들에게 지켜야 할 율법을 알려주었다. 그 후 사울을 왕으로 세웠을 때 [하느님의]왕국은 중단되었으며, 예언자들은 그리스도가 왕국을 재건할 것이라고 예언했다. 그래서 우리는 날마다 **'당신의 나라가 오시며'** 하고 주님의 기도를 하면서 [하느님]왕국의 회복을 위해 기도하고 있다. 그리고 우리가 **'주님께 나라와 권능과 영광이 영원히 있나이다. 아멘.'** 하고 덧붙이는 말은 그리스도의 왕권을 우리가 인정하는 것이다.(301, 448)

홉스의 견해에 따르면, 하느님의 왕국은 오직 그리스도가 이 땅에 재림했을 때만 다시 세워질 것이다. 그 사이에 하느님이 인간을 직접 통치하신다는 의미에서 하느님의 왕국은 존재하지 않는다. 이미 우리가 알고 있듯이, 그리스도인이란 무엇을 믿고, 어떻게 경배하며, 어느 성서가 정경이 되며, 그것들을 어떻게 해석할 것인가 등에 관해 통치자를 본보기로 따르는 사람들이라 생각된다. 하느님의 왕국에 관한 인용구절들을 어떻게 이해할 것인가에 관해 가르치는 홉스의 교훈은 영적인 문제에 있어서도 통치권을 바라보는 위의 시각과 잘 일치한다. 사울이 왕이 되었을 때 하느님은 실제로 권력의 끈을 지상의 지도자들에게 양도하였다. 따라서 지상의 지도자들에게 복종하는 일과 하느님 왕국을 우선으로 하는 것 사이에는 갈등이 없었다. 왜냐하면, 하느님의 왕국은 현실적으로 복종할 것을 직접적으로 요구하지 않기 때문이다.

미첼(Mitchell)이 설명하고 있듯이, 홉스는 이스라엘 백성들이 왕을 선택했을 때 그들은 하느님과의 신약을 깨고, 새로운 신약을 맺게 되었다고 생각했다:

> 왕들은 모세나 그들보다 앞선 예언자들처럼 신성한 일이나 세속적인 일을 심판할 수 있는 권리를 소유하고 있었다. 그러나 사람들이 더 이상 그 권리의 소유를 납득하지 않았기 때문에 신약은 분열되었다…… 이때 그리스도는 하느님과 신약을 갱신하는 길과 통치적 권위를 회복하는 길을 준비하고 있었으며, 그곳에서 백성들은 성속(聖俗)의 모든 문제에 관해 통치자에 순종하며, 그 순종의 이유를 알게 되었다. 한마디로 이스라엘 사람들이 왜 통치자에게 복종해야 하는지 알지 못할 때 그들은 통치자와 다투었지만, 그리스도는 사람들이 자신들의 통치자와 다투지 않는 길을 준비하고 있었다.(Mitchell 1991 : 690-1)

미첼에 따르면, 이 점에서 홉스의 생각은 루터와 달랐다. 루터는 구약이 신약으로 대체되었다고 믿었으나, 홉스는 구약에서 아브라함과 모세가 맺은 계약이 신약에서 새로 갱신되었다고 믿었다. 홉스는 가톨릭교회를 마치 하느님의 목적을 달성하기에는 결함이 있는 큰 배처럼 생각했기 때문에 (우리가 앞으로 보겠지만, 홉스는 이를 '어둠의 왕국'과 동일하게 보았다) 그리스도의 계약 갱신은 로마 황제 콘스탄티누스의 개종으로 이루어진 것이 아니라 오직 홉스 자신의 시대에 잉글랜드에서 이루어졌다고 믿었다. **그래서 홉스가 살던 잉글랜드가 참된 그리스도교 왕국이라는 것이다**: "마침내 어둠의 왕국이 종말을 고하게 된 것은 잉글랜드에서였다. 그리스도의 계약이 제대로 갱신된 것은 콘스탄티누스 때가 아니라 지금 **현재**이다. 이는 성서의 역사가 전개되는 과정에서 잉글랜드의 중요성을 바라보는 것과 거의 같다. 하느님의 흔적은 한때 잃어버렸지만 이제 다시 회복되었다."(Mitchell 1991 : 692)

이런 미첼의 생각이 정확하다면, 갱신된 계약에 관한 홉스의 신학적 가르침은 실제로 그의 정치론에 아주 필수불가결한 것들이 된다.

36장("하느님의 말씀과 예언자에 관하여")에서 홉스는 예수에 관한 성경의 언급들을 마치 하느님의 말씀처럼 문자적으로 해석하는 것에 대해 반론을 제기하고 있으며, 참된 예언자와 거짓 예언자의 차이를 누가 어떻게 말할 수 있는가에 대해서도 논의하고 있다. 첫 번째 논증은 거의 논란의 여지가 없어 보이는데, 우리는 다시 한번 홉스의 심술궂은 유머 감각을 볼 수 있다. 어딘가에서 홉스는, '하느님의 말씀'을 너무 문자적으로 이해하는 것은 마치 그리스도를 '하느님의 이름'(noun of God)이라고 부르는 것과 같이 어리석은 일이라고 말하고 있다.(306, 455) 다소 심각하게 보이는 것은, 홉스가 성서를 다루면서 문자직역주의(literalism)에 반대하고 있다는 점이다. 왜냐하면 성서 안에 있는 많은 것들을 문자적으로만 해석한다면 이는 믿을 수 있는 그의 역량을 약화시킬 수 있기 때문이다. 이 장에서 더 논란거리가 되는 부분은 홉스가 다루고 있는 예언자와 예언에 대한 논의이다.

홉스는 하느님의 의지를 직접 알고 있으며, 하느님과 이야기를 나누었다고 주장하는 사람들은 하느님을 믿는 사람들을 움직여 많은 일을 할 수 있게 한다는 것을 알고 있다. 예언은 나쁜 지도자뿐만 아니라 선한 지도자 손안에서 강력한 도구가 될 수 있다. 그는 예언자를 하느님을 위해 대신 말하는 사람으로 정의하고 있다. 그러나 그는 예언자라고 주장하는 모든 사람이 다 예언자는 아니라고 경고하고 있다. 예언이라고 간주되는 대부분의 징후, 미래 사건에 대한 예측은 "흔한 영(이를테면 귀신)의 도움으로 앞날의 일을 알아맞히는 척하는 사기꾼들"(308, 457)도 아주 쉽게 할 수 있다는 것을 진심으로 경고하고 있다. 홉스는 성경이 거짓 예언자와 예언에 대해 자주 언급하고 있으며, 이들을 조심하라고 사람들에게 경고하고 있다는 것을 지적하고 있다.

실제로 하느님은 어떻게 사람들에게 말씀하시는가? 이것이 홉스가 묻는 첫 번째 물음이다. 그는 성경에서 특징적으로 나타난 다양한 방식들을 논의하고 있는데, 마치 사람들이 서로 말하는 것처럼 하느님이 자신의 목소리로, 면전에서 사람에게 직접 말씀하신다는 어떤 증거도 찾지 못한다. 홉스의 견해에 따르면, 하느님의 가장 특별한 예언자이며 유대인들에게 십계명을 가져다준 모세조차도 그와 같은 직접적 경험을 하지 못했다. 홉스는 불타는 떨기나무를 언급하고 있는데, "떨기나무 한가운데로부터 솟아오르는 불꽃으로 나타나셨을 때"(310, 460) 하느님은 시나이 산 위에서 모세에게 말씀하셨다. 또 하느님은 천사를 통해 모세에게 말씀하셨다. 그러나 어느 경우이든 모세가 하느님과 만난 것은 "다른 예언자들에게 나타난 환상보다는 더욱 선명한 것일지라도 역시 일종의 환상이다."(311, 461) 홉스가 말하는 환상이란 일종의 꿈이라는 것을 우리는 알고 있다. 그 환상이나 꿈이 하느님의 의지의 산물 — 또는 이해 부족의 결과물 — 일 수 있고, 외부의 관찰자는 환상이나 꿈의 출처가 초자연적인지 아니면 자연적인지 말할 수 없다는 것이 홉스의 생각이라는 것을 우리는 알고 있다. 비록 홉스가 모세를 '최고'의 예언자로 분류하고 높은 수준의 신뢰성을 부여했음에도 불구하고 모세가 한 예언의 신적인 근원조차 믿음 없이는 진실로 증명될 수 없다. 결국 홉스는 하느님이 어떻게 모세와 소통했는지는 '이해할 수 있는 일이 아니며' 따라서 모세의 권위를 인정하는 문제는 믿음의 영역에 맡긴다고 결론내리고 있다.

최고의 권위를 가진 모세의 예언과는 대조적으로 그 밖에도 많은 하위의 예언자들이 있다. 홉스는 하느님이 초자연적인 방식으로 이들에게 말씀하셨다는 어떤 증거도 찾을 수 없었다. [하지만] 이 사람들은 하느님에 대한 지식을 갖고 있기에 오직 하느님에 관해 가르치는 방식으로 말하도록 허용되었다는 의미에서 예언자로 간주될 수 있다. 따라서 홉스는 하느님과 예수의 가르침에 대해 박식한 사람들, 그리고 하느님을 사람들에게 가르치기 위해 환상 같은 초자연적인 경험을 필요로 하지 않는 그런 사람을 우리가 예언자로 보는 것은 가능하다고 말하고 있다. 이 때문에 홉스는 예언을 하는 전달자보다 예언의 내용에 더 많은 관심을 기울이고 있다. 그는 선한 그리스도인은 거짓 예언으로부터 진실한 예언을 식별할 수 있어야 한다고 생각하고 있다. 어떤 사람이 초자연적인 의사소통을 했는지 안했는지 선한 그리스도인들은 확실하게 알 수 없기 때문에, 그리고 그 예언이 반드시 그와 같은 의사소통의 결과로 따라 나와야 하는 것은 아니기 때문에, 예언자의 진실성을 측정하는 기준은 그 전달 내용에 있어야만 한다. 그 전달 내용, 메시지는 (홉스가 정의하고 있는 바의) 성경적 진리와 일치해야만 한다. 홉스는 그 메시지가 예언이 되었을 때 독자들이 아주 조심스럽게 되길 원하고 있다. 이런 방식으로 홉스는 당시에 잘난체하는 사람들한테 휘둘리지 않도록 하기 위해 보통 사람들이 독립적인 생각을 하도록 격려하는 것처럼 보인다.

> 예언자의 소명을 받은 척하는 사람들에게 있음직한 일에 대해서는 각자가 잘 살펴보아야 한다…… [예언이] 자연적 은사인지 초자연적 은사인지 그리고 꿈이나 환상이 자연적인 것인지, 초자연적인 것인지를 식별하기 위해서는 이성과 판단이 필요하다. 따라서 스스로 예언자인 척하면서 행복에 이르는 길이 있다고 하느님의 이름으로 말하면서, 우리에게 [자기가 말한] 방식으로 하느님께 복종하라고 요구하는 이들의 말을 들을 때는 반드시 의심해보고 매우 신중할 필요가 있다. 사람들에게 그런 지복의 길을 가르쳐주는 척하는 사람은 사람들을 통치하겠다는 것이다. 다시 말해, 그들을 지배하고 군림하겠다는 것이다. 지배하고 군림하는 일은 누구나 다 하고 싶어하는 일이기 때문에,

> 거기에 야심과 거짓이 있는지 의심해 볼만한 가치가 있다. 따라서 예언자가 정치적 통치자이거나 또는 정치적 통치자에 의해 승인된 사람의 경우처럼, 국가가 세워진 이후 이미 복종을 약속한 경우가 아니라면 그런 사람의 말에 따르기 전에 각자 잘 살펴보고 시험해보아야 한다.(314-5, 466)

정말 홉스는 예언이나 종교적인 가르침들에 대해 독립적으로 판단하는 일을 옹호하고 있는가? 하느님을 대신해서 말한다고 주장하는 사람들을 아주 의심해서 보라는 충고를 우리에게 하는 것을 보면 언뜻 그렇게 보인다. 만일 아직도 예언자인 척하는 사람들이 있다면, 홉스는 순진한 자신의 독자들이 속지 않도록 하기 위해 그런 예언자들을 구별하는 법을 제시하고 있다. 자신을 따르는 사람들에게 지복(행복)에 이르는 길을 찾았다고 말하는 예언자(설교자)는 그들에게 무엇을 믿고 무엇을 해야 하는지를 말하고 있는 것이다. 우리가 이미 알고 있듯이, 모든 사람은 권력을 갖기 원하기 때문에 그런 주장을 하는 사람은 누구나 신중하게 검토되어야 하며, 합법적 권위를 대체하려고 하는 사기꾼인지 의심해보아야 한다. 그러나 만일 진정한 합법적 권위의 근원인 정치적 통치자가 특정한 설교자의 가르침을 승인했다면 모든 것은 달라진다. 이후자의 관점이 독립적 판단을 요구하는 홉스의 의미를 다소 완화시켜준다. 결국 예언이나 종교적 가르침이 진리인지 아닌지를 판단할 수 있는 가장 좋은 방법은 그 예언자나 설교자가 공식적인 허가를 얻었는지 아닌지를 묻는 길이다. 궁극적으로 참과 거짓, 옳고 그름을 판단하는 일은 개인이 아니라 통치자의 통제 아래 놓여 있다. 진리의 근거에 대한 다른 어떤 주장은 사회적 혼란과 도덕적 혼란 모두를 초래할 것이다:

> 왜냐하면 그리스도인들이 그리스도인 통치자를 하느님의 예언자로 여기지

> 않는다면, 각자가 자신의 꿈을 예언으로 여기고 그에 따를 것이며, 각자의 마음이 부풀어 오르는 것을 하느님의 영으로 여기게 될 것이기 때문이다. 아니면 외국의 군주나 동료 백성들 중 누군가에게 끌려다니게 된다. 이들은 정부를 중상하고 백성들을 현혹하여 반란을 일으키도록 사주한다. 이들은 때때로 놀라운 성공을 거두고 처벌도 받지 않는다. 그러나 이것 이외에는 그들의 소명을 확인할 다른 기적은 없다. 이런 일 때문에 하느님의 법이든 사람의 법이든 모든 법은 파괴될 것이며, 질서와 정부와 사회는 사라지고, 폭력과 내란이라는 최초의 혼란으로 돌아가고 만다.(317, 469)

이어지는 장들에서 홉스는 다음과 같이 주장할 것이다. 군주가 이와 같은 진리 결정권을 갖게 되는 것은 하느님의 뜻이며, 바르게 이해된 성경은 이런 문제들에 대해 통치권자가 갖고 있는 완전하고도 배타적인 권위를 지지하고 있다. 부분적으로 이런 주장은 홉스가 이미 전개한 신학으로부터 나온 것인데, 그것은 다음과 같이 말하고 있다. '하느님의 왕국'은 계약의 산물이며, 그 계약은 사울 왕 때 유대인들에 의해 파기되었으나 그리스도의 재림과 함께 다시 오게 될 왕국이다. 그러나 그동안에는 사회계약을 통해 세워진 통치 권력이 지상에서 궁극적 권위를 갖고 있다. 이 모든 것은 하느님의 뜻이며, 현재 이 땅에서 하느님의 대리인은 예언자나 설교자가 아니라 정부의 합법적 수장(首長)이다.

37장은 기적에 관한 장이다. 우리는 그리스도교 왕국을 다루고 있는 『리바이어던』 3부의 첫 번째 장에서 홉스가, 기적이란 오늘날에 와서 멈추게 되었다고 말한 것을 기억할 것이다. 홉스는 "**기적이 없고, 예언자도 없으면 성서가 그 자리를 대신한다.**"(275, 414)고 결론을 내리고 있다. 그러나 이 37장에서 홉스는 기적의 문제를 다시 꺼내어 기적의 목적 그리고 가짜 기적과 진짜 기적을 어떻게 구별하는지에 대해 논의하고 있다. 그가 왜 이런 일을 할 필요가 있다고 생각했는지 우리는 궁금해할 수 있다. 그러나 그는 현재의 기적이란 어떤 것도 존재하지 않는다는 확신에도 불구하고, 많은 사람들이 여전히 현재의 기적을 믿도록 조종당할 수 있다는 것을 알고 있었다. 만일 이것이 사실이라면, 홉스는 기적적인 치유, 표징이나 그 밖의 다른 유사한 현재적인 기적들에 대해 자신의 독자들을 좀 더 회의적인 사람으로 만드는 것이 유용하다고 생각했을 수 있다. 하느님은 오늘날에도 원하시는 것은 무엇이든 할 수 있는 권능을 갖고 있다는 것을 사람들이 계속해서 믿는 동안, 홉스의 독자들은 자신의 동료 백성들의 (기적을 믿는) 동기에 대해 점점 더 의심하게 된다. 홉스의 견해에 따르면, 회의적인 백성이 속기 쉬운 백성보다 더 바람직하다. 특히 그 회의적인 사람이 홉스의 온전한 정치철학으로 무장된 사람이라면 더욱 그러하다.

홉스는 기적을 일상적이고 자연스런 원인을 갖고 있지 않으며, 하느님이 직접 행하시는 그 무엇이라고 정의하고 있다. 우리에게 낯설고 자연스럽지 않게 보이는 현상들이 많이 있으나, (일식의 경우가 그랬던 것처럼) 우리가 조심스럽게 조사만 한다면 그것들이 자연스런 원인을 갖고 있다는 것을 홉스는 보여주고자 한다. 어떤 사람에게 기적처럼 보이는 것도 다른 사람에게는 그렇게 보이지 않는다. 그리고 그 차이는 실제로 자연적 원인들에 대한 그들의 상대적인 지적 수준, 즉 교육 수준에 달려 있다. 홉스는 주장하기를, 실제 기적의 목적이나 목표는 "하느님에 의해 선택되고 보내져서 활용되고 있는 하느님의 전달자나 대리자 그리고 예언자들에게 신뢰를 주고, 그럼으로써 사람들이 그것을 알게 되고 그들에게 더 쉽게 복종할 마음을 갖게 하는 것이다."(319, 471) 기적은 참으로 초자연적인 것임에 틀림없으며, 하느님의 진정한 대리자에게 길을 보여주려는 목적을 갖고 있는 게 틀림없다. 홉스는 많은 주술이나 마술 행위가 기적처럼 보일지 모르나 실제로는 영리한 인간이 만들어낸 산물이라고 지적하고 있다. 이것들은 하느님의 대리자들을 드높이는 본래의 목적에 결코 기여하지 못하며, 오히려 그것들이 거짓이라는 것을 사람들이 알아채도록 단서를 제공할 뿐이다.

홉스는 모세가 이집트에서 행한 기적들에 관해 꽤 길게 이야기하고 있다. 이 기적들은 하느님이 모세를 자신의 대리자로 선택했다는 것을 보여주려는 목적에 기여했으며, 결국 파라오를 겁먹게 하여 유대인들을 놓아주도록 했다. 그러나 성경은 파라오의 마술사들도 자신들의 마술을 가지고 모세의 여러 기적들을 흉내낼 수 있었다고 말하고 있다. 이는 기적의 목적이, [기적 행위가] 초자연적인 것처럼 보이기보다는 진리를 나타내는 중요한 표징이 되는 데 있음을 보여주고 있다. 따라서 홉스는 모세의 기적을 이야기하면서도 사람들이 그것을 비판적으로 생각하기를 원하고 있다. 그는 독자들에게 "우리는 하느님의 대리자가 (그 당시에는 모세였다) 세운 종교 이외의 다른 종교를 가르치는 사람은 어느 누구도 예언자로 간주해서는 안 된다."(323, 476)고 경고하고 있다. 우리는 사울의 시대 이래로 하느님의 대리자가 지상의 통치자였다는 것을 이미 알고 있다. 따라서 여기서 기적의 확실성을 결정하기 위해 우리는 질문을 던져야만 한다. 기적은 믿어야만 한다고 통치자가 말하는가? 이 장에서 홉스는 [지상의 통치자를] '하느님의 대리자' 라고 부르길 원치 않기 때문에, 다른 장에서 통치자의 지위를 하느님의 대리자 지위로 격상해서 정당화할 수 있을 때까지 기다리길 원하고 있다. 분명히 그는 '하느님의 대리자' 를 단순히 어느 종교 지도자가 아니라 지상의 통치자로 제안하고 있는 것이다.

홉스는 회의주의의 적당한 예를 제시하기 위해 쉬운 사례를 선택하고 있다: "예를 들면, 어떤 사람이 빵 한 조각을 놓고 몇 마디 말을 한

뒤에, 하느님이 즉시 그것을 빵이 아니라 신(God) 또는 사람 아니면 신과 사람으로 만드신 것처럼 그럴듯하게 꾸미는데, 빵 조각이 그래도 여전히 처음처럼 빵으로 보인다면, 그 사람의 말이 그대로 이루어졌다고 믿을만한 이유가 전혀 없으며, 하느님의 대행자 또는 대리자를 통해서 그 일이 이루어질 것인지 아닌지를 하느님께 물어보기 전까지는 그 사람을 두려워할 이유가 없다."(323, 477)

홉스는 이 경우에 어떤 사람은 조작을 잘하는 소질을, 그리고 다른 사람은 잘 속는다는 것을 지적하기 위해, 대다수 성공회 신자나 개신교 신자들이 갖고 있는 반가톨릭주의를 이용하고 있다. 그는 여기서 성체변화설(transubstantiation)을 믿는 가톨릭 신앙을 지적하고 있는데, 이것은 성찬식에서 겉으로 보기에는 빵과 포도주가 여전히 그대로이지만 그것이 그리스도의 몸과 피로 변한다는 믿음이다. 홉스는 이 전략을 반복해서 사용할 것이며, 여러 가지 가톨릭 신앙과 전례를 공격하고, 다음과 같은 이유 때문에 가톨릭의 믿음에 확실성이 결여되어 있다고 주장하고 있다. 1) 홉스의 많은 동료 영국인들이 위와 같은 사례들에 쉽게 동의할 것이기 때문이며, 2) 홉스는 이들 사례를 통해 기적적이고 신비로운 사건들에 관한 모든 주장들에 대해 적절한 수준의 회의주의 입장을 더욱더 전개시킬 수 있기 때문이다. 달리 말해, 만일 홉스가 기적이나 신비 신앙을 인기 없는 가톨릭주의와 결합시킬 수 있다면, 독자들은 홉스의 회의적 태도를 쉽게 수용하고, 가톨릭이나 개신교에서 하는 [기적이나 신비 신앙]과 같은 모든 주장들에 [회의적 태도를] 보다 쉽게 적용할 수 있을 것이다. 물론 홉스 당시 문제를 일으키던 사람들은 가톨릭 신자들이 아니라 비국교도 개신교인들이었는데, 하느님으로부터 '영감을 받았다' 는 이들의 주장은 자신들의 정치적 계획에 따라 사람들을 보다 쉽게 이끌어갈 수 있었다.[17]

다음으로 [38장에서] 홉스가 관심을 돌린 대주제는 천국과 지옥에 관한 것이다. 이것은 『리바이어던』에서 가장 아슬아슬하고 위험스런 부분 중의 하나이며, 논의의 대상과 영역에 있어서 놀랄만한 주제이다. 여기서 홉스는 성경에 대한 자신의 해석에 따라 내세의 존재와 본질에 관한 진리를 독자들에게 가르치겠다는 뜻을 갖고 있다. 이는 위험한 일인데, 왜냐하면 그것은 독실한 신앙을 갖고 있고, 문자 그대로 천국 (그리고 지옥)이 이 땅에 있다고 믿는 많은 사람들에게 도전장을 내미는 것이기 때문이다. 이 장("성서에 나타난 영원한 생명, 지옥, 구원, 내세 그리고 대속(代贖)의 의미에 관하여")의 초반부에서 홉스는 다음과 같은 일종의 입장 표명을 하고 있다: '(이 물음이나 그 밖의 모든 물음들에 대한 해결은 성서에 달려 있지만 나는 국가가 인정한 성서 해석에 순종하는 마음으로 따르겠노라).' 그러나 그는 이들 문제에 관해 불안해하고 있는 자신의 독자들의 마음에 천국은 덜 감동적으로, 지옥은 덜 무서운 생각이 들게 하는 방식으로 (또는 그렇게 희망하면서) 계속해서 성서 해석을 하고 있다. 그는 초반부에 자기의 논의 주제를 아주 솔직하게 제시하고 있다. 생명보다 더 큰 보상을 줄 수 있고, 단순한 죽음보다 더 큰 처벌을 할 수 있는 어떤 다른 권위가 있다고 한다면, 통치자의 권위는 줄어들고 통치가 불가능해진다. 따라서 만일 교회의 권위가 천국을 보장해주거나 어떤 사람을 지옥에 보낼 수 있다고 주장한다면, 교회의 권위는 통치자의 권위보다 더 감동적일 것이다. 결국 일시적인 기쁨이나 이 세상에서의 처벌보다 영원한 생명이나 죽음에 더 관심을 갖지 않을 사람이 누가 있겠는가?

---

17 청교도 개신교인들을 바라본 홉스의 태도에 대해서 잘 관찰한 것을 보려면 Schulman(1988)을 참고할 것.

홉스의 논의 주제를 안다는 것은, 다른 어떤 권위도 통치자의 합법적 권위를 위협하지 못한다는 것을 확인하는 일이며, 이는 독자들이 이 장을 이해하는 데 도움이 될 것이다. 홉스는 신실한 신앙의 보상으로 사람들이 영원토록 살고 싶은 곳은 이곳 지상일 것이라고 말하고 있다. 만일 아담이 죄를 짓지 않았더라면 낙원에서 영원히 머물렀을 수 있으며, 그 낙원은 이 땅 위에 있었다. 따라서 그는 회복된 낙원 역시 하느님이 딛고 있는 이 땅 위가 될 것이라고 추론하고 있다. 홉스는 자신의 요점, 즉 천국은 이 세상 너머에 있는 어떤 곳이 아니라 예수가 재림할 때 다시 세워질 것이라는 것을 입증하기 위해 성서의 여러 구절들을 제시하고 있다. 그날에 모든 사람은 부활할 것이며, 하느님의 선택을 받은 사람들은 이 지상 낙원에서 영원히 살게 될 것이다. 그때에 그리스도는 자기 백성을 다스리는 지상의 통치자처럼 왕국을 통치하기 때문에 그 낙원은 왕국이 될 것이다. 또 그것은 하늘나라의 왕국이 될 텐데, 왜냐하면 그것은 지상에 세워진 하느님의 왕국이 될 것이기 때문이다. 이런 해석은 잘 확립된 홉스의 유물론과 아주 잘 어울린다. 홉스는 죽음 이후 우리의 존재는 물리적이며, 지상에 있는 존재로 남게 된다고 믿고 있다. 부활은 진실로 육체의 부활일 것이며, 그것이 사실이거나 아니면 [부활이] 존재할 수 있는 논리적 방법이 전혀 없다.

지금까지는 아무런 문제가 없다. 천국에 관한 홉스의 가르침은 많은 사람들에게 낯설게 보일지 모르나, 적어도 하느님에 대한 신앙을 간직하고 있는 사람들은 영원한 생명을 향유하게 될 것임을 확인시켜주는 것으로 보인다. 그러나 지옥에 대해 홉스가 무엇이라 했는지 우리는 살펴보아야만 한다. 대부분의 사람들이 영원한 벌을 받는다고 생각되는 곳에 이르렀을 때 홉스는 놀랍고 아마도 기분 좋은 소식을 말해준다. 홉스는 지옥 역시 물리적이며 지상에 있는 곳이라는 것을 보여주기 위해 다시 한번 다양한 성경 구절들을 검토하고 있다. 모든 사람들이 죽었을 때, 그들은 그리스도의 재림과 부활을 기다리며 땅 위에 존재하게 된다. 부활 사건이 일어났을 때 신앙 깊은 삶을 살지 못하고 영원한 생명을 위한 하느님의 선택을 받지 못한 사람은 지옥으로 가야만 한다. 그렇지만 홉스는 지옥을 꺼지지 않는 불바다나 칠흑 같이 어두운 곳처럼 말하는 성경의 인용들을 비유적으로 받아들여야 하고, 성경의 용어들도 보통 대부분의 사람들이 기울이는 것보다 더 조심스럽게 이해할 필요가 있다는 것을 주장하고 있다. 예를 들면, 성경에서 언급하고 있는 '칠흑 같은 어둠'은 '외부의 어둠' 또는 '바깥 어둠'이라고 좀 더 정확하게 번역될 수 있는데, 이에 대해 홉스는 지옥에 있는 사람들은 하느님이 구원한(선택된) 사람들과는 구별되는 다른 장소에 있게 됨을 의미한다고 지적하고 있다.(331, 487)

다음으로 홉스는 '사탄'과 '마귀'라는 이름이 어떤 특정한 존재에 붙여진 고유 명사가 아니라 이들이 행하는 기능을 기술하기 위해 사용하는 보통 명사라고 주장한다. 만일 이것이 사실이라면 이들 용어는 홉스 당시에 많은 신자들이 생각했던 것과는 판이하게 다른 무엇을 의미한다:

> 적, 고발자, 파괴자는 하느님 나라에 살게 될 사람들의 적대자를 의미하기 때문에, 부활 후에 하느님 나라가 (앞장에서 성경에 근거하여 그러하다는 것을 내가 보여주었듯이) 지상에 있다면, 적과 적의 왕국도 지상에 있어야 한다. 유대인들이 하느님을 저버리기 전에도 그러했다. 하느님의 나라는 팔레스타인에 있었으며, 그 주변의 여러 나라들이 적의 왕국이었다. 그러므로 사탄은 지상에 존재하는 교회의 모든 적대자를 의미한다.(332-3, 488-9)

홉스는 이런 추론에 따라 악이라는 것이 인간의 행위와는 별도로 영적인 존재성을 갖고 있다는 생각을 버리고 있다. 절대 악의 초자연적인 성질 때문에 지옥의 고통을 두려워하는 사람들이 홉스의 생각을 수용할 수 있다면 이것은 이들을 안심시켜주는 소식이 될 수도 있다. 사탄이란 지상에 있는 교회의 적에게 우리가 부여한 비유적인 이름 그 이상의 것이 아니다. 우리는 심지어 이렇게도 말할 수 있다. 부활 이후에 하느님의 선택을 받은 사람들과 달리 구별된 그런 사람들은 스스로 사탄이라 불릴 수도 있다. 왜냐하면 그들은 전생(前生)에 하느님을 받아들이지 않았고 그래서 사실상 하느님의 통치권에 반대하는 적들이기 때문이다.

이후 홉스는 지옥이 많은 사람들이 상상하는 것처럼 그렇게 나쁜 곳이 아니라는 증거를 더 많이 제시하고 있다. 홉스에 따르면 누구라도 천국에서 영원히 사는 것을 더 좋아할 수 있지만 지옥도 영원히 불에 타는 듯한 처벌이 가해지는 장소는 아니다. 그보다는 하느님과 그의 백성들로부터 구별된 장소에서 부활 이후에도 살아가는 지상에서의 삶이 곧 지옥이다. 지옥에서 사는 사람은 영원히 살도록 운명 지워진 것이 아니라 '두 번째 죽음'(333, 490)을 경험하게 된 사람들이다. "이로써 명백히 알 수 있는바, 심판의 날 이후에 심판을 받은 사람들은 모두 두 번째 죽음을 맞이하게 될 것인데, 그 이후에는 더 이상 죽지 않는다."(334, 490)

우리는 홉스의 전체적인 요점을 잊지 않아야 한다. 그는 이 장에서 유대인들이 자신들을 대표하는 왕을 선택하기 오래전부터 하느님이 이 지상을 통치해왔다는 것을 반복해서 말하고 있다. 예수가 이 지상에 왔지만 그의 왕국이 이 세상은 아니라는 것을 선언했다. 성서는 앞으로 올 세상에 대해 말하고 있다. 홉스는 세 개의 세상, 즉 세 번의 각기 다른 시대와 인류가 놓인 상황들이 있다고 추정하고 있다. 유대인들 위에 군림하는 하느님의 고대 왕국, 지상의 통치자들의 왕국들 그리고 예수가 스스로 지상의 통치자로서 지배하기 위해 재림할 때 세워질 왕국이 그것들이다. 현재 우리는 하느님의 직접 통치를 받는 것이 아니라 세속적인 왕들에 의해 지배받는다. 홉스는 여기에 또 다른 중요한 주제인 내세에 대한 자신의 성경 해석을 덧붙이고 있는데, 그 결과는 다음과 같다:

1. 우리가 죽을 때 바로 천국이나 지옥으로 가는 것이 아니라 우리는 존재하지 않게 되며, 오직 신체만 땅에 있게 된다. 따라서 우리가 어떻게 살았는가에 따라 나오는 직접적 결과를 두려워해서는 안 된다.
2. 그리스도가 재림하는 날 일반 부활(general resurrection)이 있게 될 것이며, 생명을 다시 얻게 되었을 때 사람들은 이 땅에서 육체를 가지고 살게 될 것이다.
3. 하느님에 대해 신실하게 산 사람들은 왕인 그리스도와 함께 이 땅에서 영원히 살 것이나 그때까지 그리스도는 왕이 아니다. 따라서 그리스도인들은 자신들의 충성심이 그리스도와 세속의 왕 사이에서 분열되었다고 느낄 필요는 전혀 없다.
4. 하느님으로부터 버림받은 사람들은 하느님[의 왕국]과는 분리된 다른 땅에서 또 다른 삶을 살다가 두 번째 죽음을 맞이하게 될 것이다. 이런 방식으로 홉스는 지옥에 대한 몇 가지 두려움을 [지옥은 곧 고통이라는] 등식에서 제거하고 있다. 이를테면 만일 통치자의 명령에 복종하는 일이 결국 죄(sin)라고 한다면, 적어도 그 죄에 대한 대가는 무한하지 않다.

내세와 같이 중요한 주제를 장황하게 다룬 후 뒤따라 나오는 다음 39장은 일관성이 없어 보인다. 39장은 매우 짧고 그 목적은 성서에 따라 교회를 정의하는 데 있다. 홉스는 성경에서 사용되고 있는 '교회'라는 말의 여러 가지 의미에 대해 논의하고 있는데, 그중에는 '신전(temple)',

'시민들의 모임', '종교적 모임의 회중들' 그리고 가장 중요한 의미는 (그 회중을 대표하는 법률적 인격체로서) '하나의 인격'을 포함하고 있다. 홉스한테는 마지막 의미가 가장 중요한데, 그가 교회의 의미를 그리스도교 왕국 안에서 정의하고자 했기 때문이다. 홉스는 "**그리스도교 왕국과 교회는 완전히 하나이다**."라고 하면서 간결한 논의를 시작하고 있으며, 많은 왕국들 위에서 지배권을 주장하는 보편 교회의 이념을 [비판의] 표적으로 삼고 있다: "따라서 지상에는 모든 그리스도인들이 복종해야 하는 그런 보편 교회는 존재하지 않는다; 왜냐하면 지상에는 모든 왕국들이 복종해야 하는 권력이 존재하지 않기 때문이다. 각각의 군주와 국가의 통치를 받는 그리스도인들이 있을 뿐이다. 그들 각자는 자신이 속한 왕국에 복종할 뿐이며, 따라서 다른 어떤 인격[보편 교회]의 명령에도 따를 수 없다."(340, 498)

여러 곳에서 홉스는 가톨릭교회가 보편적이며, 모든 왕국과 왕들을 뛰어넘는 권위를 갖고 있다는 주장에 대해 반대하고 있다. 홉스는 독립적인 왕국이 종속되어야 하는 권력이 이 지상에는 없다는 것을 여기서 명백하게 말하고 있다. 우리는 왕들이 지상에서 하느님을 대리한다는 세속적인 제도[이를테면 교황 제도]에 [복종할]책임이 있는 것이 아니라 오직 하느님에 대해서만 궁극적으로 [복종의]책임을 지고 있다는 것을 알고 있다. 이 점을 선언하면서, 홉스는 영국 교회를 세우는 데 있어서 영국 군주의 정책과 같은 노선을 취하고 있으며, 동시에 그는 보편 교회를 거부하는 개신 교회와도 일치한다. 어떤 개신교인들은 이제 교회가 국가의 권위 아래 놓여 있으며, 세속적인 지도자들 위에서 군림할 수 있는 보편적 권리 주장을 할 수 없다는 점에서 홉스에 동의했을 수도 있다. 다른 개신교인들, 특별히 청교도 교인들은 확실히 동의하지 않았다. 왜냐하면 정부를 인정할 것인가 거부할 것인가는 성경적 진리에 대한 각자의 해석에 달려 있기 때문이다. 이상하게도 가톨릭 교인과 청교도 교인 모두는 세속적인 권력의 정당성을 평가하는 기준으로서 상위의 권위를 주장했다. 우리가 이미 앞서 살펴보았듯이, 가톨릭의 해석에 반대하는 홉스의 주장은 종종 청교도의 프로테스탄티즘과도 상관관계를 갖고 있다.

다음으로 홉스는 고대의 신약 모델(covenant model)과 사회계약에 관한 자신의 이해 사이에 더욱 긴밀한 연관 관계가 있다는 것을 말하면서, [홉스 당시의] 현재 상황과 고대 이스라엘의 상황을 더욱 철저하게 비교 설명하는 일에 관심을 돌리고 있다. 40장의 제목은 "아브라함, 모세, 대제사장들 그리고 유대의 왕들이 가지고 있는 하느님 왕국에서의 권리들에 관하여"이다. 이 장에서 홉스는 어떻게 하느님과 그를 통해 하느님이 직접 통치하신 아브라함과의 사이에서 첫 번째 신약이 맺어졌는지에 대해 기술하고 있다. 그 합의는 아브라함과 이루어진 것이기에 아브라함이 통치했던 사람들은 하느님과 직접적 관계가 없다. 그 대신 그들은 아브라함의 말을 들어야 했고 그의 명령을 하느님의 명령처럼 복종해야 했다.

계속해서 홉스는 아브라함과 모세의 상황과 현재 군주들의 상황을 비교하고 있다. 예를 들면, 그는 말하기를, 아브라함이 환상을 보고 예언을 들은 척하는 사람들을 처벌할 수 있었던 것처럼, "이제 통치자는 자신의 사적인 영을 내세워 법을 어기는 자는 누구라도 합법적으로 처벌할 수 있다: 왜냐하면 왕국에서 통치자의 지위는 아브라함이 그의 가족 내에서 차지했던 지위와 같기 때문이다."(343, 501) 홉스는 무엇이 모세에게 자기 백성들을 지배할 수 있는 권위를 부여했는가를 묻고 있다: "그러므로 모세의 권위는 다른 모든 군주들의 경우와 마찬가지로 백성들의 동의와 그에게 복종하겠다는 약속 위에 그 근거가 있다."

(344, 502) 그들이 이런 약속을 한 이후 (하느님과 직접 접촉하는 것을 두려워하면서 그들은 모세에게 하느님 앞에서 자신들의 대리자가 되어 달라고 간청했고), 마치 백성들이 그들이 맺은 사회계약 때문에 통치자에게 복종해야 하는 것처럼 이스라엘 백성들은 모세에게 복종할 의무를 지게 되었다. 홉스는 좀 더 직접적으로 선언하고 있다: "우리는 다음과 같은 결론을 내릴 수 있다. 그리스도교 왕국에서 모세의 지위에 있는 사람은 누구나 하느님의 유일한 전달자이며, 하느님 명령의 해석자이다."(346, 504) 더 나아가 그는 하느님의 말씀을 직접 생각해보거나 해석하는 일은 백성들의 임무가 아니라 모세의 임무였다고 말하고 있다. 마찬가지로 이제 백성들이 할 일은 성서를 독자적으로 해석하거나 종교적인 문제에 관해 판단을 내리는 일이 아니라 통치자의 해석을 듣고 존중하는 일이다.

왕이 유대 백성을 통치하는 것을 더 선호하여 제사장이 통치하는 것을 끝내도록 하느님이 허락했을 때, 정치적 권력과 종교적 권력은 한 사람 수중으로 들어가게 되었다. 성경은 이제 제사장이 왕의 권위 아래 놓이게 되며, 왕이 [종교의식인] 전례의 문제까지 포함해서 종교적 권위를 가지고 있다는 것을 분명하게 보여주고 있다. 왕은 제사장들을 해고할 수도 있었고 전례의식 같은 종교적 기능을 스스로 수행하기도 했다. 지금까지 홉스는 자신의 왕국에서 백성들이 군주를 바라보는 모델을 만들고자 했는데, 그 모델에 의하면 군주는 하느님의 권위를 가지고 통치하며, 자신의 왕국 안에 종교를 확립하는 일에 유일한 책임을 가지고 있는 사람이다. 그러나 그는 긍정적 사례라 볼 수 없는 이스라엘 역사의 또 다른 관점에 주의를 돌리고 있다:

정치와 종교 두 영역의 통치권은 그 권리에 관한 한 처음에는 대제사장들에

> 게, 그리고 그 후에는 왕들에게 속해 있었음에도 불구하고, 그들의 동일한 신성한 역사를 보면 백성들이 그것을 이해하지 못한 것으로 보인다. 많은 백성들 또는 아마도 대부분의 백성들은 통치자가 기적을 보여주거나, 기적과 동일한 위대한 능력을 보여주거나 혹은 통치자가 한 일이 복을 가져다줄 때에만 모세의 명성도 제사장들과 하느님의 대화에도 충분한 신뢰를 보냈다. 통치자가 마음에 들지 않는 일을 할 때마다 때로는 정치를, 때로는 종교를 비난하고 마음대로 통치자를 바꾸기도 하고, 혹은 복종의 의무를 저버리고 반역하기도 하였다. 이로부터 종종 정치적 분쟁과 분열 그리고 국가적 재앙이 발생하였다.(349, 509–10)

이것은 홉스의 모델과 모순되는 것이 아니라 오히려 그것을 완성시켜 준다. 이스라엘 사람들이 정확하게 완벽한 모델은 아니다. 왜냐하면 그들도 종종 백성으로서의 의무를 이해하지 못했기 때문이다. 그들은 자신들의 통치자를 판단할 수 있는 권리와 종교에 대해 독자적으로 추론할 수 있는 권리를 갖고 있었다. 홉스는 그들이 그렇게 했을 때는 언제나 혼돈과 피해를 겪게 되었다고 주장하고 있다. 그는 말하길, 그들은 "정의나 종교 문제에 있어서 설득할 수 있는 희망을 가졌을 때는 언제나 복종의 의무에서 스스로 벗어나기 위한 핑계를 준비하고 있었다." (350, 510) 이것이 바로 홉스 자신의 조국에서, 특히 정의와 종교의 이름으로 자신들의 통치자에게 저항함으로써 국교에 반대하던 청교도주의라는 거짓 예언자들의 외침에 따랐던 사람들이 감행했던 일이다. 이스라엘 역사를 통해 우리가 알 수 있는 것은, 하느님은 인간이 어떻게 행동하고, 정부와 어떤 관계를 갖기를 원하는지, 그리고 어떻게 종종 탈선하는지를 보여주는 하나의 모델이다.

다음으로 홉스는 자신의 성서 해석에 따라 예수 그리스도의 역할에 관심을 돌리고 있다. 이 41장에서 그리스도는 하느님과 인간 사이에서 이어지는 지속적인 관계의 일부분으로, 그리고 찾았다가 잃고 다시 찾고 있는 하느님 왕국 이야기의 한 부분으로 보여지고 있다. 홉스는 그리스도의 도래가 구약에서 어떻게 예언되었는지를 보여주고 있으며, 그리스도가 수행한 다양한 역할들에 대해 설명하고 있다. 그리스도는 구약 성서에 나오는 희생제물, 특히 희생양과 연속성이 있다는 것을 보여주는 방식으로 대속자(代贖者)의 역할을 이행했다. 하느님은 이 희생제물을 죄의 대가로 받아들였고, 이런 방식으로 그리스도는 스스로 최고의 희생제물이 되어 인류를 구원하였다. 그리스도의 두 번째 역할은 **"하느님의 왕국에 관한 신약을 갱신하고 선민(選民)들이 그것을 받아들이도록 설득하는 것이다."**(354, 515) 즉 그리스도의 역할은 유대인들이 사울을 왕으로 선택했을 때 거부했던 신약을 회복하는 데 있었으며, 자신을 받아들이는 이방인들에게까지 그 신약을 확대하는 데 있었다. 그러나 홉스는 다시 한번 그리스도가 자신의 시대에 이 땅에서 왕으로 통치할 의도가 없었다는 점을 아주 분명하게 하고 있다. 그 대신 홉스는 그리스도가 지상의 통치를 전복시킬 어떤 일도 하지 않았다는 점을 언급하고 있다: "그리스도가 주장한 왕국은 다른 세상에 있었다. 그 사이에 그는 모세의 자리에 있는 사람들에게 모두가 복종하라고 가르쳤으며, 황제에게 세금을 바치라고 했으며, 스스로 재판관이 되기를 거부했다. 이런 상황에서 그의 말과 행동이 어찌 선동적인 것이었고 당시의 정부를 전복시킬 의도가 있었다고 할 수 있겠는가?"(355, 516)

위의 문장은 그리스도의 역할에 관한 홉스의 전체적인 시각을 알아내는 단서를 우리에게 제공하고 있다. 그의 견해에 따르면, 그리스도는 특별히 말과 행동으로 가르쳤는데, 그것은 홉스가 정확하게 자기 독자들이 다음의 주장들을 받아들이도록 설득하는 것과 같다. 즉 그리스도의 재림 때까지 사람들은 각자 지상의 통치자들에게 복종할 의무가 있는데, 그들의 권위는 아브라함, 모세, 아론, 제사장들 그리고 이스라엘의 왕들의 전통을 잇는 직계 관계를 통해 하느님의 허락을 받은 권위이다. 그리고 현재 찰스 1세 왕과 같은 지상의 왕들은 모세가 있던 자리와 같은 지위에 있으며, 모세와 동일한 권위를 가진 것으로 보아야만 한다. 그리스도는 심지어 로마 제국에 복종할 것을 가르쳤으며, 사람들이 자기 정부를 심판해야 한다는 것을 가르치지 않았다. 그리스도의 세 번째 역할은 스스로 왕의 직위를 취하는 것이다. 그러나 그가 이 일을 하는 것은 그에 앞서 모세가 그랬던 것처럼 하느님의 대리자로서 오직 사람의 모습으로 그가 이 땅에 재림할 때이다: "다시 말하면, 그는 왕이기는 하지만 하느님 아버지 아래에서 그 대행자로서의 왕이다. 모세가 광야에서 그러했고, 사울이 통치하기 이전에 대제사장들이 그러했으며, 사울 이후 왕들이 그러했다."(356, 518)

결과적으로 그리스도는 새로운 모세가 될 것이다. 홉스는 전문가답게 구약과 신약 사이의 연속성을 잘 보여주고 있으며, 그리스도의 역할을 지상에 있는 통치자들의 권위에 위협을 가하지 않는 방식으로 이 연속성에 잘 들어맞도록 하고 있다. 또한 『리바이어던』의 1, 2부에서 그는 성서나 종교적 추론에 **기대지** 않고서 절대적 통치권을 확립하려고 했지만, 여기서 우리는 자신의 결론을 **지지하기** 위해 일종의 '왕권신수설'을 주장하고 있는 홉스의 모습을 볼 수 있다. 홉스의 논증이 왕권신수설을 주장하는 다른 학자들의 논증과 동일하지는 않지만, 그것은 세속적인 통치자의 지배가 참으로 하느님의 뜻이며, 이들 통치자들이야말로 얼마 동안[두 번째 하느님의 왕국이 세워질 때까지] 지상에서 하느님의 대리자라는 것을 보여주려는 실질적인 시도였다. 따라서 만일 우리가 『리바이어던』의 3부에 있는 이 장들을 진지하게 고려한다면, 완전히 세속적인 추론만 가지고, 그리고 신적인 지지를 옹호하는 논증과 아무런 상관없이 홉스가 절대왕권을 수립하려고 한다는 그의 여러 독자들이 하고 있는 [다소 과격한] 주장을 누그러뜨려야만 한다. 분명 그는 [독자들의 주장 같은] 그런 논증들에 의지하고 있지 않으며, 또는 그런 논증들을 가지고 [자신의 논증을] 시작하지도 않았다. 그렇다고 해서 이 장들을 단지 자기 능력을 과시하는 것으로 보고 그냥 넘어가는 것도 옳지 않다. 홉스는 어떻게 자신의 사회계약론과 절대왕권론이 성서의 가르침과 잘 들어맞는지를 보여주었다고 믿고 있다. [『리바이어던』] 1, 2부에서 홉스가 말한 여러 가지 것을 고려한다면, 때로는 그가 진지한 그리스도인이었다는 것을 믿기가 어렵다. 그러나 비록 그가 그리스도인은 아니었다 하더라도, 이들 여러 장을 통해 볼 때 그는 적어도 진지한 성서 연구자였으며, 자기 결론을 옹호할 수 있는 종교적 근거들을 가지고 최선을 다해 자기 방어할 준비가 된 사람이었다는 것은 확실하다.

다음 42장("교회 권력에 관하여")은 『리바이어던』에서 단연 길이가 가장 긴데, 이는 곧 홉스의 전체적인 체계 안에서 이 주제가 얼마나 중요한가를 암시하고 있다. 이 장은 홉스 생각에 교회와 종교적인 조직체들이 어떤 권력은 갖고 있고, 또 어떤 권력은 갖지 못했는지를 성서적 증거를 활용하여 상세하게 설명하고 있다. 우선 홉스는 교회의 역사를 그리스도교 왕국이 세워지기 이전 (왕들의 개종 이전) 시대와 그 이후의 시대, 두 부분으로 구분하고 있다. 그리스도교 왕국 이전에는 교회의 권력이 그리스도의 사도들에게 있었으며, 그 후에는 안수(按手)를 통해 다른 사람들에게 있었다. 그러면 이 권력이란 어떤 것이었는가? 그것은 사람들 사이의 일을 지시하고 그리스도의 가르침을 법이 되게 하는 권력인가? 아니면 정부가 제정한 법이 하느님께 합당한지 그렇지 않은지를 판단하는 권력인가? 이런 물음에 대해 홉스는 확고하게 '아니오'라고 답하고 있다.

그는 대리자 개념을 논의하면서 그리스도인 통치자를 옹호하기 위한 논증을 시작하고 있다. 그렇게 하면서, 그는 그리스도인들이 믿는 성부, 성자, 성령의 삼위일체론에 대해 비정통적인 해석을 하고 있는 것처럼 보인다. 이 삼위일체 교리는 한 분의 하느님이 세 인격체로 이루어져 있다는 것을 말하는데, 각각의 인격체는 하느님의 전체성 안에서 그분을 포함하고 있다. 이 삼위일체설에 대한 홉스 자신의 해석은 '인격화' 또는 대리자 해석이라 할 수 있다. "그러므로 세 번 대표성을 갖게 된 (즉 인격화된) 하느님은 세 인격을 가지고 있다 말할 수 있다. 비록 성경에는 하느님을 지칭하는 말로 '인격(person)' 이니 '삼위일체' 니 하는 말이 나오지 않지만 그러하다."(360, 522) 보통 삼위일체에서 '성부' 는 대표성을 가진 인격체로 보지 않고 모든 권능을 가진 하느님으로 본다. 홉스가 볼 때 삼위일체의 이 부분조차 오직 인격화를 통해 알려진다는 것을 우리는 알 수 있다. 홉스는 다음과 같이 쓰고 있다: "아버지 하느님은 모세로 대표되는 하나의 인격이며, 그의 아들 예수로 대표되는 또 하나의 인격이 있으며, 사도들과 이들이 부여한 권한에 의해 배운 교회 박사들로 대표되는 세 번째 인격이 있다. 하지만 이 모든 인격은 하나의 인격이며 하느님과 동일하다."(360, 522-3) 이것이 홉스한테는 명백하게 의미가 통하는 삼위일체에 관한 견해이다. 왜냐하면 하느님 자신은 온전히 하나의 순수성만을 지닌 존재로 이해되지 않았기 때문이다. 그러나 이런 해석을 통해서 주의해야 할 것은, 하느님의 대리자인 모세 그리고 마찬가지 방식으로 하느님의 대리자로 여겨지는 그리스도를 같은 거리에 있는 사이로 보아서는 안 된다는 점이다. 그리스도인은 모세와 사도들이 하느님이라는 것을 믿지는 않지만 그리스도가 하느님이라는 것은 믿는다. 홉스는 그리스도가 신적인 존재라는 것을 부인하지는 않지만, 삼위일체에 관한 이런 통상적이지 않은 해석이 어떻게 다른 그리스도인들을 혼란스럽게 하고 불편하게 만들 수 있는지는 훤히 보인다. 홉스의 목적은 [그리스도인들을] 기분 나쁘게 만들려는 데 있는 것이 아니라, 하느님의 현대적인 대리자로서 그리스도인 통치자의 역할을 옹호하는 데 활용될 수 있는 대표성 이론을 세우려는 데 있다. 그러나 여전히 그리스도인 통치자가 어떤 방식으로든 그리스도처럼 또는 심지어 모세처럼 하느님의 대리자일 수 있다는 생각은 잠재적으로 도전적이며 위험 부담이 있는 생각이다.

"**교회의 권력은 오직 가르칠 수 있는 힘에 있다**."(361, 524)는 것이 홉스의 핵심 요점이다. 그리스도는 사도들에게 어떤 통치 권력을 남겨두지 않았으며, 단지 설득의 힘만을 남겼다. 그리스도가 세속적인 권위, 심지어 그것이 이교도의 것이라도 그 권위에 복종하도록 가르쳤다는 것을 보여주기 위해 홉스는 성경을 광범위하게 인용하고 있다. 물론 홉스는 이교도 정부가 그리스도인에게 다른 신을 섬기라고 명령한다면 어떻게 할 것인가? 하는 물음에 대답해야만 한다. 이 물음에 답하기 위해, 홉스는 내적 신앙과 외적 행동을 구분하고 있다. 홉스 이후에 등장하는 많은 자유주의 사상가들처럼, 그는 어떤 세속적인 권력도 내적 신앙을 강요할 수 없으며, 오직 겉으로 드러나는 행위만을 강요할 수 있다는 점을 지적하고 있다. 어떤 사람은 [자기가 속한] 이교도 정부의 모든 명령에도 불구하고 그리스도를 믿을 수 있다. 그러나 만일 그 사람이 그리스도교의 계명에 반하는 행동을 하도록 요구된다면 어떻게 할 것인가? 홉스의 대답은 이러하다. 만일 그가 자기 통치자의 직접 명령에 따라 [그리스도의 계명에 반하는] 행동을 한다면, 그 도덕적 책임은 통치자에게 있는 것이지 성경에서 가르친 대로 단순히 복종하는 그의 백성들에게 있는 것은 아니다.

신앙에 반하는 행동 때문이라기보다는 자신들의 합법적 정부의 손에 죽임을 당한 순교자들을 교회의 전통 안에서 찬양하는데 이에 대해서는 무엇이라 말할 것인가? 하느님의 명령을 충실하게 따르기 위해 정부에 저항하는 것이 미덕이라는 이야기는 성경의 여러 곳에 나온다. 여기서 홉스는 순교 개념을 교묘하게 정의함으로써 [무거운] 순교의 문제가 좀 가벼워지기를 바라고 있다:

> 그러면 우리가 교회의 역사에서 읽을 수 있는 저 많은 순교자들은 불필요하게 목숨을 버린 것인가? 이 문제에 답하기 위해서, 우리는 신앙 때문에 목숨을 잃은 사람들을 [두 부류로] 구분해야 한다: 이들 중 어떤 사람은 그리스도의 왕국을 가르치고 널리 알릴 소명을 받은 사람들이요; 또 다른 사람은 그런 소명을 받지 못하고 자기 신앙만 지키면 되는 사람들이다. 앞의 사람의 경우, 예수 그리스도가 죽은 자 가운데서 살아났다는 것을 증언한 대가로 죽임을 당했다면 그들은 진정한 순교자이다. 왜냐하면 (참된 정의를 내리자면) 순교자란 메시아 예수의 부활을 증언하는 자이기 때문이다; 그러므로 예수가 이 땅에 있을 때 그와 대화를 나누었고 다시 살아난 후 그를 본 사람만이 증인이 될 수 있다: 증언은 반드시 자기가 본 것을 증언해야 하며, 그렇지 않은 그의 증언은 효력이 없기 때문이다.(365, 529)

홉스는 전반적인 자기 이론에 유리하게 작동하는 두 가지 일을 이미 완수했다는 사실에 주목하라. 첫째, 그는 '순교자'를 정의하면서 그리스도의 부활을 증언하는 사람이라고 했지, 보통 생각하듯이 자기 신앙을 위해 죽은 사람이라고 하지는 않았다. 이는 순교와 죽임당하는 일을 연결시키는 것처럼 보이나, 그가 실제로 정의할 때 순교는 단순히 '구세주 예수의 부활을 증언'하는 것이다. 둘째, 그리스도가 이 땅에 살았던 그 시간에 실제로 그를 본 사람만을 증언자로 한정시키기 위해 그는 '증언자'를 아주 좁게 해석하고 있다. 홉스가 조금 더 이야기하고 있듯이, 증언자는 "예수와 대화를 나누고 예수가 부활하기 전이나 후에 그를 본 제자여야만 한다. 결과적으로 [이런 자격을 갖춘 사람은] 예수의 열 두 제자들 중의 한 사람임에 틀림없다. 반면 그 외 사람들은 선임자들[열 두 제자들]이 말한 것 이상을 증언할 수 없다. 따라서 그들은 열 두 제자의 증언에 대한 증언자에 불과하며, 2차 순교자 또는 그리스도의 증언자들을 위한 순교자일 뿐이다."(365, 530) 이와 같은 재정의를 통해 홉스는 두 가지 일을 더 완수하고 있다: 그는 사람들에게 신앙 때문에 죽을 필요는 없다고 가르치고 있으며, 오늘날 '증언' 때문에 순교자가 될 수는 없다고도 가르치고 있다. 오직 실물로 살아 있는 그리스도를 본 사람만이 진정한 증언자가 될 수 있다. 그의 요점과 목적을 보다 분명하게 말하기 위해, 홉스는 다음과 같이 말하고 있다: "성직자의 야망이나 이익을 채우는 데 기여하는 교리를 위해 죽을 이유는 없다. 어떤 사람을 순교자로 만드는 것은 증언자의 죽음이 아니라 증언 그 자체이다: 왜냐하면 순교자라는 말은 증언하는 사람을 가리키는 말일 뿐 그 증언 때문에 그가 죽임을 당했는지 아닌지는 상관이 없기 때문이다." (366, 530)

42장의 몇 군데에서 [홉스는] 영적 권위와 세속적인 권위 모두를 요구하는 가톨릭교회를 특별한 표적으로 삼고 있다. 이를테면, 죄를 용서하거나 또는 [죄의 상태로 계속] 놓아두게 할 수 있는 교회의 권력에 대해 논의하고 있다. 홉스는 성경 구절들을 철저하게 검토함으로써, 첫째, 사도들은 진정으로 회개하는 사람들에 대해 용서하는 일을 거부할 수 없으며, 둘째, 어떤 사람이 회개했는지를 판단하는 일은 사도들에게 속한 것이 아니라 전체 그리스도인 공동체에 속한다고 주장하고 있다. 그는 그리스도교 왕국이 설립된 이후에는 국가의 대표자가 이런 판단의 권한을 갖게 된다고 지적하고 있다.

마찬가지로, 홉스는 교회 구성원을 파문(excommunication)할 수 있는 교회 권력에 대해서도 다루고 있다. 대부분의 사람들에게 파문이란 교인들에게 성사(聖事), 특히 성체성사나 성만찬에 참여하는 것을 거부할 수 있는 교회의 권력을 의미했다. 로마 가톨릭신자들에게 파문이란 그리스도의 용서와 사랑으로부터 분리되고 결과적으로 벌을 받게 되는 것을 의미했다. 우선 홉스는, 단순히 교인들이 어떤 사람을 기피하거나 배제하는 것을 파문이라고 정의하고 있다. 그다음으로 그는 이렇게 결정하고 있다: "그리스도교가 정치권력의 공인을 받기 이전 시대에, 파문이란 [사적인] 견해(opinion)의 오류를 교정하기 위해서가 아니라 태도(manners)를 고치기 위해서만 사용되었다는 것이다. 왜냐하면, 이 세상을 심판하기 위해 우리의 구세주가 재림한다는 것을 믿고 기다리는 사람들 외에는 이런 파문이 전혀 의미 없는 처벌이기 때문이며, [구세주의 재림을] 믿고 있는 사람들에게는 다른 견해가 필요한 것이 아니라 구원받기 위해 올바른 생활 태도만 필요했기 때문이다."(371, 537-8)

달리 말해 교회의 혜택으로부터 단절되는 것을 두려워하지 않는 비신자들에게 이런 파문은 아무런 효과가 없다는 말이다. 따라서 파문이란 믿는 사람들을 위해서, 그리고 [그들 중] 부정한 행위를 한 사람을 그리스도교 공동체에서 분리시키기 위해 따로 마련된 어떤 것임에 틀림없다. 홉스는 다음과 같이 말하면서 이 점을 분명히 하고 있다: "예수가 그리스도라는 이 근본적인 믿음을 가진 사람을, 다른 문제에 대한 견해 차이를 이유로 파문한다고 해서 그 근본적인 믿음이 파괴되지는 않는다. 성서나 사도들의 사례를 보더라도 파문할 권한이 있어 보이지 않는다."(371, 538) 이를테면 만일 가톨릭교회가 프로테스탄티즘으로 개종한 사람들이나 부인과 이혼한 왕[헨리 8세]을 파문하겠다고 위협한다면, 예수가 그리스도라는 것을 믿는 한 그 시민이나 왕을 파문하는 것은 교회의 잘못이다. 따라서 신앙심이 있는 그리스도인은 파문이 무서워 자기 통치자에게 불복종해서는 안 된다. 그런 사람을 파문하는 것은 아무런 효과도 없다. 정말로 그리스도교 왕국의 시대에 파문이 정치적 통치자의 권위를 갖지 못한다면, 그 파문은 무의미하다.

42장의 많은 부분은 그리스도교 왕국의 왕을 최고의 종교적 지도자로 보는 홉스의 견해를 지지해주고 있다. 그는 사도들의 시기부터 그리스도교 왕국의 시대에 이르기까지 어떻게 종교적 진리가 결정될 수 있었는지에 대해 자신의 견해를 피력하고 있다. 과거에는 집단적인 숙고의 과정을 통해 진리가 결정되었다. 누구에게도 독자적으로 성서를 읽고 해석하는 일이 금지되지 않았다. 플라톤의 『국가』에 나오는 철인군주론을 흉내 내면서, 홉스는 다음과 같이 말하고 있다: "사도들의 시대와 마찬가지로, 종교적 지도자[사제]들이 한 사람의 해석자에게 [해석]의 권위를 부여하고, 그의 해석이 일반적으로 고수되던 그런 시기가 있었던 게 틀림없다: 그러나 왕이 종교적 지도자가 되거나, 종교적 지도자가 왕이 되는 그런 시기가 왔을 때 [집단적으로 진리가 결정되는] 일은 있을 수 없었다."(376, 545) 거의 불가능하다고 생각되지만 플라톤은 철학자가 왕이 되지 않는 한 완전한 정의란 있을 수 없다고 가르쳤다. 그가 볼 때, 현명한 지도자를 얻을 가능성은 희박하다. 왜냐하면, 첫째, 현명한 사람은 통치하기를 원치 않기 때문이며, 둘째, 사람들은 지적으로 우월한 사람의 지도력을 인정하고 싶지 않기 때문이다. 분명 홉스가 볼 때, 사제군주(pastor-king)가 철인군주(philosopher-king)보다 사람들에게는 더 그럴듯해 보이고 수용 가능해 보인다. 아마도 이는 왕의 권위가 그의 지적인 재능을 평가하는 백성들 손에 달려 있다기보다는 왕 자신의 힘뿐만 아니라 백성들의 자기 이익[을 추구하는 성향]과 종교성에 달려 있기 때문이다.

홉스는 십계명을 다루면서 그리스도인 통치자의 권위에 관한 논증을 하고 있다. 그는 누가 이들 계명에 법률적 힘을 부여했는가 하고 묻고 있다. 물론 그 해답은 하느님의 대리인으로서 통치하고, 이스라엘 백성들에 대해 정치적 힘을 가졌던 모세이다. 백성들의 동의를 통해 모세는 십계명을 지상의 법으로 만들 수 있었다. 동일한 권력은 아론과 정치적 통치자로서 그 계승자들에게도 속했다. 홉스는 자기 시대의 통치자들에게도 동일한 권력을 부여했다: 십계명은 정치적 통치자가 그 계명들을 해석할 때에만 오직 법이 된다. 홉스는 대부분의 자연법을 하느님의 법과 동일하게 간주했다는 사실을 기억하자. 『리바이어던』 1부에서 했던 것처럼 그는 여기서도 똑같은 것을 말하고 있다: 통치자가 그렇게 할 때까지는 그 어떤 것도 법이 강제력을 갖도록 만들 수는 없다. 만일 그렇지 않다면, 다른 사람들은 하느님의 법을 통치자가 해석하는 것에 대해서도 논쟁을 하게 될 것이다.

홉스는 주교나 성직자들의 직책 또는 가르치고 인도하는 교회의 기능을 어떤 종류의 공식적인 교회 권력으로부터 분리하려는 노력을 계속하고 있다. 이는 교회가 설득의 힘을 제외하고는 사람들을 지배하는 권력을 원래 갖고 있지 않았다는 것과, 교회의 직책을 맡고 있는 사람들에게는 특별한 정치적 권력이 주어져 있다는 가톨릭교회의 주장에 대해 그런 것은 없다는 것을 보여주는 일이다. 그는 [국가와] 분리된 교회의 권위에 대해 더욱더 의문을 던지면서, 초대 교회의 관례가 홉스 당시 가톨릭교회의 관례보다 훨씬 더 합의적이고 민주적이었다고 주장하고 있다. 그리스도인 통치자들의 출현과 함께, 십일조(의무 봉헌) 규정을 만들고, 교회 직분을 임명하고, 그리고 심지어 교회 교육을 결정하는 것과 같은 여러 가지 일들을 할 수 있는 권한이 '최고위직 사제(supreme pastor)'(393, 569)인 통치자에게 귀속하게 된다는 것을 홉스는 반복해서 말하고 있다. "**통치자의 사목**(司牧)**적 권한은** 하느님의 법(jure divino)에 의한 것이며, **다른 사제들의 사목적 권한은** 시민법(jure civili)에 의한 것이다."(394, 570) 통치자의 권한은 오직 하느님으로부터 온 것이며, 반면 모든 다른 사제들의 권한은 통치자로부터 나온다. 이런 관계를 가톨릭교회에 적용할 때, 이를 완벽하게 확실히 하기 위해 홉스는 다음과 같이 말하고 있다: "만일 그들(그리스도인 통치자들)이 적합하다고 생각되면, 그들은 오늘날 많은 그리스도인 왕들이 그렇게 하듯이, 종교 문제에 관한 한 자기 백성들의 통치를 교황에게 위임할 수 있다. 그러나 그런 경우라도 교황은 [위임 받았다는] 점에서 통치자들에게 종속되며, 시민법의 관할권 안에서, 즉 정치적 통치자의 권리 안에서 그 책임을 수행하는 것이지, 하느님의 법, 즉 하느님의 권리에 따라 수행하는 것이 아니다. 따라서 통치자들은 자기 백성들의 이익을 위해서 필요하다고 생각될 때는 언제라도 교황에게 맡긴 직무를 면직시킬 수 있다."(398-9, 575)

이 장의 거의 마지막 부분에서 홉스는 추가적으로 추기경 벨라르미노의 작품 『최고주교(교황)론』을 다루고 있는데, 벨라르미노는 이 책에서 구별되고 우월한 교황의 권위에 대해 논증하고 있다. 홉스는 로마 교회(Church of Rome)가 지니고 있는 특별한 지위나 권위를 지지할 수 있는 몇 군데의 중요한 성경 구절을 해석하고 있는데, 분명히 그런 지지를 약화시킬 수 있는 방식으로 해석하고 있다. 홉스가 쓴 유명한 구절은 다음과 같다: "백성들은 두 주인[왕과 교황]을 섬길 수 없다. 두 주인들은 백성들의 마음을 편하게 해주어야 하는데, 통치의 끈을 완전히 장악하거나 아니면 백성들을 교황의 손에 완전히 넘겨주어야 한다. 자발적으로 복종하는 백성들도 복종의 대가로 보호를 받을 수 있어야 한다. 현

세적 권력과 영적 권력으로 구분하는 것도 말장난에 불과하다. 권력이 **직접적** 권력과 **간접적** 권력으로 나누어지면 권력은 실제로 양분되고 모든 목적에 해롭게 된다."(417, 600)

위의 인용문은 어떤 혼돈을 정리하는 데 도움이 된다. 홉스는 교회의 영적인 가르침을 세속적인 권위로부터 분리하려고 애를 쓰고 있음에도 불구하고, 분명히 교회와 국가를 분리하려는 노력은 하고 있지 않다. '두 주인을 섬기라' 거나 어떤 주어진 문제에 대해 복종할 누군가를 선택하라고 사람들에게 요구하는 일은 잘못된 일이다. 권력을 나누거나 위험한 권력 분열의 모험을 생각지 않고 교회에 영적인 문제를 해결할 수 있는 간접적 권력을 부여하는 일은 있을 수 없다. 다시 한번 홉스는 진정한 위험이란 시민전쟁, 즉 정부의 해체라는 것을 독자들에게 상기시켜주고 있다. 따라서 모든 권위가 통치자에게 계속 머물도록 하거나 아니면 교황에게 전부 주어야 한다. 홉스는 가톨릭교회가 적어도 영적인 문제에 관해서는 독립적인 권위를 계속 주장해왔으며, 때로는 세속적인 문제까지도 그러했기 때문에, 통치자들이 교황에게 백성들의 영적인 지도자가 되는 것을 허용하는 일은 치명적인 유혹이 될 것이라고 주장하고 있다. 그들은 자신들의 권위와 백성들의 안전을 위태롭게 하고 있는 것이다. 홉스는 결국, 설령 정치적 통치자가 교황이나 자기 백성들로부터 이교도나 이단으로 간주되더라도, 그 백성들은 여전히 그에게 전적으로 복종할 의무를 갖고 있다는 점을 분명히 하고 있다. 어떤 방식으로든 통치자를 판단하는 일은 단순히 교회나 백성들에게 달려 있는 것이 아니라 오직 하느님만이 그를 심판할 수 있다. 클리포드 오윈(Clifford Orwin)은 이렇게 말하고 있다: "결국 인간은 두 주인을 섬길 수 있다. 자신의 통치자를 섬기면서 하느님도 섬길 수 있다. 그러나 동시에 섬기는 것 외에는 어떤 명백한 표시도 요구하지 않는 하느님 섬기

는 일이 통치자를 섬기는 일에 방해가 될 수는 없다."(Orwin 1975: 38)

『리바이어던』 3부의 마지막인 43장의 제목은 "사람이 하늘의 왕국에 들어가는 데 필요한 것에 관하여"이다. 여기서 홉스는 사람들이 지옥의 처벌에 대해 갖고 있는 아주 실질적인 두려움에 관해 다시 다루고 있다. 지옥에 가지 않는다는 것을 확신하기 위해 그들이 해야만 할 일은 무엇이며, 누구에게 복종해야만 하는가? 첫째, 홉스는 의도의 중요성, 즉 외적인 행동과 일치하지 않을 수도 있는 내적인 인품의 중요성을 강조하고 있다. 그는 말하길, 하느님이 요구하는 복종이란 "그분에게 순종하려는 진지한 노력"인데, 왜냐하면, 하느님은 "우리가 행동하려는 의지를 행위[자체]로 받아들이시기 때문이다."(425, 610) 우리가 알고 있듯이 우리의 의향이나 내적인 믿음은 강제로부터 자유롭기 때문에, 이런 기준에 따라 행동으로는 이교도 왕에게 복종한다 하더라도 하느님께 온전히 복종하는 것도 가능하다. 더 나아가 홉스는, 천국을 확신하기 위해 우리가 내적으로 믿어야만 하는 유일하고도 필수적인 신앙의 조항(article of faith)이 있다는 것을 설명하면서 내적인 믿음의 중요성을 강조하고 있다: "**단 하나의 필수조항**(unum necessarium), 즉 성서에서 말하고 있는 구원에 필요한 유일한 신조(信條)는 '예수가 그리스도이다.'라는 것이다."(428, 615) 홉스는 이 신조를 뒷받침하기 위해 성서적으로나 논리적으로 다양한 논증들을 제시하고 있는데, 그중에서 가장 홉스적인 특징이 잘 나타난 곳은 다음과 같다: "오늘날 그리스도 신앙과 관련해서 (교회가) 가르치고 있는 교리 중 대부분 논쟁거리가 되고 있는 교리를 모두 마음속으로 받아들여야 구원을 얻을 수 있다고 한다면, 이 세상에서 그리스도인이 되는 것보다 더 어려운 일은 없을 것이다."(429-30, 617)

따라서 하느님이 요구하는 유일한 복종은 순종하겠다는 내적인 욕구와 의도를 갖는 일이며, 필수적인 유일한 신앙은 예수가 그리스도라는 믿음이다. 이들 요구(순종과 믿음) 외에는 그 어떤 외적인 행동도 요구되지 않는다. 만일 통치자가 이교도이거나 또는 그리스도인이지만 백성들에게 근거 없는 믿음과 예배 의식을 명령한다고 하더라도, 백성들은 여전히 영적으로 안전하며, 하느님께 복종할 의도를 갖고 있고, 예수가 그리스도라는 것을 믿는 한 지옥으로부터 보호받는다. 통치자가 달리 명령하지 않는 한, 누구라도 자신의 신앙을 공개적으로 선언하거나 신앙에 따라 어떤 방식으로 행동해야 할 의무는 없다. 우리가 살펴보았듯이, 이런 문제들까지도 그리스도인들은 통치자에게 복종해야 할 의무를 갖고 있다. 홉스가 다른 곳에서 주장했듯이, 그 책임은 공평하게도 언젠가 하느님을 대면하게 될 통치자에게 있다.

연구를 위한 물음들

1. 3부에서 홉스는 예언, 영, 기적, 성서의 저작권, 그리고 영감 등에 의문을 제기하느라 많은 시간을 기울였다. 왜 그렇게 했는가?
2. 3부에서 성서의 가르침에 관해 설명하고 있는 홉스의 주된 목적은 무엇인가? 홉스가 성경을 단지 수사학적으로 활용하고 있다는 것에 당신은 동의하는가? 아니면 성경을 이해하기 위해 그가 진심으로 노력하고 있다고 생각하는가?
3. '하느님의 왕국' 그리고 천국과 지옥을 홉스는 어떻게 정의하고 있는가? 이런 정의들이 어떤 정치적 중요성을 가질 수 있는가?
4. 홉스에 따르면, 구원을 받고 천국에 가기 위해 그리스도인은 무엇을 해야만 하는가? 이런 가르침의 정치적 중요성은 무엇인가?

4부 어둠의 왕국에 관하여

『리바이어던』의 4부는 단지 4개의 장으로 구성되어 있어서 상대적으로 짧다. 그러나 그 주제는 아주 흥미로운데, 처음에는 '영적인 어둠', '귀신론(demonology)' 같은 주제를 다루고 있고, 다음으로는 아주 재미있게도 고대철학과 중세신학이 범한 것으로 홉스가 믿고 있는 다양한 오류들을 다루고 있다. 이는 소중하게 여겨지는 종교적 신앙을 아주 비판적으로 다룸으로써 매우 공격적인 것이 될 수도 있다. 무엇 때문에 홉스는 이런 주제들에 대해 쓰고 있는가? (또는 홉스가 그 주제들에 대해 보다 철저하고 인상적인 방식으로 다시 쓰고 있다고 우리는 말해야만 하는가?) 우리가 이 장들을 천착해 들어갈 때, 홉스가 여기서 논의하는 의제 중 (이 책 다른 곳에서 이미 암시한 것보다 더) 큰 부분은 로마 가톨릭교회에 대해 한층 더 지속적인 공격을 가하고 있다는 것을 우리는 금방 깨달을 수 있을 것이다.[18]

그리스도교 교리에 대한 홉스의 해석이 여러 가지 점에서 아주 독특하지만, 그가 이들 교리에 대한 프로테스탄트의 이해와 아주 근접해 있다는 것은 분명하다. 앞서 홉스가 다루었던 논증들을 다시 상세하게 다룰 필요는 없다. 대신 우리는 이 장들에서 독특한 점이 무엇인지, 홉스가 앞에서 했던 논증들에 무엇이 덧붙여졌는지에 초점을 맞추게 될 것이다. 다양한 가톨릭교회의 믿음과 관습을 비판하고, 정치적으로 수용가능한 방식 안에서 초자연주의를 공격함으로써, 홉스는 다시 한번 통상적인 (초자연적이지도 기적적이지도 않은) 방식에 따라 자연에 토대

---

18 『리바이어던』의 이 부분을 아주 잘 다루고 있는 곳은 Martinich(1992)인데, 특히 11장 '성서'를 참고할 것.

를 두지 않은 어떤 것을 믿는 사람들에게 심각한 도전을 하고 있다. 벤자민 밀너(Benjamin Milner)가 지적하고 있듯이, [신이 온 우주에 존재한다는] 홉스의 "내재론 신학은 성서적 종교를 실제로 지지할 수 없다. 왜냐하면 그 신학은 철저하게 종교적 현상을 자연주의적으로 이해하고 있기 때문이며, 사물들을 성서적으로나 정통(교회)의 견해로 보면 그런 현상들은 초자연적 토대를 요청하고 있기 때문이다."(Milner 1988 : 415) 따라서 홉스가 종교를 다루고 있는 『리바이어던』의 전체적인 문맥에서 볼 때, 그가 단순히 가톨릭 신앙을 공격하고 있는 것처럼 보이지만, 우리는 '자연 종교'의 범위를 벗어난 어떠한 종교적 신앙에 대해서도 공격하고 있는 취지를 여기서 볼 수 있다. 밀너나 다른 연구자들이 지적하고 있듯이, 가톨릭주의가 초자연적이거나 기적 같은 믿음을 더 요구했을 수는 있다 하더라도, 프로테스탄티즘 역시 외적 자연에서의 기적이 아니라 내적이고 영적인 세계에서의 기적을 일으키는 하느님의 초자연적인 역량을 믿는 그런 신앙을 요구했다.[19]

홉스는 대부분의 그리스도인들이 갖고 있는 사탄과 지옥에 대한 두려운 신앙을 직접 합리적으로 설명함으로써 44장("성서에 대한 잘못된 해석으로부터 온 영적 어둠에 관하여")을 시작하고 있다. 그는 사탄과 마귀라는 이름을 불러내고 있고, 그런 다음 마귀를 "유령들의 지배자"(437, 627)라 정의하고 있다. 이렇게 보면, 홉스는 이런 영적 실재들을 믿고 있는 것처럼 들린다. 그러나 이미 홉스가 앞의 여러 장에서 말한

19 가톨릭교회의 견해에 반대하면서 기적의 시대는 끝이 났다는 점에 대해 프로테스탄트주의자들은 홉스와 일치하고 있다. Milner는 이렇게 쓰고 있다: "그러나 개혁주의자들은 성령의 역사(役事) 같은 공개적인 기적을 인간의 마음 안에서 일어나는 눈에 보이지 않는 성령의 역사(役事)와 구별하고 있다. 개혁주의자들은 이 후자를 초자연적이라고 부르는 데 주저하지 않는다."(Milner 1988 : 412)

것을 보면, 그렇게 믿고 있지 않다는 것을 알 수 있으며, 오히려 그는 [자기 주장을] 합리화하는 일에 재빨리 관심을 돌리고 있다. 사탄이 지배하는 어둠의 왕국은 실제로는 "**이 세상 사람들을 지배하기 위해 사악하고 그릇된 교설로써 자연의 빛과 복음의 빛을 차단하고, 그렇게 해서 사람들이 장차 올 하느님의 나라를 준비하지 못하게 하는 사기꾼들의 동맹**"이다.(437, 627-8) 이 사기꾼들의 동맹은 초자연적 존재들로 구성된 것이 아니라 사람들, 특히 가톨릭교회의 지도자들로 이루어진 것이다. 홉스는 네 가지 영적인 어둠에 관한 논의에 주목하고 있는데, 이들 모두는 대부분 가톨릭교회의 가르침을 직접 겨냥하고 있다. 44장에서 그는 첫 번째 원인에 대해 상세하게 묘사하고 있는데, 그것은 성서에 대한 잘못된 해석 또는 "성서의 오용(誤用)"(438, 628)이다.

성서를 가장 크게 오용하는 것은, 다음과 같은 생각을 성서가 지지하는 것으로 오해하는 일이다. 즉 하느님의 왕국은 현재 세계에 존재하며 (우리는 유대인들이 사울에게 자신들의 왕이 되어 달라고 요청했을 때, 하느님의 왕국이 해체되었다는 것이 홉스의 생각이라는 것을 알고 있다.), 이 왕국이 교회이고, 교황은 이 왕국의 '대리자' 또는 '지도자' (Milner 1988, 416-7)라는 생각이다. 이런 주장은 통치적 권위에 도전하는 또 다른 주장을 낳는데, 그것은 폭력과 무질서를 낳는다. 홉스는 이어서 가톨릭교에만 독특하게 있는 것으로 보이는 성서의 오용 사례를 들고 있는데, "**축성을 주술로 하거나**" 마술적 주문으로 하는 경우이다.(441, 633) 그는 주장하기를, 축성이란 일상적인 사물들을 거룩하고 성스럽게 사용하기 위해 말로 구별하는 것이다. 그러나 "그런 말로써 사물 자체의 본질이나 성질이 변한 것처럼 꾸미는 것은 축성이 아니라, 하느님의 놀라운 일이거나 아니면 근거 없고 불경스러운 주문에 불과하다. 그러나 축성을 하면서 본질이 변하는 척하는 것을 빈번하게 보다

보면, 그 축성이 놀라운 일로 여겨지지 않는다. 그것은 주술이거나 마법일 뿐이며, 눈 그리고 다른 모든 감각 기관이 말해주는 것과는 반대로 본질이 변했다고 사람들을 믿게 만드는 술수일 뿐이다."(442, 633-4)

그래서 홉스는 한 사물의 본질을 변화시키는 주문을 걸기 위해 말을 사용하는 것과 이와 대조적으로 어떤 사물의 특별한 용도를 나타내기 위해 말을 사용하는 것을 구별하고 있다. 홉스 당시 모든 그리스도인들, 즉 개신교인들과 가톨릭 신자들은, 마술이 사악한 기술이며, 하느님과 그분의 활동과는 아무런 관련이 없는 것이라는 점에 일치했다. 그러나 개신교인들은 가톨릭 신자들을 마술을 믿는다고 비난했으며, 더 나쁘게는 홉스가 지금 언급하고 있는 우상 숭배의 죄를 범하고 있다고 비난했다. 다른 한편, 가톨릭 신자들은 자신들이 믿는 것은 마술이 아니라 사제들과 교회를 통해 하느님이 실제로 하시는 일이라고 생각했다. 위의 인용문에서 홉스가 주로 표적으로 삼고 있는 것은 성체변화를 믿는 가톨릭 신자들의 신앙이다. 홉스는 성체변화에 대한 신앙을, 사제들이 사람들을 계속 두려움에 떨게 하기 위해 부리는 마술의 힘이라고 주장하면서, 사제들이 사기 치는 것으로 보고 있다.

개신교인들은 성찬식을 가톨릭 신자들과는 다른 방식으로 보았는데, 그들은 그리스도의 영이 빵과 포도주 안에 채워진다는 [가톨릭의] 믿음부터 성찬식은 그리스도의 최후의 만찬을 기념하면서 재연하는 것이라는 [개신교의] 믿음까지 그 양자 사이에 정확하게 무슨 일이 일어났는지에 관한 쟁점에 대해서는 일치하지 않았다. 대부분의 진보적인 개신교인들처럼 홉스는, 겉모습은 동일해도 빵과 포도주의 실체는 변한다는 가톨릭 사상을 조롱하고 있는데, 심지어 그것은 일종의 "거짓말"이고 "터무니없는 우상 숭배"(442, 634)라고 노골적으로 말할 정도였다. 그러나 영적인 사물들을 다룬 홉스의 생각을 고려한다면, 그가 루터교인과 깔뱅주의자 개신교인 그리고 어떻든 그리스도의 영이 적어도 그것[빵과 포도주] 안에 들어 있다고 생각한 다른 사람들과도 동의하지 않았다는 것을 우리는 합리적으로 짐작할 수 있다. 홉스가 볼 때 성찬식은 단지 기념하는 일에 불과하다. 마찬가지로 그는 성수(聖水), 세례 그리고 악령 추방 등 가톨릭에서 사용하고 있는 개념들에 대해서도 비판하고 있다. 가톨릭의 세례 의식에는 유아에 대해 첫 번째 악령 추방 의식이 있는데, 이는 유아의 영적인 행복(well-being)을 위해서이다. "사제가 [세례 받는 아이의] 얼굴에 숨을 불어넣기 전까지는 모든 아이들이 귀신에 들려 있기라도 한 것처럼"(443, 636)이라고 홉스가 말할 때 사람들은 깔깔대고 웃었을 것이다.

홉스가 꽤 많은 시간을 할애해서 반박하고 있는 독특한 가톨릭 교리의 하나는, 죽은 사람이 천국에 가기 전 죄를 씻는 장소인 연옥(煉獄)에 관한 사상이다. 이런저런 신념 때문에 그는 부분적으로 그리스 철학과 (중세철학자들을 통해 그리스철학을 수용한) 교회를 비난하고 있다. 다음과 같은 것을 가르친 사람들은 그리스철학자들이었다:

> 인간의 영혼은 신체와는 구별되는 실체이다. 따라서 신체가 죽었을 때 모든 사람의 영혼은, 경건한 사람이건, 사악한 사람이건 그 자신의 본성 때문에 어딘가에 살아 있어야만 한다. 그 영혼 안에는 하느님의 초자연적인 선물이 깃들어 있다는 것을 알지 못한 채 그러하다. 교회박사들도 사람의 영혼이 부활해서 다시 신체와 합쳐질 때까지 머물러 있는 곳은 어디인지에 대해 오랫동안 의심해왔다. 그 영혼들이 제단 아래 누워 있다는 교리가 한동안 유행했지만, 후에 로마 교회에서는 연옥이라는 장소를 만들어내는 것이 유리하다는 것을 알았다. 근래에 와서 여러 다른 교회들이 연옥교리를 부인하였다.(445-6, 639)

위의 구절에서 홉스는 연옥에 관한 교회의 가르침을 역사적 사실로 해석하고 있는데, 교회의 지도자들이 오랜 숙고 끝에 이 생각을 제안했다. 따라서 연옥은 실제로 성서에 바탕을 둔 그리스도의 가르침이 아니라 교회의 가르침이었다. 이처럼 그는 연옥에 대한 가르침을 설명한 스콜라 철학자들과 교부들의 [제안] 동기에 대해 의심을 품게 된다. 더 나아가 이 장에서 홉스는, 아직 지상에 남아 있는 사람들과 성인들의 기도 그리고 (교회로부터 용서를 받는) 면죄로 인해 연옥에 머무는 시간이 짧아질 수 있다는 [잘못된] 신앙이 어떻게 교회 권력의 남용으로 이끌었는지를 보여주고 있다. (면죄부의 판매를 포함해서) 루터가 반대하며 저항했던 교회의 부패는 개신교인들의 마음에 여전히 상당 부분 남아 있었기 때문에, 홉스는 연옥에 대한 전체적인 생각을 비판하면서 견고한 정치적 토대 위에 서게 된다. 그는 연옥과 추기경 벨라르미노에 대해 장황하게 비난하고 있는데, 벨라르미노는 동시대에 살았던 가톨릭 호교론자(護教論者)이며, 연옥에 대한 성서적 증거를 주장한 사람이었다.[20] 연옥을 이렇게 비판하는 정확한 이유는 그것이 사람들의 마음에 아주 많은 공포심을 심어주게 되고, 연옥에 머무는 시간을 줄이기 위해 왕의 권력보다는 사제의 권력을 더 생각하면서 그들이 통치자보다는 교회에 더 복종할 것이기 때문이다.[21] 홉스는 이 장에서 사람들이 죽을 때 그 영혼은 계속 살아 있지 않으며, (물론 연옥으로 가게 하지도) 않는다는 주장을 다시 하고 있다. 영혼은 실제로는 단지 움직이는 힘이며

---

20 홉스가 인용하고 있는 또 한 명의 사상가는 Theodore Beza인데, 그는 제네바의 깔뱅의 제자였으며, 하느님의 왕국은 부활 때에 시작해, 현재 이 세상에 존재한다는 가르침을 깔뱅에게 돌리고 있다.

21 Strong(1993) 137-8쪽을 참고할 것. 홉스는 연옥을 부인하면서 모든 유형의 개신교와 견고한 토대 위에 같이 서 있었다.

신체와 더불어 죽는다. 그리스도교 신앙에 따르면, 하느님은 그리스도의 재림 때 모든 사람들이 다시 생명을 얻어 살아나게 하실 것이며, 우리가 알다시피, 의로운 사람은 이 땅에서 영원히 살 것이고, 반면 악인은 두 번째 죽음을 맞이하게 될 것이다.[22]

다음 45장의 중심 목적은, 홉스 생각에 미신적이고 정치적으로 위험한 여러 가지 관습들을 상당히 유해한 고대 이교도들과 연관시키려는 데 있다. 이번에는 고대철학자나 역사가를 표적으로 삼는 대신에, 홉스는 자신들의 종교, 전통 그리고 문화적인 관습을 가지고 있던 고대 사람들 자체를 [비판의] 대상으로 삼고 있다. 이 장의 제목은 "귀신론과 이방 종교의 다른 유물들에 관하여"이다. 홉스가 [45장]을 시작하는 것을 보며 누군가는 마치 그가 시각을 느끼게 하고 존재하지 않는 것을 보게 만드는 것이 무엇인지를 다루고 있는 [『리바이어던』] 1부 "인간에 관하여"의 시작 부분으로 다시 돌아가는 것 같다고 말하고 싶어할 수 있다. 이것 [1부]이 귀신론과 영에 대한 믿음의 출처이다. 우리의 시각은 실제로는 내적인 기능이기 때문에, 그리고 우리가 보는 것이 항상 외적인 자극의 산물은 아니기 때문에, 사람들은 귀신과 영을 믿는다. 그러나 사람들이 귀신이나 영이라고 믿는 것은 실제로는 환상, 꿈, 악몽이다. 과거에 사람들은 자신들이 '본 것'을 설명할 수 없었기 때문에 그들은 (선한 영과 악한 영 모두를 의미하기 위해 사용된 용어인) 귀신이라는 생각을 만들어냈고, 유대인들에게까지 이 생각이 전파되었다. 더욱이 그리스도교로 개종한 이들은 앞으로 보겠지만, 개종했음에도 불구하고 이런

---

22 Strong(1993)은 [영혼의] 문제에 관한 한 홉스의 견해가 깔뱅보다는 루터에 더 가깝다고 보고 있으나, 영혼은 죽는 것이 아니라 잠을 자는 것이라고 생각한 루터보다 한 걸음 더 나아간 견해를 갖고 있다.

귀신들과 다른 이교도들의 생각을 계속해서 믿었다. 물론 홉스가 볼 때 이들 신앙에는 아무런 진리도 들어 있지 않다. 홉스는 다른 곳에서처럼 여기서도 예전에 귀신 들렸다는 사람들을 그의 동시대 사람들이 '미친 사람'이라 부른다고 말하고 있다. 또는 좀 더 계몽된 시대에 살고 있는 우리는 정신병자라 부를 것이다. 성경에서 귀신들린 사람 이야기나 그리스도가 귀신을 쫓아내는 일, 또는 사탄이 그리스도를 유혹하는 이야기를 할 때, 이는 **'비유적'**으로 말하고 있다는 것을 보여주기 위해 홉스는 다른 곳에서 했던 논증들을 다시 상세하게 검토하고 있다. 홉스는 귀신이나 사탄이란 [귀신 들린] 사람한테서 분리될 수 있는 영적인 실재들(spiritual entities)이고 이것이 실제로 입증될 수 있다고 말한 곳은 성경 어디에도 없다고 주장하고 있다. 그리스도가 사람들한테서 나가라고 귀신에게 명령했을 때, 그는 [귀신이나 귀신 들린 사람이] 알아듣게 하기 위해 단순히 그 당시 자기 지방 말[아람어]을 사용했다. 그리스도는 이런 혼란을 말끔히 정리해서 사람들이 귀신을 믿지 않도록 하려는 노력을 왜 하지 않았을까? 홉스가 이런 명백한 물음을 묻게 될 때, 그는 경건의 문제로 되돌아가고 있다: "만일 비물질적 영이라는 것이 없다면, 또한 사람의 몸이 유형의 귀신에 홀리는 일이 없다면, 이렇게 반문할 수 있을 것이다. 왜 우리의 구세주와 사도들은 사람들에게 더 이상 의심하지 않도록 분명한 말로 그런 것들을 가르치지 않았을까? 그러나 이런 물음들은 그리스도인들의 구원에 필요한 질문이라기보다는 호기심에 가까운 질문이다. 사람들은 또한 이렇게 물을 수 있다. 모든 사람들에게 신앙과 경건과 그리고 여러 가지 형태의 덕성을 제공할 수 있었음에도 불구하고, 그리스도는 왜 모든 사람이 아니라 일부 사람에게만 주었을까?" (464-5, 662-3)

다른 말로 하면, 무엇인가는 신비로 남아 있어야만 한다!

다음으로 홉스는 숭배에 대한 자신의 정의를 다시 말하면서, 그리고 종교적 숭배와 정치적 숭배를 구별하면서 우상 숭배의 문제로 관심을 돌리고 있다. 그는 (성경에 나오는 계약의 궤(Ark of the Covenant)처럼 몇 가지 예외를 피하기 위해서, 하느님이 명령한 것이 아니라) 사람이 만든 어떤 사물 안에 하느님이 임재하고 있는 것으로 보고, 그런 것을 숭배하는 것을 우상 숭배라 정의하고 있다. 이 정의는 아주 논쟁의 여지가 없는 것처럼 보일 수 있는 반면, 홉스의 논의는 성체성사나 성만찬의 문제로 관심을 돌리면서 다시 한번 가톨릭주의를 향해 비판적 관심을 돌리고 있다. 홉스는, 성체가 실제로 그리스도의 몸과 피라고 믿는 신앙 때문에 성체성사를 경배하거나 숭배하는 가톨릭 신자들의 경건한 미사 전례에 대해 언급하고 있다. 여기서 홉스는 다시 한번 '이것은 내 몸이다.' 라는 성경 구절을 문자 그대로 읽어서는 안 되며, '이것은 내 몸을 대신 [상징]한다.' 처럼 비유적으로 읽어야 한다는 개신교의 비판에 동의하고 있다. 그래서 가톨릭교회는 성체를 경배하도록 사람들을 고무시킬 때 오히려 우상 숭배에 충실하도록 조장하고 있다는 것이다. 다시 한번 홉스의 관심은 사회적이며 정치적인 데 있다: 만일 문자 그대로 종교적 숭배[성체성사]를 통해서 그리스도를 이 세상에 오게 할 수 있는 제도가 있다면, 통치 권력이 아니라 그 제도가 더 두려움을 일으킨다고 누가 주장할 수 있는가?

홉스는 우상을 섬기는 숭배와 '불명예스런 형상 숭배(scandalous worship of images)' 를 구분하고 있다. 여기서 '불명예스럽다' 는 의미는 사람들에게 죄를 짓도록 하는 무엇인가를 의미한다. 홉스는 우상을 섬기라고 명령하는 이교도 왕의 사례를 들고 있다. 그리스도인이 우상을 섬기는 일은 죄를 짓는 일인가? 앞서 홉스가 유사한 논의를 통해 했던 말을 고려해본다면 우리는 [그것이 죄라는 것을] 의심하지 않는다.

그는 [통치자에게] 복종하는 것이 백성들의 전적인 의무이기 때문에, 어떤 죄는 통치자에게 달려 있다고 다른 곳에서 주장했다. 그러나 여기서 그는 성직자와 평신도를 구분하고 있다. 보통 사람[평신도]은, 만일 그가 마음속으로는 싫어하며 동료 백성들이 자신을 추종한다고 하더라도 그들에게 불명예의 잘못을 범하지 않는다면 죄를 짓지 않고서도 겉으로는 우상을 숭배할 수 있지만, 권위를 가진 인물(성직자)은 만일 그가 우상 섬기는 일을 하면 동료 그리스도인들에게 불명예의 죄를 안겨주는 잘못을 범하게 된다: "따라서 다른 사람들을 가르치고 지도하도록 합법적으로 소명을 받은 성직자나 학식 있는 자로 인정받은 사람들이 두려움 때문에 겉으로 우상 섬기는 일을 할 수는 있다. 그러나 숭배하는 것만큼 명백하게 그 두려움을 나타내지 않거나 마지못해 섬긴다는 것을 밝히지 않는 한, 우상을 인정하는 것으로 보이기 때문에 형제들을 분노하게 만든다."(472, 674)

독자들에게 남겨진 궁금한 점은, 홉스가 어떻게 이런 구분을 정확하게 할 수 있으며, 비록 죽음의 공포 ― 홉스가 반복해서 주장하는 이 공포는 모든 행동의 이유가 된다. ― 에 놓여 있을 때라도 그의 양떼들[신자들]이 길을 잃지 않도록 이끌 책임을 성직자에게 어떻게 부여할 수 있는가이다. 홉스가 "다른 사람들을 가르치고 지도하도록 합법적으로 소명을 받은" 성직자들에 관해 논의하고 있다는 것을 언급하는 것은 중요하다. 만일 그들이 다른 사람을 가르치도록 합법적으로 요청을 받았다면, 이것은 통치자가 그렇게 하도록 그들을 임명했음에 틀림없기 때문이다. 따라서 그들의 의무는 모든 일에 있어서, 심지어 우상 숭배의 문제까지도 통치자에게 복종하는 데 있지 않단 말인가? 아니면, 만일 성직자가 그에게 살해 위협을 하는 적국이나 정파(政派)의 통제 아래 놓이게 되었다면, 전임 통치자에 대한 그의 충성은 사라지고, 죽음의 공포 때문에 새 통치자에게 복종해야만 한다고 통상 말하지 않았을까? 조금 뒤에 홉스는, 그런 성직자는 죄를 범한 것이며, 자신이 앞에서 가르친 것과도 일치하지 않는 것처럼 보인다고 말하고 있다. 그러나 홉스는 말하길, 성직자들은 자신이 우상 숭배하는 것이 두려움 때문이고 또 마지못해 하는 것이라는 것을 모든 사람에게 알린다면, 그래서 다른 사람들이 그를 따르도록 고무되지 않는다면, 그 성직자는 스스로 이 죄에서 벗어날 수 있다. 그러나 그 성직자는 통치자에게 불복종하지 않고서 그리고 생명의 위험을 감수하지 않고서 이 일을 할 수 있을까? 일관성이 있고 많은 학식으로 무장된 철학자에게는 이것이 바로 『리바이어던』에서 수수께끼 같은 여러 구절들 중의 하나라고 말하는 것으로 충분하다.

다음으로 홉스는 가톨릭교회가 과거 이교도들로부터 물려받은 구습(舊習)들을 여전히 허용하거나 더 나아가 장려한다고 주장하면서, 성인 공경, 형상 숭배, 그리고 유물 숭배[의 구습]를 고대인들과 연결시키고 있다. [이교도에서 가톨릭으로 온] 새로운 개종자들이 소외당하는 것을 원치 않기에, 신참 그리스도인들의 집안에 이교도의 우상을 간직할 수 있도록 교회가 허용한 것에 대해 홉스는 이론적으로 설명하고 있다. 미와 사랑의 여신상은 동정 마리아와 어린 그리스도의 동상으로 변했다. 홉스는 주장하기를, 성인들의 시성(諡聖)은 실제로 고대 로마 시대 때부터 시작되었는데, 이는 황제들이 죽은 다음에 그들이 천국에 있으면서 로마를 위해 호의를 가지고 내려다보고 있다고 선포하면서 시작되었다. 가톨릭에서 하는 종교적인 의식들, 예를 들면 초를 사용하거나 많은 축일을 지내는 것 등은 홉스가 볼 때 과거 이교도들로부터 내려온 것들이다. 이렇게 말하는 것은 모두 로마 가톨릭교회와 이교도주의가 동일하다는 것을 지적하는 것이며, 그리고 [역으로] 추론해보면 홉스 생각에 개신교의 여러 교파들이야말로 가장 합리적이며, 초자연적이거나

미신적인 요소도 가장 적다라는 찬사를 보내는 것이다.[23]

46장("헛된 철학과 터무니없는 전통으로부터 오는 어둠에 관하여")에서 홉스의 최대 관심사는 교회의 품에 안긴 '철학'이 근대 사상 안에서 어떻게 왜곡과 오류에 빠졌는지를 드러내는 데 있다. 그는 철학을 정의하는 것으로 시작하고 있으며, 이어서 다른 사람들이 '철학'이라 부르는 것과는 다르다는 주장을 하고 있다: "철학이란 **추론을 통해서 얻은 지식이라 이해될 수 있는데, 이는 어떤 것의 발생 방식으로부터 그것의 속성들을 추리하거나, 또는 속성들로부터 그것이 발생될 수 있는 가능한 방식을 추론해내는 것이다. 이로써 물질과 인간의 힘이 허용하는 한, 인간의 생활이 요구하는 결과를 낳을 수 있을 때까지 추론하는 것이다**."[682]

따라서 철학은 사람들이 살아가는 데 필요한 것을 만들어내는 실용적 목적을 위해 귀납적이거나 연역적으로 추론하는 것이다. 물론 여기서 살아가는 데 필요한 물건이란 단지 음식, 옷 그리고 집과 같은 것만 아니라 평화와 안전 같은 것들도 포함된다. 보다시피 홉스한테 철학은 아주 목적 지향적이고 실용적인 것이다. 철학은 사변적이거나 추측에 관한 학문이 아니라, 사실들을 수집하고 그것들을 추론하는 것이다. 홉스는 기하학을 가장 탁월한 학문으로 생각하고 있는데, 그것은 명백하고도 일치된 정의를 가지고 설명을 시작하며, 실제 세계의 문제를 해결할 수 있는 유용한 일반 원리들을 만들어내기 때문이다. 그는 고대 시대나 홉스 자신의 시대에 학문으로 통했던 것들 대부분을 무익하고 공상에 불과한 것으로 생각했다.

홉스는 우선 교회와 교회 학자들의 나쁜 사례를 항상 조심하면서, 초자연적 계시와 단순히 권위와 전통에 근거를 두고 있는 지식으로부터 참

23 이 점에 관해서는 Springborg(1994) 특히 555쪽을 참고할 것.

된 철학을 구별하고 있다. 그는 사람들에게 사유할 수 있는 시간적 여유를 줄 수 있는 문명 수준에 도달하기 전까지는 실제로 철학을 시작할 수 없다고 재치있게 지적하고 있다. 이 [말]은 안전한 국가의 확립이 사회경제적인 진보의 선행 조건이 된다는 것을 [의미]한다. 홉스는 플라톤, 아리스토텔레스, [금욕주의]스토아주의자들 같은 고대 그리스 로마 철학과 유대인 철학의 전개 과정을 간략하게 다루고 있으며, 이들 과거의 사상 학파들이 모두 '무익' 했었다고 결론짓고 있다. 이들 철학이 만들어낸 것을 보고 판단하건대, 그 학파들은 기초가 튼튼하지 못했다는 것을 스스로 입증했다. 우리가 이미 알고 있듯이, 홉스는 자신의 시대에 겪은 많은 무질서의 원인을 인간의 자유와 민주적 정부에 관한 교육의 탓으로 돌리고 있는데, 그 민주정부라는 것은 고대인들, 특히 아리스토텔레스에 의해 주창되었고 그다음에는 교회 학자들에 의해 홉스 자신의 시대까지 전달된 것으로 생각된다. 홉스가 왜 고대철학자들을 미워했는가는 많은 가톨릭 교설들이 신플라톤주의와 아리스토텔레스 사상의 관점에서 발전되었다는 것을 이해할 때 설명될 수 있다. 심지어 유대인들의 철학도 플라톤과 아리스토텔레스 철학에 오염되었다. 여기서 홉스는 이들 사유 방식이 범하는 논리적 오류들을 밝히기 위해 아주 길게 이야기하고 있다.

고대[철학자]들은 '형상' 또는 보이지는 않지만 실제로 눈에 보이는 것보다 더 완전성을 갖고 존재한다고 여겨지는 '이데아' 같은 관념들을 가지고 있었다.[24] 또 고대[철학자]들은 인간의 영혼이 신체로부터 분리

---

24 이데아는 이 세계에 실제로 존재하는 사물들로부터 나와야만 한다고 추론하면서, 아리스토텔레스는 형상(forms)의 존재에 대해 플라톤과 일치하지 않았다. 그렇지만 여전히 홉스는 아리스토텔레스 사상에 비판을 가할 수 있었는데, 왜냐하면 아리스토텔레스는 이데아를 실제로 어떤 주어진 사례와는 구별되는 것으로 다루고 있고, 또 인간의 영혼에 대한 관념을 자신의 방식으로 발전시켜 표현했기 때문이다.

될 수 있고 독립된 실재라는 생각도 갖고 있었는데, 우리는 홉스가 그 생각에 동의하고 있지 않다는 것을 알고 있다. 마찬가지로 예전이나 홉스 당시의 신학자들은 영혼(soul) 또는 영(spirit)을 아무런 물질적 존재성을 갖고 있지 않음에도 불구하고 실재로 존재하는 '추상적 본질'이라고 이야기했다. "**본질**, **본질적**, **본질성**"(484, 691) 같은 말들은 보다 순수하고 현실 세계에 존재하는 것과는 구별되는 어떤 무엇인가를 의미하기 위해 학자들이 사용했던 것들이다. 그러나 유물론자인 홉스는 그런 단어들을 무의미한 것으로 보고 사용을 거부했다.

왜 홉스가 학문적인 사변을 하면서 이런 용어 사용에 그렇게 관심을 갖게 되었는지 독자들이 궁금해한다면, 그 이유는 그가 그런 말들이 실재적이면서도 전적으로 부정적인 결과를 초래한다고 믿고 있었기 때문이다. 홉스는 이들 용어를 교회의 가르침과 연결시키고 있는데, 그런 가르침은 유령과 악마에 대한 공포를 불러일으키고, 성체변화, 영감, 연옥에 존재하는 영혼들, 그리고 심지어 사람들에게 공포심을 심어주고 자신들의 정부보다 교회의 힘을 더 존경하게 만드는 '마술' 같은 삼위일체 사상 등을 낳게 한다. 홉스가 분명히 미신과 같다고 말하고 있는 이런 신앙들은 비물질적 사물들이 물질적 세계와는 별도로, 그렇지만 물질의 세계 안에 존재할 수 있다는 고대 사상에 뿌리를 두고 있다.

홉스는 영리하고 탁월한 유머 감각을 가지고, 어떻게 고대[철학자]들이나 가톨릭 신학자들의 '논리'나 '추론'이 실제로는 단순히 순환 논증인지를 몇 가지 사례를 통해 신속히 검토하고 있다: "스콜라 철학자들은 아리스토텔레스가 말한 대로 이렇게 말한다. 아래로 떨어지는 물체는 '**무겁기**' 때문이고, 그 물체들을 아래로 떨어지게 하는 원인은 이 '**무거움**'이다. 이 무거움이 무슨 뜻이냐고 그들에게 묻는다면, 지구 중심으로 향하려는 시도(endeavor)라고 정의할 것이다. 따라서 사물들이 아래로 떨어지는 이유는 아래로 내려가려는 시도 때문이라는 것이다. 이것은 물체가 내려가는 이유는 내려가기 때문이고, 올라가는 이유는 올라가기 때문이라고 말하는 것과 같다."(487, 694–5)

이와 같은 순환 논증은 결코 추론이 아니다. 홉스가 볼 때, 이것은 모호하고 겉보기에 권위적인 언어를 사용해서 이미 우리가 진리라고 알고 있는 것을 확인하는 한 방법에 불과하다. 홉스가 보기에 그런 언어는 보다 단순한 사람들의 동의를 얻기 위해 가장 많이 사용되고 있는데, 이들은 특별히 알아들을 수 없는 말들을 많이 사용하면서 추론을 계속할 필요가 있다고 생각하는 사람들이다. 홉스의 견해에 따르면, 진짜 철학을 하면서 우리가 할 수 있는 것을 찾는 것이 더 좋은 일이며, 특히 하느님의 본성과 관련된 어떤 것들은 '불가해한' (incomprehensible)'(488, 697) 것이라고 [차라리] 인정하는 것이 더 낫다.

이 장의 나머지 대부분은 우리에게 익숙한 영역을 다루고 있는데, 그것은 고대[철학자들]나 교회가 개인들과 성직자를 부추겨 정부를 판단하도록 하고, 그래서 개인, 교회, 국가 사이에 제대로 된 관계를 유지하지 못하게 하는 그런 사고방식을 개발해왔다는 생각이다. 그렇지만 여기에는 우리가 홉스의 사상에서 초기 '자유주의자'의 요소를 보는 데 도움이 될만한 한 가지 논점이 들어 있으며, 이는 특히 『리바이어던』의 2부에서 종종 일별(一瞥)할 수 있었다. 홉스는 한 사람의 내적 양심까지도 지배하려는 교회의 시도에 대해 반대하고 있다. 그는 심지어 '심문(inquisition)' 이란 말도 소개하고 있으며, 그리고 "진심을 말하는 사람은 처벌을 받게 되고, 처벌이 두려운 사람은 거짓을 말하게 되는"(491, 700) 그런 상황을 들춰내고 있다. 홉스는 교회나 정부가 강요할 수 있는 것과 할 수 없는 것 사이의 명확한 경계선을 정하면서 다음과 같이 말하고 있다: "위정자가 교육의 책임을 맡을 성직자를 고용하고자 할 때, 이런저런 교리를 가르칠 수 있겠느냐고 그에게 물어볼 수 있고, 거부할 경우 그를 고용하지 않을 수도 있다. 그러나 그가 법으로 금지된 행동을 하지 않는 한, 자신의 [거부]의견에 대해 자책하도록 하는 것은 자연법에 어긋난다. 잘못된 그리스도교의 신조를 믿다가 죽으면 영원히 최악의 고통을 받게 된다고 가르치고 싶은 사람들이 특히 자연법에 위배된다."(491, 700)

물론 홉스는 중세 교회의 관행들, 특히 종교재판 제도와 이를 통해 사람들의 행동만이 아니라 생각까지도 통제하려는 시도들을 [비판의] 표적으로 삼고 있다. 여기서 홉스가 말하는 것이 꼭 교회 당국만이 아니라 '위정자' 에게도 해당된다는 것에 유의할 필요가 있다. 정치 권력자 자신이 원하는 교설을 어떤 사람[성직자]에게 가르치길 부탁하는데, 만일 그가 거부한다면, 그는 해고될 수 있다. 그러나 위정자가 자기 권리의 범위 안에서 거부하는 사람을 체포할 수 있는 것처럼 보이는 곳이 『리바이어던』에는 분명 여러 곳 있다. [위의 인용문보다] 조금 아래 구절에서, 거부하는 사람의 행동이 법으로 금지되지 않았다면 오직 그때는 자유롭게 거부할 수 있다는 점을 홉스는 분명히 하고 있다. 따라서 만일 통치자가 백성들이 믿지 않는 것을 강제로 가르치려고 법을 제정하려고 한다면, [거부하는] 사람은 체포될 수 있다. 여기서 홉스는 내면의 양심과 우리가 원하지 않는 것을 강제로 믿게 할 수 없다는 생각을 하나의 문제로 연관시키고 있다. 그는 심지어 내면의 자유를 옹호하기 위하여 '자연법' 에 호소하고 있다. 이 구절의 핵심은 (행동의 자유는 아닐지라도) 사상의 자유를 펀드는 데 있으며, 그 이유는 특히 그가 지적하고 있듯이, 그리스도인들은 잘못된 신앙이 영원한 벌을 받게 할 수 있다는 생각을 갖고 있기 때문이다. 이 장의 끝에서 철학적 사유와 과학적 사고를 억압하는 교회를 비난하면서 홉스는 몇 가지 유사한 주장을 하고 있다. 정치적 통치자가 심지어 과학적 진리의 진보를 가로막을 수 있다는 것을, (이것은 교회가 아니라 통치자만이 할 수 있는 일이어야 한다.) 홉스가 인정함으로써 진리의 발전에 제한을 가하고 있음에도 불구하고, 그는 진리를 발전시키는 투사처럼 보인다. 홉스의 견해에 따르면, 정치적 통치자는 과학과 철학이 자유롭게 발전할 수 있도록 해줄 충분한 이유를 갖고 있다. 홉스는 지적인 통치자는 [자국의] 번영과 문명이 앞으로 나아가기를 원하지만, 몇몇 종교적 진리가 과학적 이성과 서로 모순되는데도 교회가 [그것을] 내버려 둠으로써, 교회가 상당 부분 그 권위를 잃을지도 모른다고 보고 있다. 이들 구절에서 홉스가 추론하는 어떤 관점들은 존 로크가 『관용에 관한 편지』(*A Letter Concerning Toleration*)에서 하고 있는 주장들과 그리 멀리 떨어져 있어 보이지 않는다.

『리바이어던』의 4부 마지막 장인 47장("이러한 어둠으로부터 나오는 이익, 그리고 누구에게 그것이 귀속되는가에 관하여")에서 홉스는 '**누가 이익을 보는가?**'(cui bono) 또는 앞의 세 개의 장에서 논의했던 모든 잘못된 가르침들에서 누가 이익을 보는가 하는 물음을 묻고 있다. 홉스는 이런 질문을 던짐으로써 우리는 그 가르침들의 원래 출처를 찾아낼 수 있다고 생각하고 있다. 물론 가장 분명한 답은 이런 모든 가르침들을 통해 권력을 위임받은 로마 가톨릭교회다. 이 답을 좀 더 확실하게 하기 위해 홉스는 로마 교회와 요정들의 왕국 혹은 늙은 마녀의 이야기를 꽤 길게 비교하고 있다. 조금 덜 분명하지만 그래도 꽤 확실한 답은 장로교파 개신교인들 역시 위에서 말한 잘못된 가르침들로부터 이익을 얻고 있다는 것이다. 홉스가 볼 때, 자신의 나라에서 최근에 일어난 시민전쟁의 가장 무거운 책임이 있는 장로교 교인들과 가톨릭교회가 일으켰던 문제들을 연결시키는 일은 홉스가 장로교 교인들에게 던질 수 있는 최악의 모욕과 같은 것이었다. 장로교 교인들은 자신들의 교설이 로마 가톨릭교회의 타락과는 완전히 반대라고 생각했다. 그러나 홉스는 몇 가지 근본적인 방식에서 장로교 교인들의 주장이 [가톨릭과] 중첩되는 것을 찾아내고 있다. 이 장의 꽤 앞부분에서 가장 중요한 것이 언급되고 있다: "장로회가 교회 직분을 차지하고 있던 여러 곳에서, 이들은 로마 교회의 교리 중 다른 많은 부분은 가르치지 못하도록 금지했지만, 그리스도의 왕국이 이미 이 땅에 왔으며, 우리의 구세주가 부활했을 때 그 왕국은 시작되었고 여전히 지속되고 있다는 교리만은 그대로 유지했다. 이 교리로 '**누가 이익을 보는가**?' (cui bono)" (495, 705-6)

우리는 하느님의 왕국이 내재하고 있다는 이 교리는 공적 권위(public authority)에 매우 위험하다는 생각 때문에 홉스가 철저하게 거부했던 교리들 중의 하나라는 것을 알고 있다. 만일 하느님의 왕국이 내재되어 있다면, 그것은 어딘가에 나타나 있어야만 한다. 그것을 대표하는 이는 누구라도 반드시 권력에 대한 강한 요구를 하게 될 것이다. 비록 장로교 교인들이 교황과 비슷한 인물의 지도력이나 사도직 전승의 무오류성 같은 주장을 하고 있지는 않지만, 홉스가 볼 때 그들도 여전히 이 세상에서 그리스도의 의지를 대변한다는 주장을 했다. 결과적으로 그들은 스스로 가톨릭교회의 당국자들이 했던 것과 똑같은 종류의 주장을 한 것이다. 장로교 교인들에 대한 홉스의 이런 비판은 아주 완강했기에, 47장의 끝이자 ("재검토와 결론"을 제외하면) 이 책의 마지막을 다음과 같은 조언으로 마무리 짓고 있다: "로마의 유령이 지금은 쫓겨나가 아무런 먹을 것도 주지 않는 중국, 일본, 인도 제국의 메마른 땅을 헤매고 다니지만, 그 유령이 돌아오지 않으리라는 것을, 아니면 로마의 유령보다 더 나쁜 유령의 떼가 이처럼 깨끗하게 청소해놓은 집에 들어와 살면서 처음보다 더 나쁘게 만들지 않으리라는 것을 누가 알겠는가? 하느님의 왕국이 이 세상에 있고 그럼으로써 시민 국가의 권력과는 구별되는 다른 권력이 그 왕국 안에 있다고 주장하는 자들이 로마의 성직자만은 아니기 때문이다."(502, 714-5)

이 구절은 4부 마지막 장, 그 마지막 문단에 나오는 말이다. 홉스가 이 구절에 상당한 강조를 한 것으로 보아, 위의 인용문은 어둠의 왕국 전체를 저술한 그의 목적을 가리키는 것으로 간주될 수 있다. 그 목적이란, 가톨릭교회만이 영적인 권위를 주장하면서 합법적 통치자로부터 권력을 빼앗겠다고 위협을 가하는 유일한 종교적 기구가 아니라는 것을 잉글랜드와 그 밖의 지역에 있는 독자들에게 경고하는 것이다. 그가 볼 때, 장로교 교인들도 그런 위협적 존재였었고, 지금도 그러하다. 그리고 마찬가지로 정치적 통치자 대신에 하느님을 대변한다고 주장하는 사람과 그가 지명한 사람들은 누구라도 위협적이다. 홉스는 성직자가 오만스러워지고 왕권을 침범하도록 허용했던 과거의 지배자들을 분명하게 비난하고 있다. 따라서 그의 저서[『리바이어던』]는 장차 자신들의 영토 안에 있는 종교 지도자들을 가까이서 감시하지 않는 사람들[통치자들]에게 철저한 경고를 하는 데 기여하고 있다.

또한 이 마지막 장에서 홉스는 잉글랜드를 정치적으로나 영적으로 구속해왔으나 모두 풀어진 세 개의 '매듭'을 느슨하게 하는 것에 대해 기술하고 있다. 그 첫 번째 매듭, 즉 로마 교회의 지배는 헨리 8세 왕이 끊었고, 영국에서 가톨릭의 영향력을 제거하려고 시도한 엘리자베스 여왕에 의해 그 연결 고리는 더욱 약해졌다. 두 번째 매듭, 즉 성공회 주교들의 권위는 반란으로 군주제를 무너뜨린 장로교 교인들에 의해 약화되었고, 장로교를 나라의 종교로 만들었다. 세 번째 매듭, 즉 장로교 교인들의 지배는 이어서 그들의 정치적 붕괴로 인해 끝이 났다.

세 번째 매듭에 관해 논의하면서, 홉스는 아마도 1648년에 있었던 크롬웰의 의회 장악을 언급하고 있는 것처럼 보인다. 당시, 의회 안에는 [크롬웰이] 찰스 1세와 타협하기를 원했던 의원들이 많이 있었는데, 이들은 축출되었다. 그 결과 보다 급진적인 개신교파들이 책임을 맡게 되었고, 이들은 찰스 1세의 처형을 감행했으며, 군주가 없는 국가, 즉 '코먼웰스(Commonwealth)'를 세우게 되었다. 이 후자의 전개 과정을 설명하면서, 홉스는 다음과 같이 말하고 있다: "바오로를 따르든, 베드로를 따르든, 아니면 아폴로를 따르던 우리는 누구나 가장 좋아하는 대로 믿을 수 있었던, 원시 그리스도인들의 독립성으로 돌아가야 한다."(499, 711) 홉스는 이 독립성이야말로 "가장 좋은 것"이라고 말하고 있다.(499, 711) 영적인 독립은 위험하다고 주장하는 사람의 관점에서 보면, 후자의 언급은 이상하게 들린다. 이것은 다음의 설명과 혼합되어 있다:

> 첫째, 사람의 양심을 지배하는 힘은 [하느님의] '말씀' 그 자체뿐, 다른 것은 안 되기 때문에, 말씀만이 모든 사람 안에서 믿음을 움직이게 한다. 이것은 심는 사람이나 물을 주는 사람의 목적대로 되는 것이 아니라 그것을 자라게 하는 하느님의 뜻에 달려 있는 것과 같다. 둘째로, 모든 소소한 잘못 안에도 큰 위험이 있을 수 있다는 것을 가르치는 사람이 어떤 사람에게 그 자신의 이성을 따르라고 요구하는 것도, 다른 사람의 이성을 따르라고 하거나 다수의 여론을 따르라고 요구하는 것도 불합리하다. 그렇게 하는 것은 자신의 구원을 동전을 던져 결정하는 것과 다를 바 없다.(499, 711)

홉스는 하필 자신의 책 이 지점에서 이 같은 주장을 하며 무엇을 마음에 두고 있는 것일까? 다시 한번 말하지만, 비록 로크와는 달리 홉스가 확실히 관용을 옹호하지는 않지만, 이런 진술들은 로크가 『관용에 관한 편지』(1963[1689])에서 한 주장들과 아주 유사하게 들린다. 홉스는 종교적인 문제에 있어서 개인의 독립성이 혼란을 유발한다고 생각하지 않았는가? 물론 그렇게 생각했다. 그러나 만일 우리가 이 주장을, 종교적인 제도들을 세우는 가치와 그 목적과 한계 등을 가르치고 있는 홉스 철학의 전체적인 문맥 안에서 좀 더 계몽된 진술로 바라본다면, 우리는 이 주장이 어떻게 의미 있는지를 좀 더 분명하게 볼 수 있을 것이다. 우리는 최소한 이렇게 말할 수 있을 것이다. 홉스는 외적인 일치를 요구하되 인간의 마음속 깊이 파고들어가 통제하려고 시도하지 않는, 사람들에게 (제대로 이해된) 하느님의 말씀을 듣고 그로부터 도움을 받도록 허용하되, 지속적인 맹세를 요구함으로써 사람들의 인내심을 약하게 하지는 않는, 그런 국교회를 더 선호했을 것이다. 결국 홉스는 일차적으로 평화와 안정을 증진시키면서 통치자를 지지하는 기능을 하는 종교로서 시민 종교(civil religion)와 같은 그리스도교를 원하고 있다. 홉스는 종교적인 문제에 있어서 지나치게 많은 강제성은 역효과를 초래할 수 있고, (그렇게 되어서는 안 되지만) 사람들이 반발하도록 부추길 수도 있다는 것을 알고 있었다.

연구를 위한 물음들

1. 홉스는 이 책의 3부에서 로마 가톨릭교회를 공격했는데, 4부에서는 더 심하게 하고 있다. 가톨릭의 가르침에 대한 홉스의 공격이 어떻게 해서 많은 개신교의 종교적 믿음 또한 약화시키고 있는가? 그렇게 하는 홉스의 목적은 무엇이었는가?
2. 홉스가 어떻게 고대철학자들과 가톨릭교회의 가르침을 함께 엮었는지를 설명해보라. 고대철학과 교회 신학 사이의 이런 관계는 무슨 문제가 있는가?

3. 홉스는 4부에서 장로교 교인들에 대해 무슨 비판을 하고 있는가? 홉스는 어떻게 이 비판을 가톨릭교회에 대한 비판과 함께 연결시키고 있으며, 왜 그런가?

홉스의 재검토와 결론

홉스는 자기 논증들의 느슨한 결론들을 단단하게 마무리 짓고, [이 책을 저술한] 자신의 목적을 다시 한번 천명하기 위해 이 간결한 마지막 부분, "재검토와 결론"을 활용하고 있다. 홉스는 사람들을 설득하기 위해서는 이성과 수사학이 모두 필요하다는 것에 주목하면서 시작하고 있다: "모든 숙고나 변론에서 견실한 추론 능력은 필요하다. 왜냐하면 그것 없이는 사람들의 결심이 성급할 수 있고, 그들의 판결은 불공정할 수 있기 때문이다. 그러나 만일 [다른 사람의] 이목을 끌고 동의를 얻게 해주는 강력한 웅변이 없다면, 이성의 효과는 미미하게 될 것이다."(503, 717)

이렇게 말함으로써 홉스는 다시 한번 인간의 본성이 합리적이면서도 감정적이라는 것을 인정하고 있다. 사람들을 설득하기 위해서는 그들의 이성만이 아니라 감정에 호소해야만 한다. 이 말은 홉스가 제안하고 있는 거대한 정치적 계획과 관련해서 보면 사실이다. 홉스는 대학이 자신의 이론을 가르치고, 교회에서 설교로 전해지길 원하고 있다. 또, 군주들이 자신의 이론을 이해하며, 말과 행동을 통해 그것이 가르쳐지길 원하고 있다. 홉스의 이론은 열정과 활력이 없는 무미건조하고 지루한 과학적 논문이 될 수 없으며, 또 그렇게 되지도 않았다. 만일 그가 수사학이 이성과 마찬가지로 똑같이 중요하다는 것을 깨닫지 못했더라면,

그는 자신의 견해에 성서적 근거를 제공하는 일에 그렇게 많은 지면을 소모하느라, 또는 경솔한 신사들, 지식인들, 장로교나 가톨릭 교인들을 때로는 가혹하게 또 때로는 익살스럽게 비판하면서 많은 시간을 낭비하느라 수고하지 않았을 것이다. 『리바이어던』에서 자신이 든 사례를 통해, 그는 사람들의 이익을 위해 이성과 웅변술이 어떻게 결합될 수 있는지를 보여주었다. 그는 구체적으로 자기 친구인 시드니 고돌핀(Sydney Godolphin)의 사례를 들고 있는데, 고돌핀은 이성과 웅변술의 특성을 완전하게 결합한 사람으로, 홉스의 학문을 활용하여 리더십의 훌륭한 모델이 되었던 사람이다. 홉스는 도덕적 진리를 개진하기 위해 정확히 이와 같은 웅변술의 필요성에 근거해서 자연과학으로부터 도덕과학을 구별하고 있다: "아마 자연 과학에서는 아닐지라도, 도덕과학에서는 이성과 웅변술이 서로 아주 잘 양립할 수 있다. [웅변술로] 오류를 꾸미고 더 좋아할만한 곳은 어디에나 [이성으로] 진리를 꾸미고 더 좋아할만한 곳이 훨씬 더 많기 때문이다."(504, 718)

홉스가 앞서의 추론에 버팀목을 대려고 시도하는 곳은 군복무에 관한 영역에서이다.(『리바이어던』 15장을 참고할 것) 여기서 홉스는 좀 더 솔직한 이야기를 하고 있다. 사람은 전쟁터에서 통치자의 권위를 보호할 의무를 지니는데, 왜냐하면 그 권위가 마찬가지로 그를 보호하기 때문이라는 것이다. 우리가 앞에서 논의했던 문제, 즉 자기 보존의 권리와 군복무의 의무라는 둘 사이에 모순처럼 보이는 문제를 독자들은 기억해낼 수 있을 것이다. 홉스는 여기서 군인은 복무하겠다는 동의를 했기 때문에 전투할 의무가 있다는 생각을 더 강화하고 있다. 그렇지만 홉스는 만일 동일한 군인이 더 이상 야전에서 보호받을 수 없다고 느낀다면, (예를 들면 군대가 흩어지고 전우들한테서 도움을 기대할 수 없을 경우) 그는 또 다른 힘[권력]을 빌려 [자기] 보호를 자유롭게 추구할 수 있다는 주장을 반복하고 있다. 의심할 바 없이 홉스 자신은 비겁함과 탈영을 부추기고 있다는 비판을 의식하고 있었다. 그가 이런 비판에 맞대응하려고 했으나, 얼마나 성공적이었는지는 독자들이 판단할 몫이다.

홉스는 또한 지도자들이 자기들의 힘[권력] 외에 다른 어떤 것에 권위의 토대를 두지 않도록 충고하고 있다. 홉스는 통치자들이 자신들 가문의 역사나 오래된 권리를 들먹일 때 그들은 해결할 수 있는 것보다 오히려 더 많은 문제를 야기시킬 수 있다는 것도 지적하고 있다. "양심에 비추어볼 때 그 시작부터 정당화될 수 있는 국가란 이 세상에 거의 없기"[722] 때문에, (거의 항상 부당한 무력 사용과 정권 찬탈이 관련되어 있는) 국가의 시작점으로 돌아가는 일은 단순히 사람들에게 [국가를] 비판하고 반란을 일으킬 수 있는 무기만 제공할 뿐이다. 홉스는 권력을 이처럼 낭만적으로 정당화하는 일을 그만하라고 통치자들에게 요청하고 있으며, 백성들에게 평화와 보호를 제공해야만 통치자들이 합법적인 권력을 가질 수 있다는 단순한 진리를 말하고 있다.

홉스는 '재검토와 결론'의 끝 부분을 향하면서, 3부("그리스도교 왕국에 관하여")에서 소상히 설명한 몇 가지 '새로운 교설'에 대해 사람들이 정통성이 없는 것으로 비판할 수 있으리라는 점을 인정하고 있다. 그러나 그는 (우리가 4부 마지막 장에서 보았듯이) 자신의 그 용감함을 정당화하기 위해 자기가 살았던 아주 예외적인 시대에 호소하고 있다. 자신의 가르침은 낡은 부대에 담아서는 안 되는 '새 포도주'와 같다는 그리스도의 말을 언급하면서, 홉스는 자신의 가르침을 '새 부대에 담아야 부대와 함께 오래 보존할 수 있는 새 포도주'(509, 726)라 부르고 있다. 다른 말로 하면, 그 시대는 너무 혼돈스러웠으며, 그리스도인의 의무에 대해 새롭고 도전적인 해석이 너무도 많이 있었기 때문에 홉스에게도 해석의 문은 열려 있었다. 아마 홉스의 해석은, 영혼은 아닐지라도 생명을 구할 수 있는 새로운 교설을 받아들일 준비가 된 사람들의 마음 속으로 들어올 수 있었다.

홉스는 "옛 시인들과 웅변가들 그리고 철학자들"(510, 726)의 권위를 무시하고, 자신의 이론을 지지하기 위해 그들을 인용하지 않았다는 비난에 대해 스스로 방어하고 있다. 그가 그렇게 하지 않은 이유에 대해서 우리는 이미 추측할 수 있다. 그는 말하길, "내가 다룬 문제들은 '**사실**'에 관한 문제가 아니라 '**권리**'에 관한 것이기 때문에 [낡은 권위의] '**증인들**'을 위한 공간이 필요 없다."(510, 727) 즉 권리의 문제는 이전 사상가의 권위는 말할 것도 없고 앞서 일어난 사건이나 심지어 역사적 증거에 관한 문제가 아니다. 홉스의 논증은 시대나 권위에 구속을 받지 않는 사유 방식인 자연법과 자연권으로부터 나온다. 따라서 이런 식의 논증에는 '**증인들**을 위한 공간이 필요 없기' 때문에 역사나 다른 권위 있는 사람들의 확인이 필요 없다. 자연에 관한 이론으로부터 나온 홉스의 추론은 이론적으로 옳거나 아니면 그렇지 않거나이다. 고대나 근대의 시인들, 웅변가들 또는 철학자들의 도움을 받지 않고서도 이성은 이 [권리에 관한] 문제에 대해 판단할 수 있다. 홉스는 얼굴을 찌푸리며, 이들 권위 있는 자들이 아마 자신보다 더 모르고 있다는 것을 시사하고 있다: "나이를 따져 존경을 하기로 한다면 현재가 가장 오래된 것이다. 고대의 작가라고 해서 존경을 받는 사람들이 글을 쓰던 시대와 지금 내가 글을 쓰는 시대를 비교해서 어느 쪽이 더 오래된 것인지 나는 확신할 수 없다. 잘 살펴보면 알겠지만, 고대의 작가들을 예찬하는 것은 고인들에 대한 존경에서 나오는 것이 아니라 살아 있는 자들의 경쟁과 상호 질투에서 나오는 것이다."(510, 727)

우리가 홉스의 작품에서 기대했던 놀라운 익살을 보여주는 것에 더하여, 위의 진술은 과거를 바라보는 근대인들의 사고 성향을 놀랍게 잘 보여주고 있다. 전승되어야 하고 또 보충될 수 없는 지혜로 가득 차 있으며, 자신들의 시대보다 더 우월한 것으로 보는 이런 과거를 전통 사회는 존중하지만, 지식은 축적되는 것이며, 고대인들은 상대적으로 무지하며, 비교해서 볼 때 현 시대가 더 현명하다는 것을 근대 사상가들은 믿고 있다.

홉스는 자신의 학설이 평화를 증진하고, 대학에서 교육되고 교회에서 설교되어야 한다는 것을 다시 한번 주장하면서 끝을 맺고 있다. 만일 지도자들과 일반인들이 정부의 토대를 이해하고 그래서 "보호와 복종 사이의 상호 관계"(511, 728)를 잘 이해한다면, 그들은 야망이 있는 성직자나 다른 궤변가들의 불행한 바보가 되는 대신에 국가를 튼튼하게 하는 일에 능동적인 협력자들이 될 수 있다. 홉스는 과거에는 어리석은 대중이 유용한 것처럼 보일 수 있었다면, 지금은 어리석은 대중이 불리한 존재라고 분명하게 믿고 있다. 물론 교육이 통치적 권위에 대해 비판적으로 사고하도록 부추겨서는 안 되지만, 그 권위의 이유를 진정으로 이해하도록 격려해주어야 한다. 이제부터 백성들은 국가의 안정을 지지하는 것을 도와야 한다. 그러나 백성들과 정부와의 이 새로운 관계는 홉스가 세워놓은 울타리 안에서만 유지될 수 없다. 만일 독자들이 계속해서 로크를 읽는다면, 절대주의에 반대하는 논증으로 아주 빠르게 바뀌는 것을 보게 될 것이다.

연구를 위한 물음들

1. 당신은 "재검토와 결론"에서 홉스가 정치 질서에 필요한 변화를 가져 오는 데에 자신만의 독특한 역할이 무엇이라고 생각하는지 알 수 있는가?

4장 수용과 영향

홉스와 동시대인들

홉스가 살아 있을 때 많은 유명한 사람들이 그를 싫어했다고 말하는 것은 아마도 그를 과소평가한 말일 것이다. 그는 글이나 연설, 설교를 통해서 그리고 심지어는 의회에서도 비난을 받았다. 만일 홉스가 미움을 받았다면, 그것은 그가 저술한 작품들 때문이었다. "그는 주로 세 가지 비난을 받았는데, 무신론자 (아니면 적어도 분명한 이단)의 혐의를 받았으며, 그의 정치 이론은 절대주의를 찬양했고, 그리고 전통적인 도덕을 전복시켰다는 것이 그것들이다. 세 번째 비난은 앞의 두 비난과 연계되어 있는데, 그는 도덕을 하느님이나 이성으로부터가 아니라 통치자의 의지로부터 도출했다는 비난을 받았다." (Malcolm 2004)

달리 말해서, 비평가들은 홉스의 정치철학이 [당시에] 대단하게 여겨지던 종교적 신앙이나 도덕적 신념을 표적으로 삼았으며, 그것들에 의문을 제기하고, 재검토하고, 해체했다고 인지했다. 실제적인 관점에서 보면, 그는 하느님이나 이성으로부터가 아니라 통치자의 의지에서 도덕을 끌어냈으며, 이것이 그를 많은 곤경에 빠뜨렸다.

사무엘 민츠(Samuel Mintz)는 그의 저서 『리바이어던 사냥하기』(*The Hunting of Leviathan*, 1962)에서 홉스에 대한 17세기 당시의 반응을 탁월한 기록과 분석을 통해 제공하고 있다. 민츠는 홉스의 동시대적대자들을 세 그룹으로 나누고 있는데, "모든 교파의 성직자들과 신도들, 대학에서 가르치는 사람들 그리고 법률가들"(46)이 그들이다. 우리가 알다시피, 홉스는 이들을 체제 전복적인 사람들로 공격했고, 그래서 이들도 홉스를 같은 방식으로 보고 있다는 것은 전혀 놀랄 일이 아니다. 그러나 민츠는 확신을 갖고 주장하기를, 홉스를 비판하는 사람들 모두는 자신들의 특권적 지위를 확실하게 보호하려고 하는 한편, 홉스의 위험한 신성모독과 무신론에 대해서는 그들도 정말 충격을 받았다. 그중에서 무엇보다도 그들을 화나게 만든 것은 홉스의 급진적인 유물론, 특히 영이나 심지어 하느님까지도 어떤 실재성(existence)을 갖고 있는 물질임에 틀림없다는 주장이었다. 이런 유물론은 그가 해체한 예언, 성서의 저작권 그리고 천국과 지옥 같은 개념들과 겹쳐지면서 비평가들을 충분히 화나게 만들었을 뿐만 아니라 홉스와 그가 지지하는 것에 대해 두려움을 갖게 만들었다. 선하고 신성한 모든 것을 가장 비겁하게 전복시키는 자로 홉스를 비난하는 책과 글들이 비국교도 개신교, 성공회, 가톨릭 등 거의 모든 입장에서 나왔다. 그래서 홉스의 별명은 '무신론자의 대명사'(Mintz 1962: 55)가 되었다.

찰스 2세의 왕정복고(the Restoration) 이후 "1665년 런던에 유행병이 돌고, 1666년에는 런던 대화재가 발생한 것도 이 도시에 홉스 (같은 무신론자)가 살고 있는 것에 대한 하느님의 징벌이라고 여러 사람들이 믿는 가운데 1666년 하원에는 신성을 모독하는 책들을 금지하는 청원서가 제출되었고, 그중에는 『리바이어던』도 목록에 포함되어 있었다. (Reilly 2001) 의회에 제출된 그 청원서는 홉스를 무신론자로 조사해달라는 것이었다. 그러나 복권된 찰스 2세의 궁정에는 홉스의 친구들이 있었고, 그들의 도움으로 그 청원서는 위원회에서 기각되었다.(Martinich 2003) 그러나 찰스 2세는 홉스가 더 이상 정치적이거나 종교적인 저술들을 출판하는 것을 금지시켰으며, 이미 출판된 것들은 불태워졌다. 이것이 홉스의 책이 소각된 첫 번째 사건도 아니었고 그렇다고 마지막도 아니었다.

홉스는 그의 사상뿐만 아니라 왕립 과학원 회원들과의 논쟁으로도 나쁜 의미에서 유명하게 되었다. 이 왕립 과학원은 자연과학적 지식의 증진을 위해 세워진 당대 최고 수준의 학자들 모임이었으며, 홉스는 가입이 허용되지 않았다. 그 이유는 [홉스의 가입으로] 과학원의 명성에 흠이 될까봐 걱정하는 회원들 때문이었다. 그러나 홉스가 모두에게 미움을 받은 것은 아니었다. 그에게는 많은 친구들과 그를 흠모하는 사람들이 있었다. 홉스 친구 중의 한 사람인 존 오브리(John Aubrey)는 당시 최고 유명한 사람들의 연대기를 기록한 그의 저서 『간추린 전기』(*Brief Lives*)에서 홉스의 전기를 거의 영웅 숭배 수준으로 열렬하게 기술했다.(Aubrey 1950: 147–59) 쿠엔틴 스키너(Quentin Skinner)는 많은 학자들이 홉스의 비대중성(unpopularity), 즉 대중적 인기가 없는 것을 가지고 과장해서 말해왔다고 확신에 찬 주장을 하고 있다. 또 그는 주장하기를, 홉스가 영국에서는 종종 비판의 대상이 되었으나 그의 명성은 유럽 대륙에서 더 알려졌다고 한다. 영국의 시민전쟁 동안 홉스가 찾은 피난처는 프랑스였는데, 그는 그곳에 있는 지식인들의 모임에서 환영받았으며, 그 시대의 위대한 인물들을 여러 명 만날 수 있었다.(Skinner 1966: 288) "[홉스가 받은] 대중적 명성의 이런 부분들을 인정하지 못한다는 것은 홉스에 대한 동시대 비평가들의 의도에 대해서도 잘못된 인상을 줄 수 있는 경향이 있다. 그 비평가들은 이단사설(異端邪說)의 유일한 진원지를 공격하는 사람들로 간주되어왔다. 그러나 그들은 홉스에게 [공격을] 집중했는데, 그것은 그가 '혼자 힘으로' 전통에 반대하는 사람처럼 보였기 때문이 아니라, 그 자체로 유행을 타며 [사람들이] 받아들이고, 그 이념적 중요성을 점차 확보해가고 있는 한 견해에 가장 유능하고 영향력 있는 제안을 하는 사람처럼 보였기 때문이다."(Skinner 1966 : 295)

또한 우리는 홉스가 영향력 있는 집단들로부터 전 방위적으로 공격을 받고 있는 동안에도 『리바이어던』과 그의 다른 작품들의 인기는 계속 높아졌으며, 심지어 이들 작품들이 공식적으로 금지되거나 [소각] 처분을 받았을 때에도 그러했다는 것을 기억해야만 한다. 『리바이어던』은 여러 차례 출판되었으며, 때로는 비밀리에 출판되었다. 소각 처분이 계속되는 동안에도 그 수요는 증가했다.(Mintz 1962 : 61) 아마도 이런 사실이 홉스의 비평가들에게는 하나의 교훈으로 받아들여졌어야 했다. 때때로 한 작품이 비난을 받으면 받을수록 대중적 인기는 더 올라간다. 스키너는 주장하기를, 인정하든 안 하든, 홉스의 작품은 동시대의 많은 사람들에게 커다란 영향을 주었다. 그들은 홉스의 방법론과 아이디어를 빌려왔지만, 홉스의 흔들리는 명성 때문에 그에게 합당한 (찬사의) 표시를 하지 못했다.(Skinner 1966 : 305)

사악한 무신론자라는 이미지에도 불구하고, 홉스는 인격적으로 대단히 친절하고 경건한 성향까지 소유했던 사람이었다. 그가 죽었을 때 그는 자기 재산의 상당 부분을 엘리자베스 알라비(Elizabeth Alaby) 양에게 남겼으며, 유언 집행자의 아들 잭 웰돈(Jack Wheldon)과 "서로 사랑하며, 그가 돈을 낭비하는 사람이 아니라는 조건하에서"(Reilly 2001) 그와 결혼할 것을 그녀에게 요청하기도 했다. 그가 유언장을 통해 보인 알라비에 대한 관심은 그녀가 홉스의 사생아였다는 소문이 나돌게 했지만 그 증거는 어디에도 없다. 그 대신 알라비는 다섯 살 무렵에 버려진 고아였으며, 홉스가 구제하기로 결정했던 것으로 보인다. 그는 유언을 통해 가난한 이와 그가 묻힌 교구 목사에게도 돈을 남겼다. 홉스는 사악한 사람이 아니었고, 사생활에 있어서도 정직하고 선하게 행동했다고 말하는 것이 확실할 것이다. 그러나 그의 비평가들은 그의 생각이 종교와 도덕을 전복시키는 것이었고 그래서 강력하게 반대에 부딪혔다고 생각했다.

정치철학에 미친 영향

홉스의 영향을 평가할 수 있는 또 다른 방법은 홉스 이후 계속된 정치철학의 역사에서 홉스의 사상이 남긴 흔적을 추적하는 일이다. 우리는 국제법학자 사무엘 푸펜도르프(Samuel Puffendorf)의 작품 속에서, 홉스와 동시대인인 스피노자에서 그리고 공리주의자의 사상 속에서 홉스의 사상을 엿볼 수 있다.(Watkins 1957: 355) 우리는 또한 그가 존 롤스(John Rawls) 같은 20세기 사회계약 사상가에게 끼친 영향도 볼 수 있다. 그러나 [무엇보다] 우리는 1688년 영국 명예혁명의 이론적인 배경을 제공했고, 고전적인 자유주의 철학을 발전시킨 존 로크에게서 홉스의 영향을 가장 분명하게 확인할 수 있다.

종교에 관한 로크의 견해에서도 홉스의 영향은 발견될 수 있다. 이는 종교 문제에 관해 겉으로 보기에 두 사람의 결론이 아주 다르다는 것을 고려하면 놀라운 일이다. 그러나 로버트 크래이낙(Robert Kraynak)이 지적하고 있듯이, (계몽사상의 선구자로서) 홉스와 로크는 모두 계몽주의 사상가였고, 종교와 정치에 관한 두 사람의 생각은 보통 짐작되는 것보다 훨씬 더 유사하다. 크래이낙은 정통과 권위의 거부를 특징으로 하는 홉스의 사상에서 계몽주의의 기원을 찾고 있다. 이런 거부는 홉스를 불가피하게 절대주의로 이끄는데, 이는 도덕적 진리가 주관적[상대적]

이고, 갈등의 원인이 되기에, 진리를 공적으로 결정할 필요가 있기 때문이다. 그러나 크래이낙의 설명에 의하면, 홉스가 절대주의를 옹호하도록 만든 동일한 종교적 갈등의 문제는 결국 로크가 [종교적] 관용에 더 우호적인 태도를 갖도록 만들었으며, 로크는 홉스의 논증을 상당 부분 따르고 있다.

로크는 실제로 『정부에 관한 두 개의 논고』 앞 부분에서 홉스가 했던 것처럼 절대주의를 옹호하고 있다. 로크는 종교적 광신자와 종교적 분파주의 때문에 [나라가] 황폐하게 된 것을 통탄했으며, 초기에는 홉스처럼 종교의 모든 외적인 표현까지 통제할 수 있는 통치자의 절대 권리를 옹호하려 했다. 로크는 가톨릭교인, 성공회교인 그리고 비국교도 개신교인들 사이의 불화와 불관용을 목격한 후 그 반작용으로, 홉스가 주장했던 것처럼, 공적인 예배 양식은 그것이 하느님을 명예롭게 하는 한 '차이가 없는' (상관없는) 것으로 간주되어야 한다고 주장했다. 로크는 그런 공적인 예배가 내면의 신앙을 침범해서는 안 되며, 따라서 예배자의 양심에 어긋나지 않으면서도 예배를 드릴 수 있어야 한다는 점에서 홉스와 일치하고 있다.(Kraynak 1980) [철학자로서] 그의 경력 초기에, 로크는 마치 홉스가 공적인 예배와 개인적인 신앙 사이를 구분한 것처럼 동일한 이분법을 세우고 있다. 그러나 "로크는 곧 [예배 양식의] 무차별성을 허용하고 [하느님 경배의] 동일성을 수용하려는 그의 노력이 성취되기 어렵거나 불가능하다는 것을 깨닫게 되었다."(Kraynak 1980 : 59)

달리 말해 로크는 사람들이 어떻게 예배를 드리는가는 상관이 없는 문제인데, 이런 자신의 주장을 수용하도록 사람들을 설득하는 일이 어렵다는 것을 깨닫게 되었다. 그는 "세속적인 절대주의는 일종의 계몽된 냉소주의에 의존되어 있으며, 사람들이 [통치자 또는 국가의] 독단적인 [종교적] 강요를 수용하기 전에 그들은 신앙으로부터 자유로워져야 한다.”(Kraynak 1980 : 60)는 것을 깨달았다. 그러나 그런 계몽된 냉소주의를 깨달을 수 있는 사람이 거의 없기 때문에, 로크는 홉스를 그렇게 혼란시켰던 동일한 교파 간의 갈등 문제를 다룰 수 있는 더 우수한 방법으로서 관용의 문제로 관심을 돌렸다.

홉스가 로크에게 가장 분명하게 영향력을 끼친 영역은 자연상태, 자연법 그리고 사회계약론을 둘러싼 사상들에 자리 잡고 있다.[1] 우리가 알다시피, 홉스는 인간의 본성에 대한 가정을 전제로 자신의 철학을 전개시키고 있으며, 그가 기술하고 있는 인간들이 무정부상태에서 어떻게 행동할 것인가를 묻고 있다. 홉스가 볼 때 사람들은 평화를 가져오는 것이 무엇인지를 알고는 있으나(자연법), 안전하다고 느낄 수 없기 때문에 평화를 추구할 수 없다. 인간의 첫 번째 자연권은 자기 보존이었으며, 무정부상태에서 그 권리는 다른 모든 권리와 의무를 뛰어넘는 것이었다. 자연상태에서 정의와 불의, 옳고 그름은 아무런 의미를 가질 수 없다. 그래서 홉스는 자연상태에서 벗어날 수 있는 유일한 탈출구이자 자기 보존을 보장할 수 있는 유일한 길은 사회계약을 맺는 일이라는 것을 보여주었다. 그 사회계약이란 각 개인들이 독자적으로 갖고 있던 권력을 모든 점에서 강력한 통치자에게 양도하겠다는 개인들 상호 간의 약속이다. 홉스의 견해에 따르면, 오직 그럴 때에만 사람들은 평화를 성취할 수 있고 번영과 전진을 시작할 수 있다.

로크는 자연상태, 자연법 그리고 사회계약론을 포함, 큰 틀에서 홉스를 따르고 있으나, 몇 가지 가정들, 특히 인간의 본성에 관한 가정은 수정했다. 사람들이 도덕적으로 완전한 것과는 거리가 멀다고 하더라도, 홉스가 주장했듯이 인간을 반사회적이며, 폭력적이고 완전히 믿을 수 없

---

1 로크에게 미친 홉스의 영향과 관련한 충분한 논의는 Coby(1987)를 참고할 것.

는 존재라고 말하는 것은 로크가 보았을 때 잘못된 것이다. 로크는 인간이 사회를 구성하기 위해 함께 뭉치고 싶어하는 존재이며, 자연스러우면서도 형식 없이 그렇게 한다고 보고 있다. 또한 사람들은 자연법을 알고 있으며, 거의 항상 그리고 자연상태에서조차 자연법을 따를 수 있다. 그래서 "자연상태를 떠나지 않고서도 사람들은 서로 약속을 하고 상호 계약을 맺을 수 있으며, 권리를 양도하고 의무를 수행할 수 있다."(Simmons 1989 : 452) 그러나 정부가 없이는, 자연법에 대한 그들의 준수는 항상 불완전할 수밖에 없다. 예를 들면, 사람들이 자기 재산의 일부를 강탈당했다면, 정의를 실현하기 위해 그대로 돌려받거나 그 적[강탈한 사람]으로부터 합당한 무엇인가를 받는 대신에, 사람들은 과도한 수단에 호소하려는 경향이 있다. 로크에 따르면, 사적으로 관련된 문제에 대해 불편부당하거나 객관적인 입장이 되기란 어렵다는 것을 사람들은 알고 있다. 그래서 자연상태에서는 범죄가 더 쉽게 발생하며, 그 결과로 과도한 처벌과 계속되는 집단적 불화가 생길 수 있다. 인생은 살만하지만 이런 상황은 아주 유쾌한 상황이 아니며, 사람들이 사유 재산을 더 많이 축적하는 것도 허용하지 않는다. 왜냐하면 그들의 재산은 스스로 간직할 수 있었던 과거의 재산 그 이상으로 확대할 수 없기 때문이다.

따라서 로크가 볼 때 사람들은 자신들의 생명뿐만 아니라 (홉스와는 달리) 재산과 자유를 보호하기 위해 사회계약을 통해 정부를 수립했다. 로크가 말하는 자연상태는 사람이 살만한 곳이었으며, 상대적으로 자유롭고 약간의 정의가 있는 곳이었기에, 사람들은 절대정부를 선택하기보다는 그런 [자연]상태를 선택한다고 로크는 추론했다. 만일 그들이 정부를 세우겠다고 결정했다면, 정부는 단지 생명을 보호하는 것 이상 백성들을 위해 무엇인가를 더 해주어야만 한다. 로크는 왜 자연상태에서 사람들은 각자의 독립성을 포기하고 전제적인 정부에 스스로 노예가 되어야 했는지 홉스나 다른 절대주의자들에게 묻고 싶었을 것이다. 자연에 머물러 있는 것이 더 낫지 않다는 것인가? 로크는 홉스가 지향했던 방향과는 다른 방향으로 진로를 바꾸고 있으며, 정확하게 홉스가 가고 싶지 않았던 곳, 즉 혁명에 관한 자연적 권리를 세우는 데로 가서 끝을 맺는다.

로크의 견해에 따르면, (전제 군주를 만났을 경우) 자연상태로 다시 돌아가는 일은 최선의 선택지가 될 수 있다. 홉스가 사회계약 사상을 가지고 [로크와는] 반대 방향으로 나아가려고 최선의 노력을 했음에도 불구하고, 로크가 도달한 결론은 사회계약 사상이 불가피하게 끝나는 지점 바로 그곳일 수 있다.

홉스에 대한 현대적 해석들

현대의 많은 홉스 연구가들은 홉스와 동시대인들이 물었던 것과 동일한 질문을 던지고 있는데, 그 질문은 다음과 같다. 홉스는 종교에 대해서 정말로 무엇을 생각했으며, 그리스도교 신학에 대한 그의 해석이 나머지 그의 정치철학에 어떻게 필수불가결한 것이 되었는가? 레오 스트라우스(Leo Strauss)는, 홉스의 정치철학을 그의 신학적인 가르침 없이도 그 자체로 성립할 수 있는 것으로 보았으며, 종교에 대한 홉스의 진술들이 진솔했는지 아니면 단지 유용했는지를 물었다. 그는 홉스의 목적은 우선 "자신의 이론을 위해서 성서의 권위를 이용하고자 했으며, 이어서 특히 성서의 권위 그 자체를 흔들어놓기 위해 그렇게 했다."(Strauss 1984: 71)고 말하였다. 이런 관점에서 보면, 홉스는 아주 뛰어난 무신론자이자 종교를 비판하는 계몽주의의 선구자였을 수 있다.

폴 쿡(Paul Cooke)은, 홉스가 말하는 그리스도교를 그의 작품 세계로 안내하는 추진력으로 보고 이를 심각하게 간주하려는 최근의 경향에 대해 논의하고 있는 또 한 명의 연구자이다. 쿡의 접근은 홉스가 그의 철학 작품 안에서 종교에 대해 말한 것을 검토하고, 그런 다음 어떤 신앙심 깊은 그리스도인이 그런 견해를 지지할 수 있는지 묻고 있다. 거의 레오 스트라우스처럼 쿡은 홉스가 그리스도교의 신앙에 대한 통상적인 생각을 거부했으며, 이들 신앙에 대한 고찰을 그의 세속적인 정치 프로그램 아래 종속시켰다는 결론을 내리고 있다.(Cooke 1996)

다른 한편, 마티니치(A. P. Martinich, 1992)는 비록 홉스의 성서 해석과 신학이 비정통적이긴 해도, 그리스도교 신앙이 어떻게 그의 정치 이론을 옹호할 수 있는지를 보여주기 위해 진심으로 노력하고 있는 사람의 모습을 홉스[철학] 안에서 발견하고 있다. 마티니치의 생각에 의하면, "오늘날 학자들의 일반 여론이 홉스를 미온적인 유신론자로 생각하고 있는데"(1992: 1), 실제로 홉스는 코페르니쿠스와 갈릴레오의 새로운 과학의 빛 안에서도 성서의 적합성과 정당성을 보존하려고 노력한 진실하고 정통적인 깔뱅주의자였다. 이런 관점에서 보면, 홉스는 종교가 정치적으로 안정을 깨는 세력일 필요는 없다는 점을 보여주고자 했다.(Martinich 1992) 조슈아 미첼(Joshua Mitchell) 역시 모세와 그리스도, 또는 구약과 신약 성서 사이의 관계에 대한 물음에 답하려고 시도하는 홉스는 거의 개신교 전체 집합체 안에 속하는 사람이라고 주장하고 있다. 그러나 개신교 교인들이 구약을 대체하는 것으로 신약을 보고 있다면, 홉스는 이 둘의 관계를 갱신 또는 [약속의] 성취 관계로 보았다. 미첼은 주장하기를, 홉스는 "그리스도의 신약(信約)이 자신의 조국 잉글랜드에서 성취된" 것으로 보고 있다.(Mitchell, 1993: 93) 그렇지만 하이람 카톤(Hiram Caton) 같은 학자들은 다음과 같은 질문을 던지고

있다: "만일 홉스의 신학이 깔뱅주의적이고 진실한 것이라면, 이것을 증언할 깔뱅주의 성직자는 어디에 있는가? 어떤 청교도 교인이 그리스도교는 하나의 교리, 즉 (예수가 그리스도라는) 교리로 돌아간다고 언제나 말해왔는가?"(Caton 1994: 112)

그리스도교와 홉스의 관계에 관한 문제를 관통하는 또 다른 분류 방식은, 서양의 유대교-그리스도교 전통 안에서 한 정치철학자로서 그를 좀 더 큰 그림으로 보는 것이다. 이런 유리한 입장에서 볼 때, 홉스의 사상은 (유대교-그리스도교의 전통에 대해) 심각한 비판을 가하기도 하지만 여전히 그 전통을 반영하고 있다. 예를 들면, 조슈아 미첼은, '한 분[하느님 또는 군주]의 통치 아래 모든 사람이 평등하다' 라는 메시지를 담고 있는 홉스의 전체적인 정치 이론을 세속화된 그리스도교 신학으로, 그리고 궁극적으로는 그리스도인의 세계관의 산물로 보고 있다.(1993: 91) 마찬가지로, 하워드 워렌더(Howard Warrender)도 "홉스는 본질적으로 자연법 철학자"이며 그래서 그는 [철학] 체계를 구성하는 데 있어서 처음에는 그리스도교적인 체계로 시작했고, 그것을 세속화했고 그리고 그것을 개혁했다.(1993: 938)

학자들이 논쟁을 벌이는 또 다른 문제는 우선 홉스를 어떻게 해석할 것인가에 있다. 우리는 일차적으로 그의 작품들 속에 있는 내적 논리를 들여다보고, 신중한 독서법을 적용해야만 하는가? 아니면 그가 살았던 역사적, 문화적 문맥 안에서 설명을 모색해야만 하는가? 모든 학자들이 다른 사상가뿐만 아니라 홉스를 탐구할 때 이 두 가지 해석의 방법을 사용하고 있는데, 이는 [단지] 강조의 문제이며, 둘 사이에는 몇 가지 중요한 불일치를 포함하고 있다. 예를 들면, 레오 스트라우스(1984)의 방법은 일차적으로 전자에 해당된다. 스트라우스는 한 사상가를 그 시대의 산물로 해석하는 일은 홉스의 사상들을 항구적인 의미가 없는 역사적

인공물로 환원시키는 '역사주의'(historicism)로 빠지게 만든다고 믿었다. 그러나 스트라우스는 홉스의 이론 안에는 충분히 이해되기 위해 신중하게 다루어져야 할 인간 본성과 정치학에 관한 보편적 진리를 대변하고 있다는 주장뿐만 아니라, 수세기에 걸쳐 이어온 사상의 영향과 여러 다른 출처로부터 온 영향들이 포함되어 있다고 보고 있다.

하워드 워렌더는 이에 동의하면서 다음과 같이 말하고 있다: "정치철학의 고전적인 문헌들은 그 시대를 기록한 작은 책자 그 이상이다. 그것들 대부분은 저자가 살았던 시대적 문맥과 직접 관련되어 있으며, 그것을 설명하고 있지만, 새롭고 변화하는 상황에서 어떤 통찰력을 제시하고 있는지를 알기 위해 그 문헌들은 지속적으로 연구되고 있다. 어떤 존경의 찬사를 보내든 이들 문헌들을 그 당시의 환경으로 되돌려보내는 일은 그 문헌들을 사장(死藏)시키는 것과 다를 바 없다. 그 누구보다도 홉스는 제한된 역사적 시기에 갇힌 사람이 아니라 모든 시대를 위해 저술한 작가로 간주되어야 한다는 그 자신의 주장을 입증해왔으며 그 적합성을 간직해왔다."(1979 : 939)

[해석의 방법론에 관한] 이 논쟁의 다른 쪽에는 쿠엔틴 스키너와 그의 사상적 배경이 된 캠브리지 학파가 있다. 스키너는 스트라우스 식의 접근 방법에 대해 강하게 비판했다.(Wiener 1974 : 251) 스키너의 방법은 저자와 그의 시대를 둘러싸고 있는 환경에서 언어의 사용과 저자의 의식 앞에 놓여 있는 논쟁점과 당면 문제들을 연구하는 일과 관련되어 있다. 스키너는 이런 유형의 연구 없이는 우리가 저자의 의도를 제대로 알 수 없다고 주장하고 있다. 이런 방법을 사용하면서 스키너는 다음과 같이 주장하고 있다. 홉스의 『리바이어던』은 혁명적인 청교도 정부의 권위에 복종하기를 원했던 사람들을 위한 [그 정당화의] 논증을 제공하는 책으로 볼 수 있으며, 그래서 홉스는 많은 논평자들이 말하고 있는

절대주의의 맹렬한 옹호자가 아니라, 실제로는 [혁명적 청교도] 정부에 대해 '앙가주망(현실적 참여)'의 열렬한 지지자였음을 보여주는 책이다. 스키너의 저술로 인해 홉스는 인문주의자이자, 공화제 정부의 옹호자이자 최고의 수사학적 힘을 믿는 신봉자가 되고 있다.(Skinner 1996)

그러나 스키너에 대해 최근의 한 비평가는 스키너의 방법이 선택적이었으며 목표에서 벗어났다고 비판하고 있다. [스키너와 캠브리지 학파 사람들이] 자신들의 목적을 위해 몇 가지 홉스의 논증들을 활용하여 [홉스의] 현실 참여를 옹호하지만, "현실 참여자들이 활용한 것처럼 홉스 자신의 논증이 활용될 수 있다는 것을 홉스가 인식했는지는 분명치 않다." 역사적 문맥의 관점을 소홀히 한 스키너는 결국 홉스에 대한 자신의 결론을 다음과 같이 썩 좋지 못하게 만들고 말았다. "홉스는 헌신적인 왕정주의자였고, 일생 동안 군주정치와 관계가 있었다. 왕정복고 이후에도 계속된 이 관계는 강조되어야 한다."(Goodhart 2000 : 547) 굿하트는 다음과 같은 말로 그의 비판을 끝맺고 있다. 스키너가 자신의 관점에서 홉스의 역사를 다시 쓰게 된 숨은 동기는, 캠브리지 학파가 선호했던 공화주의(republicanism)를 지지하며, "대부분 현대 자유주의 사상의 토대를 약화시키려는 데 있었다."(2000 : 560)

역사적 접근법이 분석되고 비판될 수 있는 방법이 무수히 많다는 것을 고려할 때, 우리는 역사적 접근법이 저자의 의도를 확실하게 제공하는지에 대해 왜 많은 연구자들이 의심하게 되었는지 알 수 있다. 그러나 위에서 언급된 민츠의 작품 『리바이어던 사냥하기』는 홉스 주변에 있던 사람들, 그들이 비평가일 수도 흠모하는 사람일 수도 있지만 이들에 대해 더 많이 알면 알수록 홉스가 무엇을 했으며, 그의 생애 동안 그가 끼친 영향이 무엇인지를 이해하는 데 우리에게 도움이 될 수 있다. 예를 들면, 민츠(1962)가 지적하고 있듯이, 홉스의 그리스도교 신학은 무신론자라는 비난에서 벗어나기 위한 책략이었다라는 논증을 우리는 배제시킬 수 있다. 왜냐하면 그는 실제로 자주 무신론으로 비난받았으며 심지어 무신론의 혐의를 의회가 고려하도록 자극하기도 했기 때문이다. 만일 홉스가 그와 같은 비난을 피하려고 했더라면 그는 전략을 바꾸었을 것이다. 오직 홉스의 [역사적] 문맥을 고려해야만 주장할 수 있는 그런 통찰력이 [홉스 철학 안에는] 확실하게 있다.

분명 다른 학자들은 종종 놀랍게도 다양한 결론을 가지고 홉스의 다른 관점에 초점을 맞추고 있다. 우리는 이미 홉스가 공화주의 철학자였다고 말하는 쿠엔틴 스키너(1996)의 주장을 살펴보았다. 다른 한편, 맥퍼슨(C. B. Macpherson)은 홉스가 자기 철학을 통해 부르주아 계급의 '소유적 개인주의' (Macpherson 1962)를 방어하는 것으로 보았다. 마이클 오우크 쇼트(Michael Oakeshott)는 홉스의 사상에서 합리주의의 중요한 주제를 추적하고 있으며(Oakeshott 1975), 스트라우스와 워렌더는 홉스를 근대의 도덕철학자로 보았다.(Spragens 1978 : 652)

스프라겐스가 다음과 같은 불만을 말할 때 이는 대부분의 독자들을 대신해서 말하는 것일 수 있다. 즉 홉스의 연구자들이 자신들만의 특정한 문제에 논의의 초점을 편협하게 맞춤으로써 이 연구자들은 '홉스의 사상 안에 들어 있는 통일성의 진정한 요소와 "과학적"이라 할 수 있는 홉스의 심오한 영감의 효과 모두를 불필요하게 애매한 것으로 만들었다.' (Spragens 1978 : 652) 그렇다 하더라도 때로는 홉스의 핵심을 설명하기보다는 연구자들 자신의 관점을 주장하는 일에 더 치우쳐 있지만, 이들 각각의 관점들은 우리가 홉스의 이론, 그의 의도 그리고 그의 영향을 이해하는 데 기여하고 있다. 만일 우리가 이런 작품들을 폭넓게 충분히 읽어낸다면, 우리는 홉스 철학에 관하여 좀 더 적합하고 성숙한 견해에 도달할 수 있을 것이다.

5장 보충자료 안내

『리바이어던』의 판본들

현재 출판된 『리바이어던』의 판본들은 여러 가지가 있다. 인터넷 서점에서 최소 10가지 정도의 판본은 쉽게 구할 수 있다. 『리바이어던』은 원래 영어로 쓰여진 것이기 때문에 '영역본'은 없다. 그러나 1668년 그의 나이 80세 때에 홉스 자신이 『리바이어던』을 라틴어로 옮긴 번역본은 있다. 우리는 현대적인 용법과 지역어가 반영된 최신 영어로 옮겨진 『리바이어던』의 현대어 번역본을 어디에서도 찾을 수 없다. 많은 판본들은 오자가 있고 홉스의 낡은 영어 원본을 포함하고 있지만, 독자들은 철자법이나 구두점이 표준어로 바뀐 판본들도 만날 수 있다. 홉스의 글쓰기 스타일에 약간 익숙해졌다면, 학자들은 가능하면 원본을 접하는 것이 가장 좋다는 것에 동의한다. 결국 어떤 번역도, 심지어 현대 영어로 된 것이라도 번역은 사소한 것이든, 아주 과격하게든 번역자에 따라 의미가 변하는 것을 피할 수 없다. 이 책은 오우크 쇼트가 편집한 『리바이어던』을 사용하고 있는데 홉스의 철자법을 표준화한 것이다. 표준화한 철자법이 의미를 파악하는 데 방해가 되지 않으며, 좀 더 편안하게 읽을 수 있도록 쉽게 적응할 것이다.

지금까지 출판된 『리바이어던』의 여러 판본들 목록을 아래에 간략히 소개하고 있는데, 독자들은 이 판본들에서 특히 편집자의 해제, 전문적인 주석들 또는 편집상의 특징 등 여러 가지 유용한 점들을 발견할 수 있을 것이다.

1. Thomas Hobbes, *Leviathan*, edited by Michael Oakeshott, New York: Simon & Schuster, Touchstone edition, 1997.

   오우크 쇼트가 편집한 이 판본의 장점은 홉스의 철자법을 표준에 맞추어 바꾸었지만 그의 문장 구조는 바꾸지 않았다는 데 있다. 여기에는 리차드 피터스(Richard S. Peters)의 서론이 포함되어 있다.

2. Thomas Hobbes, *Leviathan: With Selected Variants from the Latin Edition of 1688*, edited by Edwin Curley, Indianapolis: Hackett Publishing Company, 1994.

   이 판본 역시 철자법을 표준에 맞추었으며, 『리바이어던』의 영어판과 라틴어판 사이에 어떤 차이점이 있는지를 보여주면서, 홉스의 라틴어판 『리바이어던』의 내용을 제공하고 있다. 컬리는 홉스의 생애와 관련된 정보와 참고 문헌을 제공하고 있다.

3. Thomas Hobbes, *Hobbes:* Leviathan*: Revised student edition* (*Cambridge Texts in the History of Political Thought*), Cambridge: Cambridge University Press, 1996.

   쿠엔틴 스키너가 편집한 사상 총서의 한 부분인 이 판본은 원본의 영어를 유지하고 있다. 리차드 턱(Richard Tuck)은 서론을 제공하고 있으며, 유용한 연대기, 보충자료 안내, 그리고 『리바이어던』에 나오는 주요 인물들에 대한 전기들이 포함되어 있다.

4. Thomas Hobbes, *Leviathan*, edited by Karl Schumann and G. A. J. Rogers, Thoemmes Continuum, 2003.(2006년에 나온 새 판본도 구입 가능하다.)

   두 권 한질로 된 이 판본은 『리바이어던』의 라틴어판을 포함해서 다른 판본들에 대한 상세한 정보가 들어 있어서 전문 학자들에게는 좋은 선택이 될 것이다. 이 판본은 『리바이어던』의 출판의 역사와 그에 따라 홉스가 본문에 가한 다양한 수정들을 폭넓게 다루고 있다.

5. Thomas Hobbes, *Leviathan*, edited by C. B. Macpherson, New York: Penguin Classics, 1985.

이 판본은 홉스를 '소유적 개인주의(possessive individualism)'의 옹호자로 훌륭하게 분석한 맥퍼슨 자신의 서론이 포함되어 있다. 이 판본은 홉스의 원본 영어를 그대로 쓰고 있다.

홉스의 영어 전집은 '*The English Works of Thomas Hobbes*' 라는 제목으로 대부분의 대학 도서관에서 볼 수 있다. 학생들이나 다른 학자들은 '과거의 대가들(The Past Masters)' 이라는 전자책 판본에 포함된 홉스의 '*English Works*' 에 흥미를 가질 수 있다. 물론 여기에는 『리바이어던』이 포함되어 있으며, 홉스의 영어 전집을 컴퓨터에서 쉽게 이용할 수 있게 해준다. 이 '과거의 대가들' 소프트웨어는 연구자들이 홉스의 작품들 전체를 통해 단어나 구절들을 쉽게 추적할 수 있게 해주며, 특정한 사상에 관한 홉스의 생각을 찾게 해주고, 홉스를 인용할 수 있게 해준다. 몇몇 도서관은 '과거의 대가들' 소프트웨어를 참고 문헌실에 소장하고 있으며, http://www.nlx.com/pstm/에서 구매할 수도 있다.

2차 자료들

홉스에 전적으로 집중하고 있는 전문 학술 잡지는 일 년에 한 번씩 출판되는 "*Hobbes Studies*(홉스 연구)"가 있다. 여기에는 홉스에 관한 모든 관점들과 그의 정치철학을 다룬 수많은 책과 논문들이 들어 있기에, 그 모든 목록을 작성하는 일은 불가능하다. 아래 참고 문헌들은 학생들이나 다른 연구자들이 홉스를 연구하는 데 특히 유용한 것들이며, 주제에 따라 분류했다.

역사적 배경

Aubrey, John, *Brief Lives*, ed. Oliver Lawson Dick, London: Secker and Warburg, 1950.

Fletcher, Anthony, *The Outbreak of the English Civil War*, London: Edward Arnold, Ltd, 1981.

Kraynak, Robert P., *History and Modernity in the Thought of Thomas Hobbes*, Ithaca: Cornell University Press, 1990.

Martinich, A. P., *Hobbes: A Biography*, Cambridge: Cambridge University Press, 1999.

Mintz, Samuel, *The Hunting of* Leviathan*: Seventeenth Century Reactions to the Materialism and Moral Philosophy of Thomas Hobbes*, Cambridge: Cambridge University Press, 1962.

Shapiro, Barbara J., 'The Universities and Science in Seventeenth Century England,' *The Journal of British Studies* 10.2(May 1971): 72.

Tuck, Richard (ed.), *Philosophy and Government 1571–1651*, Cambridge: Cambridge University Press, 1993.

Woolrych, Austin, *Britain in Revolution: 1625–1660*, Oxford: Oxford University Press, 2002.

Zogorin, Peter, 'Hobbes' s Early Philosophical Development', *Journal of the History of Ideas* 54.3 (July 1993): 505–18.

홉스의 정치철학

Baumbold, Deborah, *Hobbes' Political Theory*, Cambridge: Cambridge University Press, 1988.

Dietz, Mary G. (ed.), *Thomas Hobbes and Political Theory*, Lawrence, KS: University Press of Kansas, 1990.

Gauthier, David, *The Logic of Leviathan: The Moral & Political Theory of Thomas Hobbes*, London: Oxford University Press, 2001.

Green, Arnold W., *Hobbes and Human Nature*, New Brunswick: Transaction Publishers, 1993.

Hampton, Jean, *Hobbes and the Social Contract Tradition*, Cambridge: Cambridge University Press, 1988.

국제 관계

Bagby, Laurie M. Johnson, '"Mathematici" v. "Dogmatici": Understanding the Realist Project Through Hobbes', *Interpretation: A Journal of Political Philosophy* 29.1 (Spring 2002): 281–97.

Brown, Clifford W., Jr., 'Thucydides, Hobbes, and the Derivation of Anarchy', *History of Political Thought* 8.1 (Spring 1987): 33–62.

Boucher, David, 'Inter-Community & International Relations in the Political Philosophy of Hobbes', *Polity* 23.2 (Winter 1990): 207–32.

Bull, Hedley, 'Hobbes and the International Anarchy', *Social Research* 48.4 (Winter 1981): 717–38.

Klosko, George, and Daryl Rice, 'Thucydides and Hobbes's State of Nature', *History of Political Thought* 7.3(Winter 1985): 405–9.

Kraynak, Robert P., 'Hobbes on Barbarism and Civilization', *The Journal of Politics* 45.1(February 1983): 86–109.

Williams, Michael C., 'Hobbes and Internation Relations: A Reconsideration', *International Organization* 50.2(Spring 1996): 213–36.

홉스 이론에 관한 해석들

Cantalupo, Charles, *A Literary* Leviathan: *Thomas Hobbes's Masterpiece of Language*, London and Toronto: Associated University Presses, 1991.

Caton, Hiram, 'Is Leviathan a Unicorn? Varieties of Hobbes Interpretations', *The Review of Politics* 56.1(Winter 1994): 101–25.

Johnston, David, *The Rhetoric of* Leviathan: *Thomas Hobbes and the Politics of Cultural Transformation*, Princeton: Princeton University Press, 1986.

Macpherson, C. B., *The Political Theory of Possessive Individualism: Hobbes to Locke*, Oxford: Clarendon Press, 1964.

Martinich, A. P., 'Interpretation and Hobbes's Political Philosophy', *Pacific Philosophical Quarterly* 82.3(September 2001): 309–31.

Oakeshott, Michael, *Hobbes on Civil Association*, Berkeley: University of California Press, 1975.

_______, *Rationalism in Politics and Other Essays*, Indianapolis: Liberty Press, 1991.

Reik, Miriam M., *The Golden Lands of Thomas Hobbes*, Detroit: Wayne State University Press, 1977.

Rogow, Arnold A., *Thomas Hobbes: Radical in the Service of Reaction*, New York: W. W. Norton, 1986.

Skinner, Quentin, *Reason and Rhetoric in the Philosophy of* Leviathan, Cambridge: Cambridge University Press, 1996.

Slomp, Gabriella, *Thomas Hobbes and the Political Philosophy of Glory*, New York: Saint Martin' s Press, 2000.

Spragens, Thomas A. Jr., *The Politics of Motion: The World of Thomas Hobbes*, Lexington: The University of Kentucky Press, 1973.

Strauss, Leo, *Natural Right and History*, Chicago: University of Chicago Press, 1968.

Strauss, Leo, *The Political Philosophy of Hobbes: Its Basis and Its Genesis*, trans. Elsa M. Sinclair, Chicago: University of Chicago Press, 1984.

Sullivan, Vickie B., *Machiavelli, Hobbes, and the Formation of a Liberal Republicanism in England*, Cambridge: Cambridge University Prss, 2004.

Tarlton, C., 'The Despotical Doctrine of Hobbes, Part I: the Liberalization of *Leviathan*', *History of Political Thought* 22.4 (2001): 587-619.

Tarlton, C., 'The Despotical Doctrine of Hobbes, Part II: Aspects of the Textual Substructure of Tyranny in Leviathan', History of Political Thought 23.1(2002): 62-90.

종교

Cooke, Paul, *Hobbes and Christianity: Reassessing the Bible in* Leviathan, New York: Rowan and Littlefield Publishers, Inc., 1996.

Martinich, A. P., *The Two Gods of* Leviathan: *Thomas Hobbes on Religion and Politics*, New York: Cambridge University Press, 1992.

Milner, Benjamin, 'Hobbes: On Religion' *Political Theory* 16.3 (August 1988): 400–25.

Mitchell, Joshua, 'Hobbes and the Equality of All under the One', *Political Theory* 21.3(February 1993): 78–100.

——, 'Luther and Hobbes on the Question: Who Was Moses? Who Was Christ?', *The Journal of Politics* 53.3(August 1991): 676–700.

Shulman, George, 'Hobbes, Puritans and Promethean Politics', *Political Theory* 16.3(August 1988): 426–43.

여성과 가족

Carver, Terrell, 'Public Man and the Critique of Masculinities', *Political Theory* 24.4(November 1996): 673–86.

Chapman, Richard Allen, '*Leviathan* Writ Small: Thomas Hobbes on the Family', *The American Political Science Review* 69.1(March 1975): 76–90.

Pateman, Carole, 'God Hath Ordained to Man a Helper: Hobbes,

Patriarchy and Conjugal Right', *British Journal of Political Science* 19.4(October 1989): 445-63.

Pateman, Carole, Hirschmann, Nancy J., and Powell Jr., Bingham, 'Political Obligation, Freedom and Feminism' *The American Political Science Review* 86.1(March 1992): 179-88.

Schochet, Gordon J., 'Thomas Hobbes on the Family and the State of Nature', *Political Science Quarterly* 82.3(September 1967): 427-45.

Wright, H. 'Going Against the Grain: Hobbes' s Case for Original Maternal Dominion', *Journal of Women' s History* 14.1(Spring 2002): 123-50.

기타 참고 자료

Hinnant, Charles H., *Thomas Hobbes: A Reference Guide*, Boston: G. K. Hall, 1980.

Martinich, A. P., *A Hobbes Dictionary*, London: Blackwell, 1995.

Sacksteder, William, *Hobbes Studies (1879-1979): A Bibliography*, Bowling Green: Philosophy Documentation Center, Bowling Green State University, 1982.

Sorell, Tom (ed.), *The Cambridge Companion to Hobbes*, Cambridge: Cambridge University Press, 1996.

인용된 자료들

아래 참고 문헌들은 이 책에서 인용된 책과 논문들이다.

Aubrey, John, *Brief Lives*, ed. Oliver Lawson Dick, London: Secker and Warburg, 1950.

Baumbold, Deborah, *Hobbes' Political Theory*, Cambridge: Cambridge University Press, 1988.

Caton, Hiram, 'Is Leviathan a Unicorn? Varieties of Hobbes Interpretations', *The Review of Politics* 56.1(Winter 1994): 101-25.

Coby, Patrick, 'The Law of Nature in Locke's *Second Treatise*: Is Locke a Hobbesian?', *The Review of Politics* 49.1(Winter 1987):3-28.

Cooke, Paul, *Hobbes and Christianity: Reassessing the Bible in* Leviathan, New York: Rowan and Littlefield Publishers, Inc., 1996.

Goodhart, Michael, 'Theory in Practice: Quentin Skinner's Hobbes, Reconsidered', *The Review of Politics* 6.3(Summer 2000): 531-61.

Grant, Hardy, 'Geometry and Politics: Mathematics in the Thought of Thomas Hobbes', *Mathematics Magazine* 63.3(June 1990): 147-54.

Hobbes, Thomas, *Behemoth or the Long Parliament*, Chicago: University of Chicago Press, 1990.

_____, *Hobbes's Thucydides*, ed. Richard Schlatter, New Brunswick: Rutgers University Press, 1975.

_____, *Leviathan*, New York: Macmillan Publishing Company, 1962.

Hoekstra, Kinch, 'Hobbes and the Fool', Political Theory 25.5(October 1997): 620-54.

Johnston, David, *The Rhetoric of* Leviathan: *Thomas Hobbes and the Politics of*

Cultural Transformation, Princeton: Princeton University Press, 1986.

Kraynak, Robert P., *History and Modernity in the Thought of Thomas Hobbes*, Ithaca: Cornell University Press, 1990.

Kraynak, Robert P., 'John Locke: From Absolutism to Toleration', *The American Political Science Review* 74.1(March 1980): 53-69.

Locke, John, 'Letter Concerning Toleration', The Hague: M. Nijhoff, 1963.

_____, *Two Tracts on Government*, ed., Philip Abrams, London: Cambridge University Press, 1967.

_____, *Two Treatises of Government*, London: Cambridge University Press, 1960.

Macpherson, C. B., *The Political Theory of Possessive Individualism: Hobbes to Locke*, Oxford: Clarendon Press, 1962.

Malcolm, Noel, 'Hobbes, Thomas(1588-1679)', *Oxford Dictionary of National Biography*, ed. H. C. G. Matthew and Brian Harrison, Oxford: Oxford University Press, 2004. http://www.oxforddnb.com.er.lib.ksu.edu/ view/article/13400 (24 October 2005).

Martinich, A. P., *Hobbes: A Biography*, Cambridge University Press, 1999.

_____, *The Two Gods of* Leviathan*: Thomas Hobbes on Religion and Politics*, New York: Cambridge University Press, 1992.

_____, 'Thomas Hobbes', *Dictionary of Literary Biography, British Rhetoricians and Logicians, 1500-1660*, ed. Edward A. Malone., Vol. 281, Detroit: The Gale Group, 2003: 130-44. Literature Resource Center, Gale Group online database(subscription): http://galenet.galegroup.com.

Milner, Benjamin, 'Hobbes: On Religion' *Political Theory* 16.3(August 1988): 400-25.

Mintz, Samuel, *The Hunting of* Leviathan*: Seventeenth Century Reactions to the Materialism and Moral Philosophy of Thomas Hobbes*, Cambridge: Cambridge University Press, 1962.

Mitchell, Joshua, 'Hobbes and the Equality of All under the One', *Political Theory* 21.3(February 1993): 78-100.

_____, 'Luther and Hobbes on the Question: Who Was Moses? Who Was Christ?', *The Journal of Politics* 53.3(August 1991): 676-700.

Nagel, Thomas, 'Hobbes's Concept of Obligation', *The Philosophical Review* 61.1(January 1959): 68-83.

Oakeshott, Michael, *Hobbes on Civil Association*, Berkeley: University of California Press, 1975.

Orwin, Clifford, 'On the Sovereign Authorization', *Political Theory* 3.1(February 1975): 26-44.

Peters, Richard, *Hobbes*, Harmondsworth: Penguin Books, 1967.

Reilly, Susan P., 'Thomas Hobbes', *Dictionary of Literary Biography, British Philosophers, 1500-1799*, ed. Philip B. Dematteis and Peters S. Fosl, Vol. 252, Detroit: The Gale Group, 2001, pp.182-94. Literature Resource Center, Gale Group online database(subscription): http://galenet.galegroup.com

Schrock, Thomas S., 'The Rights to Punish and Resist Punishment in Hobbes's *Leviathan*', *The Western Political Quarterly* 44.4.(December 1991): 853-90.

Shulman George, 'Hobbes, Puritans and Promethean Politics', *Political Theory* 16.3(August 1988): 426-43.

Seaman, John W., 'Hobbes on Public Charity & the Prevention of Idleness: A Liberal Case for Welfare', *Polity* 23.1(Autumn 1990): 105-26.

Shapiro, Barbara J., 'The Universities and Science in Seventeenth Century England,' *The Journal of British Studies* 10.2(May 1971): 47-82.

Simmons, John A., 'Locke's State of Nature', *Political Theory* 17.3(August 1989): 449-70.

Skinner, Quentin, *Reason and Rhetoric in the Philosophy of* Leviathan, Cambridge: Cambridge University Press, 1996.

_____, 'The Ideological Context of Hobbes's Political Thought', *The Historical Journal* 9.3(1966): 286-317.

Spragens, Thomas A. Jr., 'Hobbes on Civil Association', *The American Political Science Review* 72.2(June 1978): 652-3.

Springborg, Patricia, 'Hobbes, Heresy and the Historia Ecclesiastica', *Journal of the History of Ideas* 55.4(October 1994): 552–71.

_____, 'Hobbes's Biblical Beasts: Leviathan and Behemoth', *Political Theory* 23.2(May 1995): 353–75.

State, Stephen, 'Hobbes and Hooker: Politics and Religion: A Note on the Structure of *Leviathan*', *Canadian Journal of Political Science* 20.1 (March 1987): 79–96.

Strauss, Leo, *The Political Philosophy of Hobbes: Its Basis and Its Genesis*, trans. Elsa M. Sinclair, Chicago: University of Chicago Press, 1984.

Strong, Tracy B., 'How to Write Scripture: Words, Authority, and Politics in Thomas Hobbes', *Cirtical Inquiry* 20.1(Autumn 1993): 128–59.

Warrender, Howard, 'Political Theory and Historiography: A Reply to Professor Skinner of Hobbes', *The Historical Journal* 22.4(December 1979): 931–40.

Watkins, J.W.N., 'The Posthumous Career of Thomas Hobbes', *The Review of Politics* 19.3(July 1957): 351–60.

Wiener, Jonathan M., 'Quentin Skinner's Hobbes', *Political Theory* 2.3 (August 1974): 251–60.

찾아보기

|ㄷ|

|ㄹ|

|ㅁ|

|ㅂ|

|ㅅ|

|ㅇ|